古典文獻研究輯刊

十四編

潘美月·杜潔祥 主編

第3冊

《白虎通》研究
——《白虎通》暨《漢禮》考（下）

周德良 著

國家圖書館出版品預行編目資料

《白虎通》研究——《白虎通》暨《漢禮》考（下）／周德良
著 — 初版 — 台北縣永和市：花木蘭文化出版社，2012〔民
101〕
目 2+220 面；19×26 公分
（古典文獻研究輯刊 十四編：第 3 冊）
ISBN：978-986-254-836-3（精裝）
1. 經學　2. 研究考訂
011.08　　　　　　　　　　　　　　　　101002969

ISBN-978-986-254-836-3

9 789862 548363

古典文獻研究輯刊
十四編 第三冊　　　　　　ISBN：978-986-254-836-3

《白虎通》研究——《白虎通》暨《漢禮》考（下）

作　　者　周德良
主　　編　潘美月　杜潔祥
總 編 輯　杜潔祥
企劃出版　北京大學文化資源研究中心
出　　版　花木蘭文化出版社
發 行 所　花木蘭文化出版社
發 行 人　高小娟
聯絡地址　新北市永和區中正路五九五號七樓
　　　　　電話：02-2923-1455／傳眞：02-2923-1452
網　　址　http://www.huamulan.tw 信箱 sut81518@gmail.com
印　　刷　普羅文化出版廣告事業
初　　版　2012 年 3 月
定　　價　十四編 20 冊（精裝）新台幣 31,000 元
版權所有·請勿翻印

《白虎通》研究——
《白虎通》暨《漢禮》考（下）

周德良　著

目

次

第伍章　《白虎通》之禮制思想

第一節　《白虎通》之內容與性質

　　抱經本《白虎通》四十三篇三百一十一章，乃後人所分，其篇目章節名稱，亦後人所加。比對《白虎通》之文本，後人所分之篇章數目，不致影響全書結構，所加之篇章名稱，亦頗能反映文本論述之範圍。《白虎通》既是以「條例式問答」之型態爲其著述之體例，則抽取出書中所提問之問題，應可進一步掌握《白虎通》文本論述之宗旨。以下以各章所舉之問題爲中心，分別討論《白虎通》各篇章之論述範圍。（爲避免篇幅過大，以下凡引《白虎通》之「問題」文本，見附錄（一），不另加注。）

卷一：〈爵〉

　　「天子爲爵稱」章問題有四，主要討論天子與皇帝爵號之由來，及天子爵稱之意義。〔註1〕

　　「制爵三等五等之異」章問題有七，主要討論公侯伯子男爵號之意義與內容，並論公侯封地大小之制。

　　「天子諸侯爵稱之異」章問題有十一，〔註2〕主要討論公、卿、大夫爵號，及內爵所以三等之意義與內容。

〔註1〕 本節以下凡引《白虎通》之「問題」，皆從陳立疏證本，不另加注。

〔註2〕 抱經本分此部分爲「內爵」、「天子諸侯爵稱之異」二章，陳立本合爲一章，無「內爵」章名。

「王者太子稱士」章問題有一，主要討論太子稱士之道理。

「婦人無爵」章問題有二，主要討論婦人所以有謚無爵之道理。

「庶人稱匹夫」章未設問題，主要討論庶人稱匹夫匹婦之名義。

「爵人于朝封諸侯于廟」章未設問題，主要討論爵人於朝與封諸侯於廟之道理。

「追賜爵」章問題有一，主要討論大夫功成未封而死，不得追賜爵，與葬從死者之制。

「諸侯襲爵」章問題有六，主要討論天子之子稱世子與王者世子受爵於天子之道理。

「天子即位改元」章問題有五，主要討論天子諸侯大斂之後與繼體之君即位改元之制度，並論天子諸侯即位三年之內，百官聽於冢宰之道理。

　　本篇〈爵〉共十一章，凡三十七問題，主要討論天子、諸侯之王者，其政權之由來與轉移，舉凡天子之爵稱，天子封爵諸侯，制爵三等、五等與內爵三等之編制，並論王者之世子襲爵與即位天子改元之制度與道理。

卷二：〈號〉

「皇帝王之號」章問題有三，主要討論帝、王、皇三者稱號之意義。

「王者接上下之稱」章問題有三，主要討論天子、帝王、一人或朕等稱號之意義。

「君子為通稱」章問題有二，主要討論天子、諸侯之王者通稱君子之意義。

「三皇五帝三王五伯」章問題有十五，主要討論三皇五帝與三王五霸之對象所指及其各別稱謂之意義。

「伯子男於國中得稱公」章問題有二，主要討論王者臣子褒其君為公，不得褒其君謂之為帝，與諸侯得稱公之道理。

　　本篇〈號〉共五章，凡二十五問題。本篇延續上篇，討論對象依然是天子諸侯之王者，從王者之別稱規範天子之實質內容，更以上古之皇帝各別功德，闡發王者應有之德性。

〈謚〉

「總論謚」章問題有三，主要討論賜謚對死者之意義。

「帝王制諡之義」章問題有四，主要討論帝王制諡之目的與不同諡號之各別意義。

「諡天子於南郊」章問題有一，主要討論大臣諡天子於南郊之道理。

「天子諡諸侯」章問題有一，主要討論天子諡諸侯之道理。

「卿大夫老有諡」章問題有一，主要討論卿大夫老死亦有諡之道理。

「無爵無諡」章問題有五，主要討論夫人、妻妾與附庸者所以無諡之道理。

「諡后夫人」章問題有二，〔註3〕主要討論后夫人所以有諡之道理。

「號諡取法」章問題有一，主要討論號諡乃效法天日、地月之道理。

　　本篇〈諡〉共八章，凡十八問題。主要討論諡號之意義，並且規定賜諡之對象與資格。

〈五祀〉

「總論五祀」章問題有三，主要討論五祀之內容與祭祀五祀之道理。

「大夫巳上得祭」章問題有一，本章承續上章，主要討論大夫以上始得祭五祀之道理。

「五祀順法五行」章問題有三，主要討論祭五祀與時序之關係與祭五祀之次序。

「祭五祀所用牲」章未設問題，主要討論祭五祀時所用之牲禮。

　　本篇〈五祀〉共四章，凡七問題。主要討論祭五祀之對象與祭祀之牲禮，並且涉及祭五祀與時序之對應關係。

卷三：〈社稷〉

「總論社稷」章問題有一，主要討論王者所以有社稷之道理。

「歲再祭」章問題有一，主要討論祭社稷之次數與其道理。

「祭社稷所用牲」章問題有二，主要討論祭社稷俱少牢之道理。

「王者諸侯兩社」章問題有一，主要討論王者諸侯各有兩社之道理。

「誡社」章問題有一，本章承續上章，主要討論王者諸侯必有誡社之道理。

「社稷之位」章問題有二，主要討論社稷擺設位置之道理。

〔註3〕本章之「婦人本無外事，何爲于郊也？」乃是回答上問：「婦人天夫，故但白君而已。何以不之南郊也？」之答案，故不得視爲問題，頁92。

「大夫有社稷」章未設問題，主要討論大夫亦有社稷之道理。

「名社稷之義」章問題有二，主要討論社稷兩字之名義。

「社無屋有樹」章問題有二，主要討論社稷植樹與社無屋之道理。

「王者親祭」章問題有一，主要討論王者自親祭社稷之道理。

「社稷之壇」章問題有二，主要討論社稷之壇之規格與顏色。

「祭社稷有樂」章問題有一，主要討論祭社稷時是否有樂。

「祭社稷廢禮」章問題有一，主要討論諸侯祭社稷時聞天子崩當廢禮之
　　道理。

　　本篇〈社稷〉共十三章，凡十七問題，主要討論王者諸侯祭社稷之禮；
舉凡社稷之名義、祭社稷之理由，祭社稷之次數與社稷之規格等。

〈禮樂〉

「總論禮樂」章問題有六，主要討論禮樂之名義及禮樂之作用。

「太平乃制禮樂」章問題有二，主要討論太平乃制作禮樂之道理。

「帝王禮樂」章問題有二，主要討論王者始起以禮樂正民之道理。

「天子諸侯佾數」章未設問題，主要討論天子諸侯佾數有別之道理。

「王者六樂」章未設問題，主要討論王者所以有六樂之道理。

「四夷之樂」章問題有九，主要討論所以備四夷之樂之理由與蠻夷之名
　　義與對象。

「歌舞異處」章問題有一，主要討論歌舞所在之處及其意義。

「降神之樂」章問題有二，主要討論降神之樂所在之處及其使用之樂器。

「侑食之樂」章問題有二，主要討論王者侑食所以有樂及日四食之道理。

「五聲八音」章問題有五，主要討論五聲八音之內容與天子所以用八音
　　之道理。

「通論異說」章問題有一，此章置此略顯突兀，主要討論異說並行所應
　　採取之態度。

　　本篇〈禮樂〉共十一章，凡三十問題，主要討論禮樂之內容與王者制作
禮樂之道理，並論述行禮樂時之相關規定。

卷四：〈封公侯〉

「三公九卿」章問題有二，主要討論王者設立三公九卿與論主兵之道
　　理。

「封諸侯」章問題有一，主要討論王者封諸侯之道理。

「設牧伯」章問題有四，主要討論王者設州伯之道理與天下分州之歷史沿革。

「諸侯卿大夫」章未設問題，主要討論諸侯之卿與大夫之歸屬。

「封諸侯制土之等」章問題有一，主要討論諸侯封地面積之大小及其道理。

「封諸侯親賢之義」章問題有一，主要討論王者封土之原則與道理。

「夏封諸侯」章問題有一，主要討論封諸侯以夏之道理。

「諸侯繼世」章問題有三，主要討論諸侯繼世與大夫不世位之道理。

「立太子」章問題有一，主要討論立太子之制度。

「昆弟相繼」章問題有二，主要討論諸侯繼世之制度。

「為人後」章問題有一，主要討論不絕大宗之道理。

「興滅繼絕之義」章問題有二，主要討論王者興滅繼絕之道理。

「大夫功成未封得封子」章未設問題，主要討論大夫功成未封得封子之道理。

「周公不之魯」章問題有一，主要討論周公不至魯之道理。

　　本篇〈封公侯〉共十四章，凡二十問題，主要討論設立公侯與封公侯土地之義意與封地繼承之相關規定。

〈京師〉

「建國」章問題有一，主要討論王者建國京師必設於國土中央之道理。

「遷國」章問題有一，主要討論周室遷國之道理。

「京師」章問題有一，主要討論稱京師之意義。

「三代異制」章未設問題，主要討論夏、商、周三代對京師不同之稱呼。

「制祿」章未設問題，主要討論各種職官之食祿制度。

「諸侯入為公卿食菜」章問題有一，主要討論諸侯入為公卿大夫得食兩家菜之制度。

「太子食菜」章未設問題，主要討論太子之食祿制度。

「公卿大夫食菜」章未設問題，主要討論公卿大夫之意義。

　　本篇〈京師〉共八章，凡四問題，主要討論京師之名義與京師之內各種官職之食祿制度。

〈五行〉

「總論五行」章問題有二，主要討論五行之內容意義。

「五行之性」章問題有二，主要討論五行之陰陽屬性。

「五味五臭五方」章問題有五，主要討論五行與五味、五臭與五方之對應關係。

「陰陽盛衰」章未設問題，主要討論陰陽與干支音律之對應關係。

「十二律」章問題有十二，主要討論十二月與十二律之對應關及其道理。

「五行更王相生相勝變化之義」章問題有十五，主要討論以五行之相生相勝之理類比更王之義及五行之各種不同屬性。

「人事取法五行之義」章問題有四十三，主要討論以陰陽五行變化之理解釋各種人事制度。

本篇〈五行〉共七章，凡七十九問題，主要討論五行之內容與屬性，且以五行之屬性與變化對應天地萬物之變化與人事之制度。

卷五：〈三軍〉

「總論三軍」章問題有四，主要討論國防三軍之必要性與三軍之編制，並論及諸侯所以有一軍之作用。

「王者征伐所服」章問題有一，主要討論王者征伐時行軍之服。

「告天告祖之義」章問題有二，主要討論王者征伐前必告天告祖之道理。

「商周改正誅伐先後之義」章問題有一，主要討論王者受命，質家先伐，文家先改正朔之道理。

「天子自出與使方伯之義」章未設問題，主要討論天子自出或使方伯之道理。

「兵不內御」章未設問題，主要討論出兵進退在大夫之道理。

「遣將於廟」章問題有二，主要討論天子遣將軍必於祖廟之道理。

「受兵還兵」章問題有二，主要討論人民服兵役之年限問題。

「師不踰時」章未設問題，主要討論師出不踰時之道理。

「大喪伐畔」章未設問題，主要討論王者有三年之喪，逢有夷狄內侵亦伐之者之道理。

本篇〈三軍〉共十章，凡十二問題，主要討論三軍之必要性與其編制，並論兵役制度與出兵行軍之相關事宜。

〈誅伐〉

「誅不避親」章問題有一，主要討論誅伐對象不論親戚之道理。

「不伐喪」章問題有一，主要討論諸侯有喪則有罪不誅之道理。

「討賊之義」章未設問題，主要討論諸侯不得起兵誅不義之道理。

「誅大罪」章未設問題，主要討論追誅弒君之臣或自立為諸侯者之道理。

「父殺子」章問題有一，主要討論父不得殺子之道理。

「誅佞人」章問題有一，主要討論佞人當誅之道理。

「冬至休兵」章問題有三，主要討論冬至休兵與商旅不行，兼論夏熱冬寒之道理。

「復讎」章未設問題，主要討論子得為父報仇之道理。

「總論誅討征伐之義」章問題有九，主要討論誅、討、伐、征、戰、弒、篡、襲等各種戰爭之名實與其道理。

本篇〈誅伐〉共九章，凡十六問題，主要討論出兵爭戰必有其相對應之名與討伐對象罪證之實，且戰爭乃為必要之手段之道理。

〈諫諍〉

「總論諫諍之義」章問題有一，主要討論臣有諫君之義與天子置輔弼之作用。

「三諫待放之義」章問題有三，主要討論臣諫君、君待臣之道理。

「士不得諫」章未設問題，主要討論士不得諫君之道理。

「妻諫夫」章未設問題，主要討論妻得諫夫之道理。

「子諫父」章問題有一，主要討論子諫父、兼論臣之諫君之道理。

「五諫」章問題有一，主要討論諫與五種不同性質諫諍之名義。

「記過徹膳之義」章問題有四，主要討論王者所以立諫諍制度之道理。

「隱惡之義」章問題有六，主要討論臣為君隱、諸侯為天子隱、父為子隱、兄弟朋友夫妻相為隱之道理。

本篇〈諫諍〉共八章，凡十六問題，主要討論君臣、父子、夫妻、兄弟、朋友等五倫相互諫諍與隱惡揚善之道理。

〈鄉射〉

「天子親射」章問題有一，主要討論天子所以親射之道理。

「射侯」章問題有七，主要討論天子射熊、諸侯射麋、大夫射虎豹、士射鹿豕之道理。

「總論射義」章問題有三，主要討論射侯之象徵意義與射侯時之相關細節。

「鄉飲酒」章問題有一，主要討論十月行鄉飲酒禮之道理。

「養老之義」章問題有四，主要討論王者父事三老、兄事五更之道理與三老、五更之名義。

本篇〈鄉射〉共五章，凡十六問題，主要討論射侯與鄉飲酒之制度及王者事三老五更之道理。

卷六：〈致仕〉

本篇〈致仕〉共一章，凡一問題，主要討論臣老致仕與君待致仕之臣之制度與道理。

〈辟雍〉

「總論入學尊師之義」章問題有一，主要討論貴族之子之教育制度。

「父不教子」章問題有一，主要討論父所以不自教子之道理。

「師道有三」章未設問題，主要討論師弟子之道有三之內容。

「辟雍泮宮」章問題有五，主要討論天子立辟雍、諸侯立泮宮之名義及其目的。

「庠序之學」章未設問題，主要討論立庠序之學於鄉里之道理。

「靈臺明堂」章問題有一，主要討論天子立靈臺、明堂之道理及其象徵意義。

本篇〈辟雍〉共六章，凡八問題，主要討論教育教制度與教育處所，並兼論天子立靈臺、明堂之道理。

〈災變〉

「災變譴告之義」章問題有一，主要討論天所以有災變之道理。

「災異妖孽異名」章問題有七，主要討論災異之名義與各種不同性質之災異內容。

「霜雹」章未設問題,主要討論霜、雹、露之寒害。

「日月食水旱」章問題有一,主要討論對應日蝕與月蝕之方法及其道理。

本篇〈災變〉共四章,凡九問題,主要討論天所以有災異之道理與災異之種類,並討論對應不同災異之方法。

〈耕桑〉

本篇〈耕桑〉共一章「論王與后親耕親桑之禮」,凡三問題,主要討論王者親耕后親桑之道理。

〈封禪〉

「封禪之義」章問題有五,主要討論王者易姓而起,必升封泰山,下禪梁甫之道理,及封禪之名義。

「符瑞之應」章問題有三,主要討論符瑞應王者之德而至,德至天地萬物,始有各種不同符瑞跡象。

本篇〈封禪〉共二章,凡八問題,主要討論王者始起,必封禪於泰山之道理,而王者德至充塞於天地之間,便有各種不同符瑞應王者之德而生。

〈巡狩〉

「總論巡狩之禮」章問題有一,主要討論王者巡狩之意義。

「巡狩以四仲義」章問題有一,主要討論王者所以四時巡狩四方之道理。

「巡狩述職行國行邑義」章問題有一,主要討論王者五年一巡狩,三年二伯出述職黜陟之道理。

「祭天告祖禰載遷主義」章問題有五,主要討論王者巡狩必祭於天、告於廟、造於禰之道理。

「諸侯待於竟」章問題有一,主要討論王者巡狩,諸侯待於境之道理。

「巡狩舍諸侯祖廟」章問題有一,主要討論王者巡狩,必捨諸侯祖廟之道理。

「三公從守」章未設問題,主要討論王者巡狩之時,三公各有守從之制度。

「道崩歸葬」章問題有二,主要討論王者巡狩之時,若崩於道則歸葬之道理。

「太平乃巡狩義」章問題有二，主要討論王者太平乃巡狩之道理。

「五嶽四瀆」章問題有八，主要討論五嶽四瀆之名義。

本篇〈巡狩〉共十章，凡二十二問題，主要討論王者巡狩之意義，並論及巡狩時之相關事宜，與巡狩之範圍。

卷七：〈考黜〉

「總論黜陟」章問題有一，主要討論王者所以攷黜諸侯之道理。

「九錫」章未設問題，主要討論九錫之內容，並論九錫隨其才德而賜之道理與九錫之意義。

「三考黜陟義」章問題有六，主要討論王者三年一攷績，並視績效而論其賞罰之制度。

「諸侯有不免黜義」章問題有五，主要討論王者攷黜時，對特殊之情況得有非常之制度。

本篇〈攷黜〉共四章，凡十二問題，主要討論王者攷黜諸侯之意義，王者依對象之績效，有功則賞有過必罰之制度。

〈王者不臣〉

「三不臣」章問題有二，主要討論王者不臣之三者，及其不臣之道理。

「五暫不臣」章未設問題，主要討論王者暫不臣之五者，及其暫不臣之道理。

「諸侯不純臣」章問題有一，主要討論凡不臣者乃是異於眾臣，諸候不純臣之道理。

「不臣諸父兄弟」章問題有一，主要討論王者不臣諸父兄弟之道理。

「子為父臣異說」章未設問題，主要討論子為父臣與子不得為父臣二說。

「王臣不仕諸侯異義」章未設問題，主要討論王者臣不得為諸侯臣與王者臣得復為諸候臣二說。

「五不名」章未設問題，主要討論王者之臣有五者不言名及其不名之道理。

本篇〈王者不臣〉共七章，凡四問題，主要討論君臣之關係，對於特殊身分者不得為臣，或不得言臣名之道理。至於子得不得為父臣、王者臣得不得為諸侯臣等二問題，並不有定論。

〈蓍龜〉

「總論蓍龜」章未設問題，主要討論蓍龜之作用。

「蓍龜尺寸」章未設問題，主要討論不同身分者使用蓍龜之尺寸亦有
　　別。

「決疑之義」章問題有二，主要討論決疑時先謀及卿士，然後問於蓍龜
　　之道理。

「龜蓍卜筮名義」章問題有二，主要討論所以問於龜蓍，與龜曰卜、蓍
　　曰筮之道理。

「筮必於廟」章問題有一，主要討論必於廟筮畫卦之道理。

「卜筮方向」章問題有一，主要討論卜筮時之方面問題。

「卜筮之服」章未設問題，主要討論卜筮時應著之服。

「占卜人數」章未設問題，主要討論占卜時應用之人數。

「先筮後卜」章問題有一，主要討論先筮不見吉凶，復以卜之道理。

「灼龜」章問題有二，主要討論以荊火灼龜，不以水動蓍之道理。

「埋蓍龜」章問題有一，主要討論蓍龜敗則埋之道理。

「周禮卜筮及取龜義」章未設問題，主要列舉《周官》有關卜筮之記載。

　　本篇〈蓍龜〉共十二章，凡十問題，主要討論必求於卜筮之道理，與卜
筮時之相關規定。

〈聖人〉

「總論聖人」章問題有一，主要討論聖人之名義。

「知聖」章問題有二，主要討論人是否知聖人與聖人是否自知之問題。

「古聖人」章問題有四，主要討論帝王為聖人與皋陶、禹、湯、文、武、
　　周公為聖人之道理。

「異表」章未設問題，主要討論古之聖人皆有異表，與聖人之異表之意
　　義。

　　本篇〈聖人〉共四章，凡七問題，主要討論聖人之稱所代表之內容與歷
代之聖人，並論及帝王同為聖人，與聖人異表之道理。

〈八風〉

　　本篇〈八風〉共一章「論八風節候及王者順承之政」，凡一問題，主要討論
八風之名義與八風形成之道理，並論王者必須承順八風形成之節氣以行政治。

〈商賈〉

本篇〈商賈〉共一章，凡二問題，主要討論商賈之名義與作用。

卷八：〈瑞贄〉

「諸侯朝會合符信」章問題有一，主要討論王者始立，諸侯皆見之道
　理。

「五瑞制度名義」章問題有九，主要討論五瑞之內容與功能用途，並論
　各玉器之造型與象徵意義。

「合符還圭之義」章問題有三，主要討論天子諸侯朝會所執之玉器。

「見君之贄」章問題有三，主要討論臣見君之贄，依不同階級而定，並
　論所贄之意義。

「私相見贄」章問題有一，主要討論朋友私相見亦有贄之道理。

「婦人之贄」章未設問題，主要討論婦人所贄之物及其道理。

「子無贄臣有贄」章問題有一，主要討論子見父無贄與臣見君有贄之道
　理。

本篇〈瑞贄〉共七章，凡十八問題，主要討論五瑞之名義，並規定天子
於朝會諸侯臣下等觀見所執之器，及君臣、朋友、父子間之贄及婦人之贄之
制度。

〈三正〉

「改朔之義」章問題有二，主要討論王者受命必改朔與樂必得天應而後
　作之道理。

「改朔征伐先後」章問題有一，主要討論文質二家改朔與征伐先後之道
　理。

「三正之義」章問題有二，主要討論三正之朔所依之道理，與三微之月
　之名義。

「改正右行」章問題有一，主要討論天道左旋而改正者右行之道理。

「正言月不言日」章問題有一，主要討論正言月不言正日之道理。

「改正不隨文質」章問題有一，主要討論周統天正之道理。

「百王不易之道」章問題有一，主要討論王者受命或有所不改者之道
　理。

「存二王之後」章問題有一，主要討論王者所以存二王之後之道理。

「文質」章問題有一，主要討論王者始起先質後文之道理。

本篇〈三正〉共九章，凡十一問題，主要討論王者始起必改正朔之道理，並以三正、文質之觀念解釋歷史循環。

〈三教〉

「聖王設三教之義」章問題有一，主要討論王者設三教之道理。

「三教」章問題有五，主要討論三教始於夏與忠、敬、文三教一體並行
　　之道理。

「三教所法」章問題有二，主要討論三教法天、地、人之道理。

「總論教」章問題有一，主要討論教之作用。

「三教所以失」章未設問題，主要討論三教可能產生之缺失。

「論三代祭器明器之義」章問題有一，主要討論三代使用明器、祭器之
　　不同及其使用明器、祭器之道理。

本篇〈三教〉共六章，凡十問題，主要討論三教之名義及其所法對象，並論王者設三教之作用及其可能之缺失。

〈三綱六紀〉

「總論綱紀」章問題有二，主要討論三綱六紀之內容，與施綱紀所以整
　　齊人道之道理。

「三綱之義」章問題有一，主要討論三綱之名義。

「綱紀所法」章未設問題，主要討論三綱六紀所取法之對象。

「六紀之義」章問題有四，主要討論六紀中之君臣、父子、夫婦、朋友
　　之關係。

「詳論綱紀別名之義」章問題有八，主要討論人倫關係因男女性別而有
　　不同之稱謂，及其各別稱謂所含之義意。

本篇〈三綱六紀〉共五章，凡十五問題，主要討論三綱六紀之名義與內容，並論綱紀取法對象與綱紀整齊人道之道理。

〈情性〉〔註4〕

「總論性情」章問題有一，主要討論性情之名義與人內懷性情之道理。

〔註5〕

〔註4〕抱經本作「情性」，陳立本作「性情」，

〔註5〕陳立本「總論性情」重複二次，頁452、453。觀後者之內容，主要討論五性

「五性六情」章問題有三，主要討論五性、六情之名義與性所以五，情所以六之道理。

「五藏六府主性情」章問題有十三，主要討論五藏六府主五性六情之道理。

「六情所配之方」章問題有一，主要討論六情所配方位之道理。

「魂魄」章問題有一，主要討論魂魄之名義與性情之關係。

「精神」章問題有一，主要討論精神之名義。

本篇〈情性〉共六章，凡二十問題，主要討論五性六情之名義與五藏六府之關係，並論人之魂魄、精神之名義與作用。

〈壽命〉〔註6〕

本篇〈壽命〉共一章，「論三命之義」凡一問題，主要討論人之壽乃天使與三命之名義。

〈宗族〉

「論五宗」章問題有三，主要討論宗之名義，與人之親所以備五宗之道理。

「論九族」章問題有三，主要討論族之名義，九族之內容。

本篇〈宗族〉共二章，凡六問題，主要討論宗族之名義，與因血緣、姻親所產生之人倫關係。

卷九：〈姓名〉

「論姓」章問題有二，主要討論人所以有姓及姓有百者之道理。

「論氏」章問題有二，主要討論人所以有氏及氏王父字之道理。

「論名」章問題有二十一，主要討論人所以有名之道理，及命名之代表意義；並論人所以十月而生之道理，與人相拜時之禮儀。

「論字」章問題有八，主要討論人所以有字之道理，及稱號分別長幼兄弟之序，並論婦女十五稱伯仲與姓以配字之道理。

本篇〈姓名〉共四章，凡三十三問題，主要討論人所以有姓、氏、名、

六情之內容及其意含，而其後接細目「五性六情」，故後者應屬衍文。

〔註6〕本篇當與前篇合爲一篇。以下「夫子過鄭……」八十三字，文義不類，疑後人誤鈔入。

字之道理，及姓、氏、名、字規範人倫秩序之功能。

〈天地〉

「釋天地之名」章問題有一，主要討論天、地之名義與其地位。

「論天地之始」章未設問題，主要討論天、地形成之過程。

「論左右旋之義」章問題有一，主要討論天道所以左旋，地道右周之道理。

「論天地何以無總名」章問題有一，主要討論天地所以無總名之道理。

「論天行反勞於地」章問題有一，主要討論天行所以反勞於地靜之道理。

本篇〈天地〉共五章，凡四問題，主要討論天地之名義，及天地形成之過程與其運行方式。

〈日月〉

「日月右行」章問題有一，主要討論天左旋，日月五星右行之道理。

「日月行遲速分晝夜之義」章問題有二，主要討論日行遲，月行疾及日月所以懸晝夜之道理。

「釋日月星之名」章問題有二，主要討論日、月、星三者之名義，與月所以有闕之道理，並論日月運行之速度。

「晝夜長短」章問題有二，主要討論日月所以照晝夜，與日照有長短之規律。

「月有大小」章問題有一，主要討論日月運行所產生月乍大乍小之現象。

「閏月」章問題有一，主要討論三年一閏，五年再閏之現象。

本篇〈日月〉共六章，凡九問題，主要討論日月運行之方向與規律，及其運行規律所產生之晝夜、月有盈闕、月有大小與月有閏餘之週期變化。

〈四時〉

「論歲」章問題有一，主要討論歲之週期及其名義。

「四時」章問題有三，主要討論四時週期成一歲及其名義。

「三代歲異名」章問題有一，主要討論歲、載、年之異名，及三異名之意義。

「朝夕晦朔」章問題有一，主要討論日言夜朝、月言晦朔之名義。

本篇〈四時〉共四章，凡六問題，主要討論一歲有四時，及歲與四時之名義。

〈衣裳〉

「總論衣裳」章問題有四，主要討論聖人所以制衣服之道理，與衣裳之名義。

「裘」章問題有一，主要討論裘所以用狐羔之道理與狐羔之意義。

「帶」章未設問題，主要討論男子所以有紳帶之道理。

「佩」章問題有一，主要討論佩之種類與所佩之道理。

本篇〈衣裳〉共四章，凡六問題，主要討論人所以有衣裳之道理，裘之材質，男子有紳帶，與佩之種類所表徵之意義。

〈五刑〉

「刑罰科條」章問題有三，主要討論刑罰之必要性與五刑之內容。

「刑不上大夫義」章問題有一，主要討論刑不上大夫之道理。

本篇〈五刑〉共二章，凡四問題，主要討論刑罰之必要性與其內容，並論及刑罰之對象。

〈《五經》〉

「孔子定《五經》」章問題有二，主要討論孔子所以定《五經》之目的，並論及《五經》未定時之社會情況。

「《孝經》《論語》」章問題有三，主要討論《孝經》、《論語》二書之重要性。

「文王演《易》」章問題有一，主要討論文王所以演《易》之重要性。

「伏羲作八卦」章問題有一，主要討論伏羲作八卦之道理。

「《五經》象五常」章問題有一，主要討論經之所以有五之道理。

「《五經》之教」章問題有一，主要討論《五經》之內容及其教義。

「書契所始」章問題有二，主要討論書契之歷史與作用。

本篇〈《五經》〉共七章，凡十一問題，主要討論《五經》之內容及其教義，並論孔子定《五經》之作意，與《孝經》《論語》之重要性。

卷十：〈嫁娶〉

「總論嫁娶」章問題有二，主要討論人道所以有嫁娶及男娶女嫁之道理。

「嫁娶不自專」章問題有一，主要討論男娶女嫁必由父母、須媒妁之道
　理。

「嫁娶之期」章問題有三，主要討論適男娶女嫁之年齡及其道理。

「贄幣」章未設問題，主要討論女子許嫁，以雁爲贄，納徵用玄纁之道
　理，並述納徵、納采詞。

「親迎授綏」章問題有一，主要討論天子下至士，必親迎授綏之道理。

「遣女戒女」章問題有一，主要討論遣女於禰廟及父母親戒女之道理。

「昏禮不賀」章未設問題，主要討論嫁女之家三日不絕火，三日不舉樂
　之道理。

「授綏親迎醮子辭」章未設問題，主要記述授綏、親迎、父醮子遣之迎
　之辭。

「不先告廟」章未設問題，主要討論娶妻不先告廟之道理。

「嫁娶以春」章問題有一，主要討論嫁娶必以春之道理。

「妻不得去夫」章未設問題，主要討論夫雖有惡行，妻不得去夫之道
　理。

「天子適媵」章問題有八，主要討論天子諸侯一娶九女之道理。

「卜娶妻」章問題有一，主要討論娶妻以卜之道理。

「人君宗子自娶」章未設問題，主要討論人君及宗子無父母，得自定娶
　之道理。

「大夫受封不更聘及世子與君同禮」章未設問題，主要討論大夫功成受
　封得備八妾，及不更聘大國之道理。

「天子必娶大國」章問題有二，主要討論天子必娶大國之女之道理。

「諸侯不娶國中」章問題有一，主要討論諸侯所以不得自娶國中之女之
　道理。

「同姓外屬不娶」章未設問題，主要討論不娶同姓及外屬小功已上者之
　道理。

「同姓諸侯主昏」章問題有四，主要討論王者嫁女，必使同姓主親，及
　不使同姓卿、同姓諸侯主親之道理。

「卿大夫士妻妾之制」章問題有三，主要討論卿大夫一妻二妾，士一妻
　一妾之道理。

「人君嫡死媵攝」章問題有一，主要討論嫡夫人死，應否更立夫人之道

理。

「變禮」章問題有一，主要討論昏禮既納幣，有吉日，女之父母死，婿亦如之之道理。

「婦人有師傅」章問題有二，主要討論婦人所以有師，女必有傅姆之道理。

「事舅姑與夫之義」章未設問題，主要討論婦人學事舅姑，不學事夫之道理，及婦事夫有四禮。

「不娶有五」章未設問題，主要討論有五種不娶之女。

「出婦之禮」章未設問題，主要討論出婦必送，接以賓客之禮之道理。

「王后夫人」章問題有二，主要討論天子之妃謂之后，及國君之妻曰夫人之道理。

「妻妾」章問題有一，主要討論妻妾之名義。

「論嫁娶男女夫婦婚姻名義」章問題有六，主要討論嫁娶、男女、夫婦、妃匹、婚姻等名義，及所以昏時行禮之道理。

「閉房開房之義」章問題有一，主要討論男子六十閉房之道理。

　　本篇〈嫁娶〉共三十章，凡四十二問題，主要討論人道所以有嫁娶之道理，及其因身份不同而有不同嫁娶方式之相關規定，並討論夫婦對待之道，及嫁娶之本質與意義。

〈紼冕〉

「紼」章問題有一，主要討論紼之名義與作用，及天子諸侯之紼不同色之道理，與天子之紼之尺寸規格。

「總論冠禮」章問題有三，主要討論冠之名義，及十九見正而冠之道理。

「皮弁」章問題有一，主要討論皮弁之名義。

「冕制」章問題有三，主要討論冕之名義，及冕所以用麻爲之與冕所以前後邃延之道理。

「委貌母追章甫」章問題有二，主要討論委貌之名義，與所以謂之委貌之道理。

「爵弁」章問題有六，主要討論爵弁之名義，與爵弁冠色之道理。

　　本篇〈紼冕〉共六章，凡十六問題，主要討論天子之紼冕及其他頭冠之材質、顏色與格規，及不同之冠冕所代表之不同意義。

卷十一：〈喪服〉

「諸侯爲天子」章問題有二，主要討論諸侯爲天子斬衰三年，與天子諸侯絕期之道理。

「庶人爲君」章問題有二，主要討論王者崩，京師之民喪三月，與何以爲民制服之道理。

「臣下服有先後」章問題有一，主要討論王者崩，臣下服之有先後之道理。

「論三年喪義」章問題有二，主要討論三年之喪二十五月，與三年之喪不以閏月數之道理。

「衰」章問題有三，主要討論喪禮必制衰麻，與腰絰者以代紳帶也，所以結之與必再結之道理。

「杖」章問題有三，主要討論孝子失父、母所以杖竹、桐之道理。

「倚廬」章問題有二，主要討論孝子失親必居倚廬之道理，並論孝子於既虞、既練與二十五月而大祥時之起居飲食。

「喪禮不言」章問題有一，主要討論喪禮不言之道理。

「變禮」章問題有三，主要討論喪有病，得飲酒食肉之道理。

「婦人不出竟弔」章未設問題，主要討論婦人不出竟弔之道理。

「三不弔」章問題有一，主要討論畏、厭、溺死者三不弔之道理。

「弟子爲師」章未設問題，主要討論弟子爲師服喪之道理。

「私喪公事重輕」章問題有五，主要討論諸侯有親喪，但聞天子崩得奔喪，與諸侯朝而有私喪得還之道理。

「奔喪」章問題有二，主要討論聞喪哭而後行，與既除喪，乃歸哭於墓之道理。

「哭位」章未設問題，主要討論哭喪時所在之處。

「論周公以王禮葬」章問題有一，主要討論周公以王禮葬之道理。

本篇〈喪服〉共十六章，凡二十八問題，主要討論喪葬之各種禮儀，特別是天子崩，諸侯、臣下及庶人應服之喪禮；篇中並規定服喪期間之飲食起居與言行舉止。

〈崩薨〉

「崩薨異稱」章問題有二，主要討論天子下至庶人之死之異稱，及崩薨紀於國之道理。

「天子至庶人皆言喪」章問題有四，主要討論喪之名義，及人之死謂之
　喪之道理。

「天子赴告諸侯」章問題有一，主要討論天子崩，遣使者赴告諸侯之道
　理。

「諸侯奔大喪」章問題有二，主要討論王者崩，諸侯悉奔喪，及童子諸
　侯亦不朝而奔來喪之道理。

「臣赴於君」章問題有一，主要討論臣死亦赴告於君之道理。

「諸侯赴鄰國」章問題有一，主要討論諸侯薨，亦赴告鄰國之道理。

「諸侯夫人告天子」章未設問題，主要討論諸侯夫人薨，亦告天子之道
　理。

「諸侯歸瑞圭」章問題有一，主要討論諸侯薨，使臣歸瑞珪於天子之道
　理。

「天子弔諸侯」章問題有一，主要討論諸侯薨，天子哭之，及使大夫弔
　之之道理。

「君弔臣」章問題有一，主要討論臣子死，君往弔之之道理。

「含斂」章問題有四，主要討論王者死後含斂之儀式及其道理。

「贈襚賵賻」章問題有二，主要討論贈襚、賵賻之名義。

「殯日」章問題有一，主要討論天子七日而殯，諸侯五日而殯之道理。

「三代殯禮」章問題有一，主要討論三代之殯禮各有不同，及其各別道
　理。

「天子舟車殯」章問題有一，主要討論天子舟車殯之道理。

「祖載」章問題有一，主要討論祖於庭之道理。

「棺槨厚薄之制」章問題有二，主要討論棺槨之名義及人死所以有棺槨
　之道理，及隨不同身分其棺槨亦有別之制度。

「尸柩」章問題有一，主要討論尸柩之名義。

「葬」章問題有三，主要討論人死葬於地之道理，及天子七月而葬，諸
　侯五月而葬之道理。

「兆域」章未設問題，主要討論先王葬兆域之中。

「合葬」章問題有一，主要討論合葬之道理。

「葬北首」章問題有二，主要討論葬於城郭外之北方之道理。

「墳墓」章未設問題，主要討論墳墓所以封樹之道理，及隨不同身分其

墳、樹亦有別之制度。

本篇〈崩薨〉共二十三章，凡三十三問題，主要討論人之死，隨身分而有不同稱謂及殯葬儀式。本篇強調著重在喪葬期間，天子與諸侯、君與臣之對應關係上，及王者之喪至墳墓封樹之殯葬儀式。

陳立本《白虎通》除卷十二「闕文」七篇外，〔註7〕（「闕文」部分之「問題」，見附錄（二））共四十三篇，三百零八章，凡六百五十七「問題」。

《白虎通》以「問答」之型態呈現討論之主旨與論證之結論，體例非常明確且一致。書中所探討之「問題」，由回答之內容判斷，主要有二種性質：一是問名物制度之實質內容與意義；二是問名物制度之由來及其道理；前者是問「名」之「然」，而後者則是問「名」之「所以然」。質言之，《白虎通》乃是透過「問答」之形式，以期達到「正名」之目的。《白虎通》全書所「正名」之範疇，主要在人與事兩方面：就人而言，從天子、諸侯之王者，至公、侯、伯、子、男，卿、大夫與士等貴族，下至庶人，每個人之「名」與「實」，意即在政治上之權利與義務，皆有詳細之規定。就事而言，《白虎通》文本所重視者，依然是「人事」，即使如〈五行〉、〈天地〉、〈日月〉、〈四時〉等篇，亦非僅以論述自然環境為目的，而是以自然法則做為人事取法之對象，故從政治制度上之職稱及其相互間運作，人我群己間之關係，乃至個人之性情、壽命，至嫁娶、喪葬等人事禮制，無不蘊含於《白虎通》文本之中。姑且不論《白虎通》之篇目次序，僅就其內容論述所及，繁複而多樣，體大而思精，實是部長篇鉅構，斷非偶然拼湊而成。

就政治制度而言，《白虎通》規範以天子為中心之中央政權制度，以及以諸侯為主之地方治權制度；而中央政權中並建立宰輔制度與中央組織，地方治權則以封建制度分封諸侯。而天子與諸侯之關係，即中央對地方之權限與地方對中央之義務，亦有明確之規範。《白虎通》最多篇幅在於確立天子地位之合法性，及其相對應之權力與義務，舉凡自天子之爵號以至喪葬儀式，皆有詳盡規定。在《白虎通》四十三篇之中，除少數篇章之外（如：〈災變〉、〈商賈〉、〈情性〉、〈壽命〉、〈姓名〉、〈天地〉、〈日月〉、〈四時〉等），討論議題皆與王者（天子、諸侯）有關，即使有些篇章與王者無直接關聯，但仍多少會涉及王者，或者與王者有關之制度。除王者之外，士以上之貴族，乃是《白

虎通》討論最多之對象，凡涉及王者以下之士族之諸多禮儀，亦有詳盡之記載。因此，將《白虎通》視爲王者之政治制度之書，或者士族禮儀之典，皆有可說。

就禮樂法治而言，所謂「禮不下庶人」（〈喪服〉），此禮乃謂「酬酢之禮」，此「禮爲有知制」；所謂「刑不上大夫」（〈五刑〉），此刑爲庶人之「無知設也」。貴族之「酬酢之禮」，雖是禮之重要內容，但屬狹義之禮，而廣義之禮，應包含貴族之禮樂與庶人之刑法，一切禮樂刑法制度乃匯歸於禮。意即：《白虎通》全書之禮樂刑法制度，實是對天下之人而設，天下之人之一切言行舉止，必以禮爲依歸依，故就《白虎通》所討論之重點而言，實是一部爲當時制作之禮書。唯需注意者，貴族之「酬酢之禮」，固然屬於狹義之禮，但卻是禮最重要之內容，亦正因爲有「禮不下庶人」、「刑不上大夫」二大前提之制約下，《白虎通》中有關庶人之討論極爲罕見，只有零星散落少數篇章之中，且亦無單純以庶人爲討論之篇章，只有在討論君臣士族與人倫秩序時，附帶將庶人一併討論。

第二節　禮制與政治

分析《白虎通》各篇章內容討論範圍，不外乎國家政治制度與貴族之行爲規範兩項重點；換言之，《白虎通》全書主要是在「正名」政治制度與禮樂儀法之名物制度與其名實義理，其書兼含「禮制」與「法典」雙重性質。然而，《白虎通》書中並無意區分禮儀與政治爲兩類，而是泯除彼此界域，將禮儀度數與政治制度合而爲一。禮儀內含政治，或是政治融於禮儀，此一觀念乃是《白虎通》沿襲既有之傳統思想，亦是中國禮學思想或是政治思想之特色。

「禮」一字而含多義。《說文》曰：「禮，履也，所以事神致福也。從示從豐，豐亦聲。」（頁 2）又：「履，足所依也，從尸服履者也。從彳又，從舟象履形。」（頁 407）「禮」、「履」二字疊韻，又以履訓禮，禮乃是履行事神致福之事；《說文》曰：「豐，行禮之器也。從豆象形，凡豐之屬皆從豐，讀與禮同。」（頁 210）故「禮」之本義，概指一種行爲，一種近似敬事神明以求福報之宗教儀式。段玉裁注曰：「履，……引伸之訓踐，如君子所履是也。……又引伸之訓禮。」（頁 407）「禮」之本義爲一宗教儀式，其後引伸爲牢籠天地萬事萬物之行爲總稱，如《左傳》曰：「夫禮，天之經也，地之義

也，民之行也。天地之經，而民實則之」；〔註8〕「禮，上下之紀，天地之經緯也」；〔註9〕「禮」是天經地義之事，是人類行為活動之綱紀準則。又如《禮記・哀公問》曰：

> 民之所由生，禮爲大。非禮無以節事天地之神明也，非禮無以辨君臣上下長幼之位也，非禮無以別男女父子兄弟之親、婚姻疏數之交也。（卷五十，頁848）

「禮」之作用極大，無論是祭祀天地神明，定君臣、上下、長幼之人倫秩序，或者區別男女與父子兄弟之血緣親情，甚至婚姻儀式禮節，皆必需仰賴「禮」之規範。《禮記・曲禮》曰：

> 夫禮者，所以定親疏，決嫌疑，別同異，明是非也。……道德仁義，非禮不成；教訓正俗，非禮不備；分爭辨訟，非禮不決；君臣上下，父子兄弟，非禮不定；宦學事師，非禮不親；班朝治軍，蒞官行法，非禮威嚴不行；禱祠祭祀，供給鬼神，非禮不誠不莊。是以君子恭敬，撙節退讓以明禮。……是故聖人作爲禮以教人，使人有禮，知自別於禽獸。（卷一，頁14～15）

《禮記》特別強調「禮」之功能性，如：成就道德仁義，完備教訓正俗，繩法分爭辨訟，定位君臣上下、父子兄弟，親近宦學事師，威嚴行班朝治軍、蒞官行法，誠敬莊重禱祠祭祀、供給鬼神。此時所謂「禮」，已由單純之祭祀活動，擴大引伸爲人類一切行爲準則之總稱。

　　禮所以由單純之宗教儀式引伸爲人類一切行爲規範之天經地義之事之總稱，實際上已經賦予禮許多人文化成意義，且禮既是聖人所作，具有區分人之異於禽獸之指標性意義，禮更隱含道德價值之判斷。《左傳・昭公五年》：「晉侯謂女叔齊曰：魯侯不亦善於禮乎？對曰：魯侯焉知禮。公曰：何爲？自郊勞至於贈賄，禮無違者，何故不知？對曰：是儀也，不可謂禮。禮所以守其國，行其政令，無失其民者也」，〔註10〕又如昭公二十五年：「子大叔見趙簡子，簡子問揖讓周旋之禮焉。對曰：是儀也，非禮也」，〔註11〕所謂「自郊勞至於贈賄」、「揖讓周旋之禮」，是屬於「儀」，「儀」是指行爲活動，固然是屬於部分之禮，但非禮之全部；「禮」是指廣義全體之義，「儀」與「禮」仍有

〔註 8〕　《左傳・昭公二十五年》，頁888。
〔註 9〕　《左傳・昭公二十五年》，頁891。
〔註10〕　《左傳・昭公五年》，卷四十三，頁745。
〔註11〕　《左傳・昭公二十五年》，卷五十一，頁888。

區別。「儀」與「禮」之區別，不僅在於二字指涉意義之廣狹，並且關乎禮之形式與本質：「儀」是行「禮」之形式，而「禮」之本質在於「義」。

《論語・八佾》曰：

> 林放問禮之本。子曰：大哉問。禮，與其奢也，寧儉；喪，與其易也，寧戚。（卷三，頁 26）

奢與儉儀式之程度，屬於「儀」之範疇，皆可謂之行「禮」，儀式之奢儉，可以隨人因革損益，〔註12〕但非「禮」之本質。《左傳・桓公二年》曰：

> 夫名以制義，義以出禮，禮以體政，政以正民。是以政成而民聽，易則生亂。（卷五，頁 96～97）

孔子言「必也正名乎」，可言之「名」，必有其「名」之義，由正名之過程，以規範「名」與「實」之必然相符；故正名之目的，乃在確立政治上之權利與義務。「名」既有其「義」，則以其「義」以制「禮」，是其「禮」當為政治之本體，而其政體可以治民。因此，制「禮」之基礎乃建立在政治上之「名」「義」；「名」是政治作用上之意義，「義」則是指「正當」之「道理」。〔註13〕《禮記・郊特牲》曰：

> 禮之所尊，尊其義也。失其義，陳其數，祝史之事也。故其數可陳也，其義難知也。知其義而敬守之，天子之所以治天下也。（卷二十六，頁 504）

「禮」可區分為儀式形式之「禮數」，與內容本質之「禮義」，而「禮」之尊重在於「義」。行「禮數」是祝史之事，可以不知其「禮義」；能行「禮數」，且能知「禮義」者，方是天子之所以治天下之具。《禮記・禮運》曰：

> 何謂人情？喜、怒、哀、懼、愛、惡、欲七者，弗學而能；何謂人義？父慈、子孝、兄良、弟弟、夫義、婦聽、長惠、幼順、君仁、臣忠十者，謂之人義；講信脩睦謂之人，利爭奪相殺謂之人患。故聖人之所以治人七情，脩十義，講信脩睦，尚辭讓、去爭奪，舍禮何以治之。（卷二十二，頁 431）

〔註12〕又如《論語・子罕》曰：「子曰：麻冕，禮也；今也純，儉，吾從眾。拜下，禮也；今拜乎上，泰也，雖違眾，吾從下。」頁 77。是以行禮之儀式與其相關之規定，可以因革損益，而無損於「禮」之本質。

〔註13〕勞思光言：「所謂『義』，在《論語》中皆指『正當』或『道理』。偶因語脈影響，意義稍有變化，但終不離此一意義。」《新編中國哲學史》（臺北：三民書局，2001 年 9 月），頁 110。

聖人設「禮」之目的在節人情、去人患，而「禮」之基礎在於人有十「義」，「義」是設「禮」之基礎，「禮」是「義」之實踐，舍「禮」無以言「義」，舍「禮」無以言治。是故，「禮」是政治之基礎，而「義」是「禮」之本質。《論語・衛靈公》載孔子曰：「君子義以爲質，禮以行之。」（卷十五，頁 139）《禮記・禮運》曰：「故禮也者，義之實也。」（卷二十二，頁 439）是以君子之行「禮」，乃以正當之道理之「義」爲本質。

　　因「禮」一字含義豐富，「古代所謂『禮』者，實無乎不包，而未易以一語說明其定義也」，〔註14〕「禮」字在不同語意脈絡中，分別指涉不同義意，並時與其他字組合，如：禮儀、禮容、禮器、禮教、禮治、禮法、禮制、禮經、禮學……等詞組，指涉較爲精確之義意。禮，若強爲區分，概有廣狹二義。廣義之禮，含禮之本質「義」與形式之「儀」，指凡一切合於「義」之行爲、儀式與制度，如單稱「禮」，或與其他字所構成之詞組皆屬之，即統稱之「禮」，或合稱之爲「禮儀」；而狹義之禮，則指宗教儀式與具有政治意義之典禮儀式，或單稱「儀」。

　　廣義之「禮」既已涵蓋典章制度，而所謂「禮制」，「制」則指涉明確之典章制度，《禮記・仲尼燕居》曰：「制度在禮」（卷五十，頁 855）即是指制度乃以禮爲原則，以禮爲基礎，故「禮制」屬於狹義之「禮」。然而，因「禮」一字而多義，而古人使用時，亦常以一字表多義，特別是在指涉「禮制」方面，往往以「禮儀」代之。如《周禮・春官》曰：「凡國之大事，治其禮儀，以佐宗伯；凡國之小事，治其禮儀而掌其事，如宗伯之禮。」（卷十九，頁 299）其所謂「禮儀」，概指國家之典禮儀式，其義近「禮制」；又如《史記・禮書》曰：「至秦有天下，悉內六國禮儀，采擇其善，雖不合聖制，其尊君抑臣，朝廷濟濟，依古以來。」（卷二十三，頁 1159）所指秦時悉納六國之「禮儀」，亦是指六國之「禮制」；又如《漢書・禮樂志》曰：「漢興，撥亂反正，日不暇給，猶命叔孫通制禮儀，以正君臣之位」，（卷二十二，頁 1030）漢高祖命叔孫通所作之「禮儀」，與「禮制」之義無別；由此可知，「禮儀」與「禮制」兩者，只是指涉意義之範圍之廣狹不同，在使用上並未嚴格區分。先秦以前，古人往往以「禮儀」一詞指涉包括「禮制」在內之一切行爲規範，殊少用「禮制」一詞指涉政治制度，〔註15〕此固然是古人無意將「禮

〔註14〕柳詒徵：《中國文化史》（北京：中國大百科全書出版社，1988 年），頁 173。
〔註15〕《史記》僅有一處言「禮制」，〈樂書〉曰：「五帝殊時，不相沿樂；三王異世，

制」從禮之中剝離成一獨立個體，〔註16〕實際上，廣義之禮已涵蓋狹義之「禮制」，而以「禮」直指「禮制」，乃是順理成章之事。至西漢後期，「禮制」之概念逐漸成形：如《漢書·成帝紀》載成帝詔曰「聖王明禮制以序尊卑」，（卷十，頁325）「禮制」具有定序上下尊卑之作用；〈禮樂志〉曰「諸侯踰越法度，惡禮制之害己」，（卷二十二，頁1029）「禮制」具有約束諸侯之實質意義；〈刑法志〉曰「言制禮以止刑，猶隄之防溢水也。今隄防淩遲，禮制未立」，（卷二十三，頁1109）「禮制」與「止刑」對揚，可防止刑犯滋蕃之消極作用。因此，所謂「禮制」，乃專指具有節制約束之實質作用，且以建立制度爲主之成文法典者，〔註17〕故「中國古代的一切制度，都可說是禮制」。〔註18〕陳戌國解釋「禮制」一辭言：

　　……禮上升爲制度規程，就是禮制。凡制度總是出於某種需要繞產
　　生的。它一方面必須順乎人情，爲人們所接受；一方面又必須有約
　　束力，爲人們所遵循。禮制，作爲執禮的根據，限定了行禮的範圍、
　　規模、程序、議態以及大致具體的言行。不容許禮物和禮議違反禮

不相襲禮。樂極則憂，禮粗則偏矣。及夫敦樂而無憂，禮備而不偏者，其唯大聖乎？天高地下，萬物散殊，而禮制行也；流而不息，合同而化，而樂興也。」頁1193。張守節《正義》曰：「禮以節制爲義，故云禮制。」頁1194。《史記》此處稱「禮制」者，與「樂」對舉，乃指狹義之禮節儀文；而後世之「禮制」概念，雖亦是狹義之禮，但仍包括樂在內之成文法典。

〔註16〕顧希佳言：「先秦時代的人們……那時侯，"禮"的範疇極其寬泛，包括了國家政治制度，諸如官制、法律等內容在內，和我們今天一般的理解有較大歧異。大概到了秦、漢以後，官制、法律才逐漸從"禮"的範疇里剝離出來，而"禮"則主要是指儀式和各種行爲規範，開始與今天人們的理解接近起來。」《禮儀與中國文化》（北京：人民出版社，2001年8月），頁16。

〔註17〕《禮儀與中國文化》言：「國家的統治者出于統治的需要，往往會對民間早已經存在著的這一系列行爲方式作出統一的規定，要求大家按統一的規範去做，先是國君要這樣做，逐步往下推行。這樣一種統一的規範，具有國家法典制度的性質，通常稱之爲禮制。」頁27。

〔註18〕《今古文經學新論》，王保玹言：「在中國傳統文化裡，"禮"的概念有廣義狹義之分。就其廣義而論，"禮"可說是中國傳統文化的總名，中國古代的一切制度都可說是禮制，中國古代一切法定的社會關係都可說是禮的關係。就其狹義而論，"禮"僅僅指某種儀式，而且主要指宗教的或帶有宗教色彩的儀式。」頁284～285。本文採取王保玹對禮制之解釋，但不同意其對禮之廣義之解釋。廣義之「禮」，應含「數」與「義」，亦即凡含有「義」之行爲者，皆屬「禮」之範疇，王保玹稱廣義之禮是一切制度之禮制，似乎稍嫌窄化「禮」之範圍。

制的規程，否則就不能表達應有的禮意。不妨說，禮制是具有法律

效力的，在這個意義上可以把禮制看作典章制度。維護禮制，實際

上就是維護政治權力和經濟利益，維護當時的生產關係。〔註19〕

「禮制」含有禮儀與制度雙重意義，故凡納入制度規章中之禮儀者，便是禮
制。禮既是天子治天下之具，而制度又具有強制執行之法律效力，故禮制與
現代之政治制度意義相似。

　　雖云禮制與政治制度之關係密切，但兩者之間仍有一段差距。現代所謂
「政治制度」一辭：

政治制度者，乃政治權力者在管理眾人之事之進程中，所以設政施

治，齊民使眾而建立或所由形成具有必然性、人爲性、強制性、調

適性的社會生活之共同規範，及人群行動之一致準繩。〔註20〕

所謂「政治」，乃指管理眾人之事，「制度」是政治權力者管理眾人之過程中
所設施制定具有「必然性、人爲性、強制性、調適性」之共同規範，以達到
齊民使眾之目的；故所謂「政治制度」，簡言之，乃是政治管理者與被管理者
間之「社會契約」內容。〔註21〕「政治」一辭，至今仍未有一公認之界說。
張金鑑說：「政治，乃指社會生活中的一種『管理眾人之事』的活動和現
象」，〔註22〕因爲各派學說對政治之界說與意義不一，遂形成不同之「政治
觀」。〔註23〕

　　《淮南子‧氾論》曰：「政，治也。」「政」與「治」相通。若分別釋之，
則「治」，《孟子‧離婁上》曰：「治，將理之義也。」《呂覽‧振亂》曰：「治，

〔註19〕陳戌國：《先秦禮制研究》（湖南：湖南教育出版社，1991年12月），頁17。

〔註20〕張金鑑：《中國政治制度史》（臺北：三民書局，1998年2月），頁1。

〔註21〕盧梭（J. J. Rousseau）《社約論》（De Contrat Social, The Social Contract）（又稱
　　　　《民約論》）言：「總之，每個人把自己讓與公共，就不是把自己讓與什麼人；
　　　　他對於每個分子，都可取得相同於他自己所許他人的權利，所以他獲得相當
　　　　於他所喪失的一切，並獲得更多的力量以保護他所有的一切。」並對「社會
　　　　契約」定義爲：「我們每個人都把自身和一切權力交給公共，受公意（general
　　　　will）之最高的指揮，我們對於每個分子都作爲全體之不可分的部分看待。」
　　　　盧梭著‧徐百齊譯述：《社約論》（臺北：臺灣商務印書館，1989年10月），
　　　　頁20～21。

〔註22〕張金鑑：《政治學概論》（臺北：三民書局，1976年9月初版），頁1。

〔註23〕同上註。因爲各家學派對「政治」一辭有不同認定，故又有所謂「理性主義
　　　　者的政治觀」、「權勢主義者的政治觀」、「功利主義者的政治觀」、「法治主義
　　　　者的政治觀」、「民生主義的政治觀」等，參考該書頁1～9。

整也。」《周禮・司約》曰:「治者,理其相抵,冒上下之差也。」故「治」有整理、治理之義;「政」者,《廣雅・釋詁》曰:「政,正也。」《說文》亦同,《周禮・夏官序官注》曰:「政,正也。政所以正不正者也。」此義與「治」義同;「政」者在「治」,「治」者唯「政」,兩者意義相通。漢代以「政」釋「治」,又以「治」釋「政」,顯示「政」、「治」乃為一事,「政」、「治」雖指涉內容不同,然皆是合一制。若《法言・先知》曰:「政,君也。」《禮記・禮運》曰:「政者,君之所以藏身也。」〔註24〕此二解「政」,則專指君主之所執也,故《大戴禮記》曰:「君師者,治之本也。」是以「政治」者,乃君主管理眾人事物之權力。「政」者屬於天所受命,「治」者是天子對天下行使統治權,故有政權始有治權,有治權者必來自天所受命之政權。

　　牟宗三以「政道」稱君主政權之道理,而相應於「政道」者,便是「治道」,〔註25〕並稱中國之政治,只有治道之吏治,而無政道之政治。剋就此言,中國無論是在封建貴族,或是君主專制之時,並無「政治」可言,有之,只是「吏治」而已。〔註26〕依牟宗三之意,並非指中國只有「治道」而無「政道」,而是中國之「治道」早已發展成熟,「政道」則仍停留在先秦帝王受命說之階段。在漢代「天人之學」之思潮中,人間政治制度,是參照天地自然循環之規律加以訂定,故需要有「媒介」與上天溝通,天與人間之聯係,完全託負於天子,故「天子」顧名思義,即是人與天間之「媒介」,是上天所命之代言人;如此,天人之間才能得到繫聯,政治才能獲得穩定與久遠。

　　相較於現代政治制度,古代禮制有二大特點:其一,禮制所規範之對象,主要是天子以下、士大夫以上之貴族,其中並不涉及無行「禮」能力之市井小民。如前所述,廣義之「禮」乃是具有「義」之行為儀式,然而「禮

〔註24〕　《十三經注疏・禮記》,頁422。

〔註25〕　牟宗三:《政道與治道》言:「政道是相應政權而言,治道是相應治權而言。中國在以前于治道,已進至最高的自覺境界,而政道則始終無辦法。因此,遂有人說,中國在以往只有治道而無政道,亦如只有吏治,而無政治。吏治相應治道而言,政治相應道政道而言」,(臺北:臺灣學生書局,1991年4月增訂新版四刷),頁1。

〔註26〕　《中國哲學十九講》:「『政治』不同於『吏治』,故至今仍有政務官與事務官的分別。政務官要參與決策,因而有政治的意義;事務官則不參與決策,只負責決策的執行,是所謂的官吏,亦即西方人所謂的『文官制度』(civil service),這代表吏治。……因此民國以來了解政治的人常說:從前中國在君主專制的政體下只有吏治而沒有政治。」頁179。

制」之「禮」並非普遍施之於眾人，《禮記·曲禮上》曰「禮不下庶人。」注曰：「爲其遽於事，且不能備物。」〔註27〕孔穎達《禮記正義》解釋「禮」之所以不及庶人之道理曰：「禮不下庶人者，謂庶人貧，無物爲禮，又分地是務，不服燕飲，故此禮不下與庶人行也。」〔註28〕因庶人無能力行繁文縟節之「禮」，且又不知「禮」，〔註29〕故「禮」乃施之於大夫以上者，是有特定之對象，此乃古代禮制與現代政治制度明顯之區別。其次，禮制必然出於天子之手，是天子治天下之具。《說文》曰：「制，裁也。」（頁184）「制」若置於「禮」之前，可做爲動詞「制裁」、「制作」；若置於「禮」之後，則是做名詞「制度」之意。「禮制」制定之過程或許有禮學專家或其他人參與討論，但「制」是出於天子制度之命令，〔註30〕「禮」之制定，必以天子爲最後之仲裁者，故「禮制」必然出於管理者之手，是政治管理者治天下之工具，天子乃是立法者兼執法者。而現代政治之「制度」，要皆出於少數代表民意之「立法者」所制定之「契約」，〔註31〕政治之管理者與被管理者均有義務遵循此「契約」；此亦是「禮制」與「政治制度」不同之處。

由上可知，禮制乃源於政治之需要。《荀子·禮論篇》曰：

> 禮起於何也？曰：人生而有欲，欲而不得，則不能無求。求而無度量分界，則不能不爭；爭則亂，亂則窮。先王惡其亂也，故制禮義以分之，以養人之欲，給人之求。使欲必不窮於物，物必不屈於欲。
>
> 兩者相持而長，是禮之所起也。

因人生而有欲，欲求無度量則導致亂窮，先王惡其亂，所以制作禮義以分之，使欲必不窮於物，物必不屈於欲，兩者相輔相成，此乃禮之所由起也。先王制禮之目的，在於防止人因欲求而產生之亂窮，並促成欲、物兩者之均衡發展，故禮之所起，乃是出於王者治政之需要，以求人民謀福祉爲目的，此亦

〔註27〕《禮記·曲禮上》卷三，頁55。
〔註28〕《禮記·曲禮上》卷三，頁56。
〔註29〕《白虎通·五刑》曰：「禮爲有知制，刑爲無知設。庶人雖有千金之幣不得服，刑不上大夫者，據禮無大夫刑。」頁525。
〔註30〕蔡邕〈獨斷〉：「制書，帝者制度之命也，其文曰『制』。」
〔註31〕盧梭言：「立法者，從各方面看來，都是國家的非常人。他的才識如此，他的職務亦如此。他的職位不是長官，也不是主權。他的職務是構成共和國的，不在共和國的組織之內；它是一種個別的超越的職務與人類國家的行政不相混合。治人者不應兼立法，立法者不應兼治人。否則他所立的法適足以濟其私慾，促成其不義了。他的私欲必致破壞其工作之神聖。」《社約論》，頁55。

孟子所謂「先王有不忍人之心，斯有不忍人之政矣」，〔註32〕故禮制出於有不忍人之心之先王之政。《史記·禮書》曰：

> 觀三代損益，乃知緣人情而制禮，依人性而作儀，其所由來尚矣。
> 人道經緯萬端，規矩無所不貫，誘進以仁義，束縛以刑罰，故德厚
> 者位尊，祿重者寵榮，所以總一海內，而整齊萬民也。……所以防
> 其淫侈，救其彫敝。是以君臣朝廷尊卑貴賤之序，下及黎庶車輿衣
> 服宮室飲食嫁娶喪祭之分，事有宜適，物有節文。（卷二十三，頁
> 1157～1158）

三代之制禮作儀，在消極方面可以「防其淫侈，救其彫敝」，而在積極方面，從上可以序「君臣朝廷、尊卑貴賤」，在下可以分「黎庶、車輿、衣服、宮室、飲食、嫁娶、喪祭」。《漢書·禮樂志》亦曰：

> 人性有男女之情，妒忌之別，爲制婚姻之禮；有交接長幼之序，爲
> 制鄉飲之禮；有哀死思遠之情，爲制喪祭之禮；有尊尊敬上之心，
> 爲制朝覲之禮。哀有哭踊之節，樂有歌舞之容，正人足以副其誠，
> 邪人足以防其失。……故孔子曰：「安上治民，莫善於禮；移風易俗，
> 莫善於樂。」禮節民心，樂和民聲，政以行之，刑以防之。禮樂政
> 刑四達而不誖，則王道備矣。（卷二十二，頁1027～1028）

王者所以制婚姻之禮、鄉飲之禮、喪祭之禮與朝覲之禮，乃因循人性中有男女之情、有交接長幼之序、有哀死思遠之情、有尊尊敬上之心而發，目的在使人之哀、樂、正、邪皆能受一定禮制之規範。故王道必具有：傳統與習俗中成文與不成文之禮、樂之行爲準則，有足以推動禮樂政令之行政權，與消極制約不法之刑罰，始稱完備；禮、樂、政、刑四者，乃有完備之禮制始能貫徹。

第三節　漢代之「三禮」

「禮」既含形式之「儀」與本質之「義」，故「禮」可區分爲可實踐之禮制與其禮制所以然之禮學。從發生歷程而言，聖人先有禮學而後制禮，後世循禮制以求聖人之禮學。故無禮學不能成禮制，無禮制不能知禮學；禮學乃禮制之指導原則，禮制乃禮學之具體實現；禮制與禮學，兩者互爲表裡。漢

〔註32〕《孟子·公孫丑·上》，頁65。

代之禮學，可從禮書與《禮經》博士學官兩方面探討。

　　《漢書・藝文志》載西漢禮書有：

　　《禮古經》五十六卷，《經》（十七）七十篇。后氏、戴氏。

　　《記》百三十一篇。七十子後學者所記也。

　　《明堂陰陽》三十三篇。古明堂之遺事。

　　《王史氏》二十一篇。七十子後學者。

　　《曲臺后倉》九篇。

　　《中庸說》二篇。

　　《明堂陰陽說》五篇。

　　《周官經》六篇。王莽時劉歆置博士。

　　《周官傳》四篇。

　　《軍禮司馬法》百五十五篇。

　　《古封禪群祀》二十二篇。

　　《封禪議對》十九篇。武帝時也。

　　《漢封禪群祀》三十六篇。

　　《議奏》三十八篇。石渠。

　　凡《禮》十三家，五百五十五篇。入《司馬法》一家，百五十五篇。

以上諸書，大多已亡佚。依班固自注，知部分禮書乃入漢以後之作品，如《封禪議對》十九篇，是武帝時之作；《議奏》三十八篇，是宣帝時之作；而《曲臺后倉》九篇，是后倉或是其後學之作。《後漢書・儒林列傳》曰：

　　中興，鄭眾傳《周官經》，後馬融作《周官傳》，授鄭玄，玄作《周官注》。玄本習《小戴禮》，後以古經校之，取其義長者，故爲鄭氏學。玄又注小戴所傳《禮記》四十九篇，通爲《三禮》焉。（卷七十九下，頁 2577）

自鄭玄（127～200）注《周官經》、《小戴禮》與《禮記》，〔註33〕稱此三書爲「三禮」。

　　《周官經》或稱《周官》、《周官禮》，至王莽居攝時改名《周禮》。西漢時有六篇，後亡失一篇，以《考工記》補充之。〔註34〕關於《周禮》之作者

〔註33〕《後漢書・鄭玄列傳》曰：「凡玄所注……《儀禮》」，卷三十五，頁1212。
〔註34〕《漢書・藝文志》，顏師古曰：「即今之《周官禮》也，亡其冬官，以《考工記》充之。」卷三十，頁1710。

及其成書年代，前已述及。六篇之名，依序是：天官冢宰第一，地官司徒第二，春官宗伯第三，夏官司馬第四，秋官司寇第五，冬官考工記第六。其書內容陳列各級政府之組織結構，六官各有職責，而以天官冢宰（或曰大宰）統攝之。《周禮·大宰》曰：

> 大宰之職，掌建邦之六典，以佐王治邦國：一曰治典，以經邦國，以治官府，以紀萬民；二曰教典，以安邦國，以教官府，以擾萬民；三曰禮典，以和邦國，以統百官，以諧萬民；四曰政典，以平邦國，以正百官，以均萬民；五曰刑典，以詰邦國，以刑百官，以糾萬民；六曰事典，以富邦國，以任百官，以生萬民。（卷二，頁26）

大宰之職責，在輔佐王者以治其邦國，主要掌管治、教、禮、政、刑、事等六典。《周禮·天官冢宰》下曰：

> 惟王建國，辨方正位，體國經野，設官分職，以爲民極，乃立天官冢宰，使帥其屬而掌邦治，以佐王均邦國。（卷一，頁10～12）

鄭玄注曰：「天子立冢宰，使掌邦治，亦所以總御眾官，使不失職。不言司者，大宰總御眾官，不主一官之事也。」（《周禮·天官冢宰》，卷一，頁10）是冢宰雖列於六官之中，但不主一官之事，其職責有統帥其餘五官，督導五官盡職之權。至於五官之職：「乃立地官司徒，使帥其屬而掌邦教，以佐王安擾邦國」，（《周禮·地官司徒》，卷九，頁138）地官專掌教化；「乃立春官宗伯，使帥其屬而掌邦禮，以佐王和邦國」，（《周禮·春官宗伯》，卷十七，頁259）春官專掌祭祀；「乃立夏官司馬，使帥其屬而掌邦政，以佐王平邦國」，（《周禮·夏官司馬》，卷二十八，頁429）夏官專掌軍事；「乃立秋官司寇，使帥其屬而掌邦禁，以佐王刑邦國」，（《周禮·秋官司寇》，卷三十四，頁510）秋官專掌刑法；至於第六篇〈冬官〉亡佚，〈天官冢宰〉小宰之職曰：「六曰事職，以富邦國，以養萬民，以生百物」，（《周禮·天官冢宰·小宰》，卷三，頁43）乃《考工記》所記百工之事。

　　《周禮》是一部具有組織架構之職官制度之書，書中「掇拾周代政治制度，融合孔孟學說，揉和法家、陰陽家的言論，參入作者的卓見，編成一部理想化的政府組織法，以待後代王者的取法，達到『託古改制』的目的」。〔註35〕自劉歆「發得《周禮》，以明因監」，以爲是書乃「周公致太平之跡」，

〔註35〕劉德漢著：〈三禮概述〉，《三禮研究論集》，頁26。

當時雖有眾儒以爲非是，並出而共排之，然王莽以周公自命，視其書爲周代建國之藍本，遂以書中制度施行於執政時期，並立《周禮》博士。何休稱其爲「六國陰謀之書」，亦可說明是書王者官制之本質。

　　《儀禮》一書，西漢時稱《士禮》、《經》，或逕稱《禮》，至鄭玄爲之作注，始定名爲《儀禮》。〈藝文志〉載《禮古經》五十六卷，《經》七十篇，又曰：

> 漢興，魯高堂生傳《士禮》十七篇。訖孝宣世，后倉最明。戴德、戴聖、慶普皆其弟子，三家立於學官。《禮古經》者，出於魯淹中及孔氏，篇文相似，多三十九篇。及《明堂陰陽》、《王史氏記》所見，多天子諸侯卿大夫之制，雖不能備，猶瘉倉等推《士禮》而致於天子之說。（卷三十，頁 1710）

高堂生所傳之《士禮》有十七篇，《禮古經》有五十六篇多三十九篇，是知〈藝文志〉所載之《經》七十篇乃十七篇之誤。〔註 36〕《禮古經》與《士禮》十七篇者「同而字多異」，餘三十九篇者，稱爲《逸禮》，〔註 37〕《禮古經》因《士禮》十七篇立於學官得以部份流傳，其餘三十九篇則已逐次亡佚。

　　西漢所傳《儀禮》有三本：一曰戴德本，二曰戴聖本，三曰劉向《別錄》本。三本之篇數與篇名相同，唯篇次各異，列簡表如下：

〔註 36〕王先謙《漢書補注》引劉敞曰：「此『七十』與後『七十』皆當作『十七』，計其篇數則然。」

〔註 37〕鄭玄《六藝論》曰：「漢興高堂生得《禮》十七篇，後得孔氏壁中《古文禮》凡五十六篇，記百三十一篇，《周禮》六篇。其十七篇與高堂生所傳同而字多異，其十七篇外，則《逸禮》是也。」（臺北：藝文印書館，1969 年《百部叢書集成》影印《經典集林》本），卷七，頁 3。

篇次	戴 德 本	戴 聖 本	劉向《別錄》本
第 一	〈士冠禮〉	〈士冠禮〉	〈士冠禮〉
第 二	〈士昏禮〉	〈士昏禮〉	〈士昏禮〉
第 三	〈士相見禮〉	〈士相見禮〉	〈士相見禮〉
第 四	〈士喪禮〉	〈鄉飲酒禮〉	〈鄉飲酒禮〉
第 五	〈既夕禮〉	〈鄉射禮〉	〈鄉射禮〉
第 六	〈士虞禮〉	〈燕禮〉	〈燕禮〉
第 七	〈特牲饋食禮〉	〈大射禮〉	〈大射禮〉
第 八	〈少牢饋食禮〉	〈士虞禮〉	〈聘禮〉
第 九	〈有司徹〉	〈喪服〉	〈公食大夫禮〉
第 十	〈鄉飲酒禮〉	〈特牲饋食禮〉	〈覲禮〉
第十一	〈鄉射禮〉	〈少牢饋食禮〉	〈喪服〉
第十二	〈燕禮〉	〈有司徹〉	〈士喪禮〉
第十三	〈大射禮〉	〈士喪禮〉	〈既夕禮〉
第十四	〈聘禮〉	〈既夕禮〉	〈士虞禮〉
第十五	〈公食大夫禮〉	〈聘禮〉	〈特牲饋食禮〉
第十六	〈覲禮〉	〈公食大夫禮〉	〈少牢饋食禮〉
第十七	〈喪服〉	〈覲禮〉	〈有司徹〉

　　鄭玄所注及賈公彥所疏，乃用劉向《別錄》本之篇次。賈公彥言《別錄》
尊卑吉凶次第倫敘，故鄭用之；而二戴本尊卑吉凶雜亂，故鄭不從之。〔註38〕
鄭玄所以採取《別錄》篇次之理由，乃是《別錄》之尊卑吉凶次第有序，而
二戴本則雜亂無章。邵懿辰（1810～1861）《禮經通論》則云：

> 大戴（即戴德本次第）士冠禮一……是一二三篇，冠昏也；四五六
> 七八九篇，喪祭也；十十一十二十三篇，射鄉也；十四十五十六篇，
> 朝聘也；而喪服之通乎上下者附焉。小戴次序最爲雜亂，冠、昏、
> 相見而後繼以鄉射四篇，忽繼以士虞與喪服，又繼以特牲少牢有司
> 徹，復繼以士喪既夕，而後以聘禮、公食覲禮終焉。今鄭賈注疏，
> 所用劉向別錄次序，則以喪祭六篇居末，而喪服一篇移在士喪之前，

─────────────
〔註38〕《儀禮・士冠禮》，卷一，頁2。

> 似依吉凶人神爲次。蓋向見記云：「吉凶異道，不得相干」……遂以
> 昏、冠、射鄉、朝聘十篇，爲吉禮居先，而喪祭七篇凶禮居後焉。
> 較小戴稍有條理，而要不若大戴之次，合乎禮運。

邵懿辰以爲，劉向《別錄》本「以昏、冠、射鄉、朝聘十篇，爲吉禮居先，而喪祭七篇凶禮居後」，以吉凶爲次，雖較戴聖本有條理，但不如戴德本之次序。戴德本以冠昏、喪祭、射鄉、朝聘爲序，以喪服之通乎上下者附於最後，不僅最有條理，並且吻合《禮記·禮運》之論。《禮記·禮運》曰：

> 夫禮必本於天，動而之地，列而之事，變而從時，協於分藝。其居人也曰養，其行之以貨力、辭讓、飲食、冠昏、喪祭、射御、朝聘。
> （卷二十二，頁 439）

〈昏義〉亦曰：

> 夫禮，始於冠，本於昏，重於喪祭，尊於朝聘，和於射鄉，此禮之大體也。（卷六十一，頁 1000～1001）

戴德本之篇次最具條理，且完全符合《禮記》之說；至於戴聖本次序則是「最爲雜亂」。然而王葆玹認爲「戴聖所定的篇次大致上是按照社會階層而定的，下層貴族的禮儀在前，上層貴族在后，覲天子禮在最后」，〔註39〕故戴聖本之篇次，亦非漫無章法。

戴德等三人所編撰之篇次，看似皆有理據，然優劣各不同。三人撰次之原意，若僅從篇次推測，亦恐無助於還原《儀禮》本來面貌。然而，在此不禁質疑：爲何三本篇次互異？若三人之前已有定本，則三本豈敢妄自擅改篇次？更重要者是，漢代《禮》經學官以何者爲本？

劉歆〈移書太常博士〉曰：「及魯恭王壞孔子宅，欲以爲宮，而得古文於壞壁之中，《逸禮》有三十九，《書》十六篇。天漢之後，孔安國獻之，遭巫蠱倉卒之難，未及施行。」〔註 40〕漢初魯高堂生傳《士禮》十七篇，乃是今文經，其後《禮古經》五十六篇是古文經。《禮古經》之稱「古」，乃是相較於《士禮》之今文經；而《禮古經》較《士禮》多三十九篇，漢人稱三十九篇乃《禮》之「逸篇」，亦是相較於《士禮》之十七篇而言。是以《士禮》乃《禮古經》之部分，而〈藝文志〉逕自以《經》稱之，遂置於《禮古經》之後。

〔註39〕《今古文經學新論》，頁 301。
〔註40〕《漢書·楚元王傳》，卷三十六，頁 1969。

魯高堂生傳《士禮》十七篇，后倉最明。《漢書‧儒林傳》曰：

> 倉說《禮》數萬言，號曰《后氏曲臺記》，授沛聞人通漢子方、梁戴
> 德延君、戴聖次君、沛慶普孝公。孝公爲東平太傅。德號大戴，爲
> 信都太傅；聖號小戴，以博士論石渠，至九江太守。由是《禮》有
> 大戴、小戴、慶氏之學。（卷八十八，頁 3615）

后倉說《禮》數萬言，號曰《后氏曲臺記》，傳授聞人通漢、戴德、戴聖與慶
普四人。武帝立后倉爲《禮》博士，至宣帝之世，只有戴聖「以博士論石
渠」，可知后倉《禮》學博士乃由戴聖擔任，且戴聖所傳本之始於〈士冠禮〉
終於〈覲禮〉篇次，正符合「猶痛倉等推《士禮》而致於天子之說」，對后倉
《禮》篇次之描述，正式繼承后倉之學，因此，戴聖本應爲當時官方《禮》
之傳本。

〈藝文志〉稱戴德、戴聖、慶普三家立於學官，此說易使人誤以爲戴
德、戴聖、慶普三家，同時立於學官。其實，終漢世之《禮》學便屬大小戴
氏，慶普之學可能只有在西漢末期與新莽之交曾與二戴並立於學官。《漢書‧
儒林傳》贊「至孝宣世，復立大小夏侯《尚書》，大小戴《禮》」，其中並不
包括慶普《禮》學；東漢光武帝所立十四博士，亦無慶普之名；〔註 41〕至
《後漢書‧章帝紀》載建初四年詔曰：「至建武中，復置顏氏、嚴氏《春
秋》，大小戴《禮》博士。」《後漢書‧百官志》亦曰：「《禮》二，大小戴
氏。」是知戴德等三人皆爲后倉博士之弟子，但只有大、小戴《禮》置於學
官；獨未見慶普《禮》學。但是《後漢書‧儒林列傳》又稱：「前書魯高堂
生，漢興傳《禮》十七篇。後瑕丘蕭奮以授同郡后蒼，蒼授梁人戴德及德兄
子聖、沛人慶普。於是德爲《大戴禮》，聖爲《小戴禮》，普爲《慶氏禮》，三
家皆立博士。」（卷七十九下，頁 2576）對此一問題，王葆玹以爲「三家皆立
學官」或者「三家皆立博士」之說，乃是沿襲劉歆《七略》之說法，劉歆
言「三家皆立學官」乃指西漢平帝元始年間之官方學術而言，其實「慶氏
《禮》學只在西漢末期與新莽時期曾立學官，而在西漢的大部分時期以及整
個的東漢時期都與官方學術無緣，只在民間或私人之間傳播」。〔註 42〕至於戴

〔註 41〕《後漢書‧儒林列傳》曰：「及光武中興，愛好經術，……於是立《五經》博
　　　　士，各以家法教授，《易》有施、孟、梁丘、京氏，《尚書》歐陽、大小夏侯，
　　　　《詩》齊、魯、韓，《禮》大小戴，《春秋》公羊嚴、顏，凡十四博士，太常
　　　　差次總領焉。」頁 2545。
〔註 42〕王葆玹根據《漢書‧王莽傳》平帝元始四年「立《樂經》益博士員，經各五

德等三人，亦只有戴聖在宣帝時「以博士論石渠」，得博士頭銜，並且升至九江太守，其餘二人皆未曾任職博士。因此，漢代《禮經》博士，當以戴聖本爲依歸。

雖然戴聖本之篇次「最爲雜亂」，然而戴聖依后倉師傳得博士，其傳本遂爲漢代《禮經》正宗，地位最崇。從另一角度思考，因爲戴聖本之篇次「最爲雜亂」，促使戴德依《禮記》說禮之序，調整后倉（即戴聖本）之篇次，得與戴聖本並列於學官，分《禮》爲二家；而劉向著《別錄》時，亦重新整理二戴本之篇次，改以尊卑吉凶次第之序，終獲鄭玄之青睞，用其篇次爲《儀禮》作注；故戴德、戴聖與劉向三本，同時流傳於當時。

《儀禮》之文本，可分成三項：「經」，主要陳述禮儀形式之相關規定，是《儀禮》主體；「記」，賈公彥釋曰：「凡言記者，皆是記經不備，兼記經外遠古之言。」〔註43〕作用在解說經義，或者補充經文不足使之文理備足，並兼記遠古之禮制，《儀禮》十七篇，明言「記」者有十一篇。〔註44〕「傳」，賈公彥釋曰：「《儀禮》見在一十七篇，餘不爲傳，獨爲〈喪服〉作傳者，但〈喪服〉一篇，總包天子已下，五服差降，六術精麤，變除之數既繁，出入正殤交互，恐讀者不能悉解其義，是以特爲傳解。」〔註45〕《儀禮》獨〈喪服〉一篇有「傳」，乃因〈喪服〉內容過於繁瑣，故作「傳」以利讀者解析。今且依戴聖本之篇次，觀察《儀禮》之內容。

〈士冠禮〉：鄭玄〈目錄〉曰：「童子任職，居士位，年二十而冠。主人玄冠朝服，則是仕於諸侯，天子之士，朝服皮弁素積。古者四民世事，士之

人」之記載，推論《禮》博士之五人，「當爲后氏、大戴、小戴、慶氏及《逸禮》五家」，此說並無直接證據證明慶普曾立於學官。《今古文經學新論》，參考頁342。

〔註43〕《儀禮・士冠禮》，卷三，頁33。

〔註44〕《儀禮》十七篇，明言「記」者有十一篇：〈士冠禮〉、〈士昏禮〉、〈鄉飲酒禮〉、〈鄉射禮〉、〈燕禮〉、〈士虞禮〉、〈特牲饋食禮〉、〈既夕禮〉、〈聘禮〉、〈公食大夫禮〉、〈覲禮〉等。此外，《經學通論》「論熊朋來於三禮獨推儀禮其說甚通」一文中，引熊朋來之言：「〈士喪禮〉則士處適寢以後附在〈既夕〉者，即〈士喪禮〉之記矣；〈既夕禮〉則啓之昕以後，即〈既夕〉之記矣；漢儒稱〈既夕禮〉即〈士喪禮〉下篇，故二記合爲一也；〈喪服〉一篇，每章有子夏作傳，而記公子爲其母以後又別爲〈喪服〉之記，其記文亦有傳，是子夏以前有此記矣。十七篇惟〈士相見〉、〈大射〉、〈少牢饋食〉、〈有司徹〉四篇不言記，其有記者，十有三篇。」皮錫瑞著，（臺北：河洛圖書出版社影印，1974年12月），頁28。

〔註45〕《儀禮・喪服》，卷二十八，頁338。

子，恆爲士。冠禮於五禮屬嘉禮。」（卷一，頁 2）〔註 46〕此篇主要陳述自天子之士以下，凡年二十任職，居士位者，得行冠禮儀式。文中舉凡行冠禮之人、事、地、物，皆有相關規定。

〈士昏禮〉：鄭玄〈目錄〉曰：「士娶妻之禮，以昏爲期，因而名焉。必以昏者，陽往而陰來，日入三商爲昏，昏禮於五禮屬嘉禮。」（卷四，頁 39）此篇主要陳述士娶妻之禮，士以昏爲期，因而以昏禮爲名。昏禮儀式之進行，舉凡納采、問名、納吉、納徵、請期等，皆有詳細之規定。

〈士相見禮〉：鄭玄〈目錄〉曰：「士以職位相親，始承摯相見之禮。……士相見於五禮屬賓禮。」（卷七，頁 70）此篇主要陳述士與士，兼及士與大夫，大夫與夫夫間相見之禮，並由士相見之禮推至士、大夫與庶人等見君王尊長之禮。

〈鄉飲酒禮〉：鄭玄〈目錄〉曰：「諸侯之鄉大夫三年大比、獻賢者能者於其君，以禮賓之，與之飲酒。於五禮屬嘉禮。」（卷八，頁 80）此篇主要陳述諸侯國之鄉大夫賓賢者之禮，其中包含主人獻賓、樂賓之禮，並兼言士之飲酒賢者之禮。

〈鄉射禮〉：鄭玄〈目錄〉曰：「州長春秋以禮會民，而射於州序之禮，謂之鄉者，州鄉之屬，鄉大夫或在焉，不改其禮。射禮於五禮屬嘉禮。」（卷十一，頁 109）此篇主要陳述王者、諸侯之州長、鄉大夫與士行鄉射之禮，自射禮之禮初與射事，及射後之飲酒，至賓出拜賜之禮。

〈燕禮〉：鄭玄〈目錄〉曰：「諸侯無事，若卿大夫有勤勞之功，與群臣燕飲以樂之，燕禮於五禮屬嘉（禮）。」（卷十四，頁 158）此篇主要陳述諸侯燕請有勤勞之功之臣，群臣與之同樂，其禮之初始，升至禮稍殺而樂備，終於燕盡及燕畢賓出之禮。

〈大射禮〉：鄭玄〈目錄〉曰：「名曰大射者，諸侯將有祭祀之事，與其群臣射，以觀其禮，數中者得與於祭，不數中者，不得與於祭。射義於五禮屬嘉禮。」（卷十六，頁 187）此篇主要陳述諸侯即將舉行祭祀，以射選得與於祭之臣，自射之前戒備陳設之事，至射事三耦而畢，燕竟禮成。

〈士虞禮〉：鄭玄〈目錄〉曰：「虞，安也。士既葬父母，迎精而反，日中，祭之於殯宮以安之。虞於五禮屬凶（禮）。」（卷四十二，頁 493）此篇主

〔註 46〕《儀禮·士冠禮》，卷一，頁 2。以下十六篇，凡引鄭玄《三禮目錄》者，皆指此本。

要陳述士葬父母之後，祭於殯宮以安之，自祭前之事，至祭畢賓出之禮。

〈喪服〉：鄭玄〈目錄〉曰：「天子以下，死而相喪，衣服，年月，親疏，隆殺之禮。不忍言死而言喪，喪者，棄亡之辭，若存居於彼焉，已亡之耳。」（卷二十八，頁 337）此篇主要陳述喪服五等之制，由最重之斬衰、齊衰三年，漸次大功、小功，至緦麻三月等之服。此喪服之禮不限於天子貴族，下至庶人，皆總包在內。

〈特牲饋食禮〉：鄭玄〈目錄〉曰：「特牲饋食之禮，謂諸侯之士祭祖禰，非天子之士。而於五禮屬吉禮。」（卷四十四，頁 519）此篇主要陳述諸侯之士祭祖禰之禮，由祭前戒備之事，至祭事之過程。

〈少牢饋食禮〉：鄭玄〈目錄〉曰：「諸侯之卿大夫祭其祖禰於廟之禮，羊豕曰少牢，少牢於五禮屬吉禮。」（卷四十七，頁 557）此篇主要陳述卿大夫祭其祖禰於廟之禮，由祭前之筮日，至將祭即位，終於祭畢出廟之禮。

〈有司徹〉：鄭玄〈目錄〉曰：「少牢之下篇也。大夫既祭儐尸於堂之禮，祭禮尸於室中。……有司徹於五禮屬吉禮。」（卷四十九，頁 580）劉向《別錄》以此篇為〈少牢饋食禮〉之下篇，二戴分為二篇，鄭玄因之。此篇主要陳述大夫儐戶與不儐尸之二種禮：儐尸者，由儐尸前之整設溫俎，至主婦亞獻、上賓獻尸與均神惠以成三獻之禮；不儐尸者，亦有由尸八飯後事，至禮終尸出之禮。

〈士喪禮〉：鄭玄〈目錄〉曰：「士喪其父母，自始死至於既殯之禮。喪於五禮屬凶（禮）。」（卷三十五，頁 408）此篇主要陳述士自父母死為始，至父母既殯之期之禮，由父母死起，小歛、大歛等事，至父母既殯之日之士喪之禮。

〈既夕禮〉：鄭玄〈目錄〉曰：「士喪禮之下篇也。既，已也，謂先葬二日，已夕哭時，與葬間一日，凡朝廟日請啟期必容焉，此諸侯之下士一廟，其上士二廟，則既夕哭，先葬前三日。」（卷三十八，頁 448）劉向本以此篇為〈士喪禮〉之下篇。此篇主要陳述士之父母死後，自請期，至啟殯、遷柩，終於葬日與葬後反哭之禮。

〈聘禮〉：鄭玄〈目錄〉曰：「大問曰聘，諸侯相於久無事，使卿相問之禮，小聘使大夫。《周禮》曰：『凡諸侯之邦交，歲相問，殷相聘也，世相朝也。』於五禮屬賓禮。」（卷十九，頁 226）此篇主要陳述諸侯之國交相問聘之禮。聘禮分大、小，聘禮乃由受聘者賓至諸侯國境，至主國君臣與賓介之

應對之禮。

〈公食大夫禮〉：鄭玄〈目錄〉曰：「主國君以禮食小聘大夫之禮。於五禮屬嘉禮。」（卷二十五，頁 299）此篇主要陳述國君諸侯食聘大夫，兼及大夫相食之禮，由陳設饌食，至爲食賓設正饌、加饌，終於賓卒食拜賜之禮。

〈覲禮〉：鄭玄〈目錄〉曰：「覲，見也。諸侯秋見天子之禮，春見曰朝，夏見曰宗，秋見曰覲，冬見曰遇。朝宗禮備，覲遇禮省，是以享獻不見焉。三時禮亡，唯此存爾。覲禮於五禮屬賓（禮）。」（卷二十六下，頁 318）此篇主要陳述諸侯於秋見天子，天子待諸侯之禮。由諸侯將覲之初，至入覲之事，終於王者設壇賜諸侯之禮。

綜觀《儀禮》十七篇內容所涉及之對象，主要以士階層爲主，故西漢時稱《士禮》，頗能反映其書精神。然而《士禮》並非全然只論士之禮，實際上，除士之外，十七篇尚且規範天子、諸侯與卿大夫等貴族，甚至〈鄉射禮〉、〈燕禮〉、〈大射禮〉、〈聘禮〉、〈公食大夫禮〉與〈覲禮〉等篇，概與士無甚關聯。故徐復觀以爲：「實則《儀禮》中〈士禮〉十一篇，是因『天下無生而貴者』，天子之子亦猶士，故可推而至於天子。但〈喪服〉一篇，則總包天子以下之等差，而〈燕禮〉、〈大射〉、〈聘禮〉、〈公食大夫〉、〈覲禮〉五篇，皆諸侯之禮。《漢志》之言並不恰當。」〔註47〕其實，稱「士禮」者，非專指士而言，而是指「士」以上之「禮」，如此解釋，始能符合「推《士禮》而致於天子之說」之論述；而鄭玄名之曰《儀禮》，似乎更能符合其書原貌，並且避免書名所引發無必要之誤解。至於〈喪服〉一篇，內容涉及庶人部份，所謂「庶人爲國君」，（卷三十一，頁 368）乃指庶人爲國君服喪，〔註48〕非謂庶人與士以上之貴族同遵一套喪服制度，因此，此篇尚未破壞「禮不下庶人」之原則。

鄭玄《三禮目錄》歸納十七篇禮之屬性，云：〈士冠禮〉、〈士昏禮〉、〈鄉飲酒禮〉、〈鄉射禮〉、〈燕禮〉、〈大射禮〉、〈公食大夫禮〉等七篇，於五禮中屬嘉禮；〈士相見禮〉、〈聘禮〉、〈覲禮〉等三篇屬賓禮；〈士虞禮〉、〈喪服〉（鄭玄未題此篇屬何禮）、〈士喪禮〉、〈既夕禮〉（鄭玄未題此篇屬何禮）等四篇屬凶禮；〈特牲饋食禮〉、〈少牢饋食禮〉、〈有司徹〉等三篇屬吉禮。所謂「五禮」

〔註47〕《中國經學史的基礎》，頁 166。
〔註48〕《白虎通‧喪服》卷十一曰：「禮不下庶人何？以爲民制。服何？禮不下庶人者，尊卑制度也，服者，恩從內發，故爲之制也。」頁 600。

者，《尚書・舜典》曰舜「修五禮」，馬融（79～166）注之曰：「修吉、凶、賓、軍、嘉之禮。」（卷三，頁 38）又《周禮・地官・大司徒》曰：「以五禮防萬民之偽而教之中。」，鄭眾（？～85）云：「五禮謂：吉、凶、賓、軍、嘉。」（卷十，頁 161）又〈春官・小宗伯〉曰：「掌五禮之禁令與其用等。」，鄭眾云：「五禮：吉、凶、軍、賓、嘉。」（卷十九，頁 290）故鄭玄所謂「五禮」，當指吉、凶、軍、賓、嘉等五種不同屬性之禮。鄭玄以五禮題十七篇，獨缺軍禮，此一現象，並不意味《儀禮》「殘闕」，亦不必因為《儀禮》缺軍禮而強為之解；〔註49〕畢竟，「五禮」乃東漢時儒歸納禮之種類所得之結果，〔註50〕以後世歸納之原則要求前世之著作，反倒扭曲前世著作之原貌。況且，《儀禮》缺軍禮，顯示《儀禮》乃以士階級為主要論述之對象，間接證實漢代博士學官所執之《儀禮》，乃魯高堂生所傳之《士禮》。

　　《儀禮》經文部分，只是單純記載典禮儀式，屬禮儀制度範疇。後世由經文知儀禮之「然」，而不知儀禮形式所隱含之意義之「所以然」，故「禮記」之產生，其目的便在解說經義，或者補充經文使之備足，並兼記遠古之禮制。孔穎達《禮記正義》曰：「至孔子沒，後七十二之徒共撰所聞，以為此記，或錄舊禮之義，或錄變禮所由，或兼記體履，或雜序得失，故編而錄之，以為記也。」（卷一，頁 11）因此，《儀禮》中之「記」與「禮記」，兩者在本質上，並無不同。所以區分者，《儀禮》中之「記」乃附經文之後，並融於經文之中；而「禮記」則是獨立自行。記禮之書，在西漢有二本，鄭玄《六藝論》曰：「戴德傳記八十五篇，戴聖傳記四十九篇。」〔註51〕戴德與戴聖根據散篇之禮記，

〔註49〕許清雲在〈儀禮概述〉一文中探究《儀禮》之內容言：「若如周官五禮之目，則軍禮誰屬？……邵氏懿辰則謂：『鄉射、大射，亦寓軍禮之意。』……是軍禮之缺，實已亡失，邵氏懿辰不承認儀禮殘闕，乃以鄉射、大射充軍禮，未免牽強不倫矣。」收錄在李曰剛等著：《三禮論文集》（臺北：黎明文化事業，1981 年 1 月），頁 54～55。邵懿辰以鄉射、大射充軍禮，固屬牽強；然許清雲以《周官》之五禮，謂《儀禮》中缺軍禮是殘闕之作，亦不恰當。

〔註50〕徐復觀認為：「以吉凶賓軍嘉五個名稱概括禮的內容，這是出於王莽劉歆們對傳統中極為繁複的禮，作了歸納性的整理後所提出來的。五禮的系列，為《周官》出現以前所未有。」《周官成立之時代及其思想性格》，頁 170；金春峰則修正徐復觀之說，認為：「明確將『五禮』概括為吉凶軍賓嘉五類，大約是東漢經學家鄭眾、馬融等人。也就是說，吉凶軍賓嘉五禮的觀念不僅不是《周官》的觀念，也不是王莽、劉歆的觀念，而是東漢儒者的觀念。」《周官之成書及其反映的文化與時代新考》（臺北：東大圖書公司，1993 年 11 月），頁 107。

〔註51〕《六藝論》卷七，頁 4。

各自彙編成冊，戴德本有八十五篇稱《大戴記》，戴聖本有四十九篇稱《小戴記》。其中戴聖本《禮記》四十九篇中之〈曲禮〉、〈檀弓〉與〈雜記〉三篇，因篇文較長，各分上下二篇，實則只四十六篇目。《漢書·藝文志》記《禮古經》下「《記》百三十一篇。」原注曰：「七十子後者所記也。」是合大、小戴二本《禮記》之篇數。錢大昕（1728～1804）《二十二史考異》曰：

> 按鄭康成《六藝論》云：「戴德傳記八十五篇，戴聖傳記四十九篇。」
> 此云百三十一篇者，合大小戴所傳而言。《小戴記》四十九篇，〈曲禮〉、〈檀弓〉、〈雜記〉皆以簡策重多，分爲上下，實止四十六篇。
> 合大戴之八十五篇，正協百三十一篇之數。〔註52〕

故《漢書·藝文志》合稱大小戴《記》百三十一篇。因《記》乃孔子後學所記，大小戴各自編輯成書，故〈藝文志〉注：「七十子後者所記也。」自鄭玄爲《小戴禮記》作注，東漢靈帝刻熹平石經，亦將《小戴禮記》列爲七經之一，小戴本《禮記》遂成爲定本而流傳至今；而大戴本八十五篇，則因後世傳之者少，遂漸次散失，今僅存四十九篇。

由於《禮記》內容繁複多樣，劉向《別錄》將四十九篇分爲十一類：

一，制度：〈曲禮〉（上、下）、〈王制〉、〈禮器〉、〈少儀〉、〈深衣〉六篇。

二，通論：〈檀弓〉（上、下）、〈禮運〉、〈玉藻〉、〈學記〉、〈經解〉、〈哀公問〉、〈仲尼燕居〉、〈孔子閒居〉、〈坊記〉、〈中庸〉、〈表記〉、〈緇衣〉、〈儒行〉、〈大學〉十五篇。

三，通錄：〈大傳〉一篇。

四，明堂陰陽：〈月令〉、〈明堂位〉二篇。

五，喪服：〈曾子問〉、〈喪服小記〉、〈雜記〉（上、下）、〈喪大記〉、〈奔喪〉、〈問喪〉、〈服問〉、〈閒傳〉、〈三年問〉、〈喪服四制〉十一篇。

六，世子法：〈文王世子〉一篇。

七，子法：〈內則〉一篇。

八，祭祀：〈郊特牲〉、〈祭法〉、〈祭義〉、〈祭統〉四篇。

九，樂記：〈樂記〉一篇。

十，吉禮：〈投壺〉、〈射義〉二篇。

十一，吉事：〈冠義〉、〈昏義〉、〈鄉飲酒禮〉、〈燕義〉、〈聘義〉五篇。

〔註52〕〔清〕錢大昕：《二十二史考異》（臺北：樂天出版社，1971 年 10 月），卷七，頁 297。

自劉向之後，《禮記》四十九篇仍不斷被分類，如：吳澄（1247～1331）簡化
爲四類，〔註 53〕梁啓超分爲十類，〔註 54〕蔣伯潛（1892～1956）分爲四大
類，〔註 55〕至高明（1909～）則分爲三大類十三小類等，〔註 56〕不一而足。
《禮記》之所以至今有不同之分類，乃有感於對前人之分類不盡理想，同時
亦反映出《禮記》篇章內容之複雜性。須知，《禮記》四十九篇原非一人一時
一地之書，七十二子之後各撰所聞，「或錄舊禮之義，或錄變禮所由，或兼記
體履，或雜序得失，故編而錄之，以爲記也」，其本身屬雜記性質；分類之結
果，固然有助於掌握全書之性質，然而四十九篇所涵蓋之範圍，既有與《儀
禮》經文類似之儀式制度條文，又有如「記」之總論禮之義，與分論具體之
禮制，甚至單篇兼禮制與禮學；因此，試圖以分類方式歸納其內容，總不免
失之偏頗。〔註 57〕

　　綜觀漢代之「三禮」，《周禮》主要記載周代六官及其所屬之名稱與職掌，
其書雖得王莽青睞而立於學官，其制亦在王莽居攝期間付諸實踐，然而其書
在劉歆校書時始發現，其制隨王莽政府垮台而廢棄，故其學未能深刻影響漢
代禮制。《禮記》則是漢儒整理古文禮記之資料彙編，其書雖有零散之儀禮條

〔註 53〕元・吳澄《禮記纂言》分《禮記》爲四大類：一、通禮：（一）通記大小儀文，
　　　　（二）專記國家制度；二、喪禮：（一）記喪，（二）說「喪之義」；三、祭禮：
　　　　（一）記祭，（二）說「祭之義」；四、通論。
〔註 54〕梁啓超《要籍解題及其讀法》分《禮記》爲十類：一、記述某項禮節條文的
　　　　專篇；二、記述某政令的專篇；三、解釋禮經的專篇；四、專記孔子言論；
　　　　五、記孔門及時人雜事；六、制度的雜記載；七、制度禮節的專門考證及雜
　　　　考證；八、通論禮意或學術；九、雜記格言；十、某項掌故的專記。
〔註 55〕蔣伯潛《經典經學》分《禮記》爲四大類：一、記錄性質的：（一）記政制的，
　　　　（二）記禮節的，（三）記掌故的，（四）記孔子及時人雜事的；二、考證性
　　　　質的；三、傳注性質的；四、議論性質的。
〔註 56〕高明《禮學新探》以爲《禮記》之分類：一、通論：（一）通論禮意的，（二）
　　　　通論與禮有關的學術思想的；二、通禮：（一）關於世俗生活規範的，（二）
　　　　關於國家政令制度的；三、專禮：（一）喪禮，（二）祭禮，（三）冠禮，（四）
　　　　昏禮，（五）鄉飲酒禮，（六）射禮，（七）燕禮，（八）聘禮，（九）投壺禮。
　　　　（臺北：學生書局，1981 年 9 月），頁 79～80。
〔註 57〕以高明之分類爲例。第一大類之「通論」，又細分二小類：「通論禮意的」、「通
　　　　論與禮有關的學術思想的」，此二小類之界限爲何？第二大類之「通禮」部分，
　　　　〈曲禮〉等十篇，乃與禮制有關，爲何不同於第三大類之「專禮」？而第三
　　　　大類之「專禮」中，第一小類之「喪禮」部分，分〈奔喪〉以下九篇「記喪
　　　　制」，而〈大傳〉以下之五篇「論喪義」，爲何「論喪義」五篇非關禮制，而
　　　　置於「專禮」？同理，「祭禮」之〈祭義〉與〈祭統〉二篇「論祭義」，亦屬
　　　　「專禮」？

文，但畢竟是部論禮之論文集成；其禮學雖可指導漢代禮學之發展，亦只能停留在學理階段，與成文禮制仍有一段差距。《儀禮》在西漢時立於學官，雖遠比其他二書更爲重要，蔚爲漢代禮制之代表，然而《儀禮》所載之儀文細節，乃先秦之禮制之殘餘，未必符合漢代之要求；且其內容所及，雖與卿大夫、諸侯，乃至天子有關，但仍以貴族中最多數之士階級爲對象主軸，且相對於建全之禮制而言，《儀禮》只是徒具形式且不合時宜之舊典。就漢代禮制而言，《白虎通》之出現，顯然有其歷史背景與時代意義。

第四節　《白虎通》之禮制思想

雖云《周禮》是部具有組織架構之職官制度之書，是現實政治之主要參考依據，但卻是掇拾周代政治制度之書；《儀禮》是博士學官所執，代表學術之主流價值，但是內容僅止於士族之儀文；而《禮記》雖以闡揚儒家禮學之思想爲主軸，但又與當時流行之思想相背反；「三禮」雖各有所長，但無法滿足當時之政治與生活所需，終究要面臨修改，或者淪爲「復古」之材料。《白虎通》之問世，正凸顯出漢代禮制所面臨之困境。

傳統對於《白虎通》之認知，僅止於是東漢章帝時「講議《五經》同異」會議之資料彙編。雖然《白虎通》文本之中所引述之典籍以《五經》爲最大宗，但是《白虎通》引述《五經》文句之用意，只是做爲問答過程中之論結部分之注腳，所謂「講議《五經》同異」之作用並不明顯，與經學會議之關係亦未見深刻。如前所述，從《白虎通》之文本而言，其內容是規範天子以至庶人之權利與義務，是部組織縝密之政治制度；而其本質則是具有「國憲」意義之成文法典，故《白虎通》文本並非經學會議之資料彙編，而是與禮制息息相關。因此，欲推究《白虎通》之眞實身分，若從經學發展之角度探索，固然可以尋求一些蛛絲馬跡；但是若以禮學之發展考證，應該更切近於《白虎通》文本之本質。

總體而言，《白虎通》全書深具組織結構，主旨大意乃在「正名」當時之名物度數，所論不離政治制度與人倫秩序之範疇，此皆廣義之「禮」之內容。且《白虎通》之「問答」體例，以「問題」、「結論」與「引典」三項要素構成一則條文爲其「標準型態」，書中所引述典籍之條文，以《禮》之經傳二百三十一則（38.82%）近四成最多，「問題」討論之重點，六百五十七「問題」，形成一套結構完整之「國憲」。故從「問題」之體例與引述《禮》之經傳之形式

上看，《白虎通》乃是一部有關禮樂制度之書，此說殆無疑義。依據《白虎通》各篇之內容性質而言，可概分成三大類：其一，是總論禮之含義、作用與原理；其二，是論行禮之過程內容應對進退之儀式，與各別具體行禮之內涵意義；其三，是禮所規範下之人倫秩序，與國體組織章程與運作之政治制度。

一、《白虎通》之禮義

《白虎通》論禮之含義、作用及其與原理，大致散見於〈五行〉、〈災變〉、〈聖人〉、〈三正〉、〈情性〉、〈壽命〉、〈天地〉、〈日月〉、〈四時〉與〈五經〉等篇章。這些篇章之內容，將陰陽五行、天人感應之思維觀念帶入禮學之中，提供制禮之理論基礎，使《白虎通》成為一部最具時代思想之代表作。

如前所述，「禮」一辭而多義，可專指宗教儀式與具有政治、人倫意義之典禮儀式，甚至一切凡合於「義」之行為、儀式與制度者，亦可謂之「禮」。《白虎通》對禮之含義及其作用，大致沿襲既有之舊說。《白虎通》曰：

> 禮樂者，何謂也？禮之為言履也。可履踐而行。樂者，樂也。君子樂得其道，小人樂得其欲。（卷三〈禮樂〉，頁 111）

> 禮者履也，履道成文也。（卷八〈性情〉，頁 452）

廣義之禮包含「樂」，泛稱「禮樂」。「禮樂」之「禮」，係指以儀式行為，而「樂」則指行禮所奏之音樂；故「禮」是可履踐而行，行之成規矩，而「樂」則是君子與小人各得其樂。

禮之重要性，可從兩方面說明。《白虎通》曰：

> 故樂所以盪滌，反其邪惡也。禮所以防淫泆，節其侈靡也。（卷三〈禮樂〉，頁 112）

> 禮貴忠何？禮者，盛不足，節有餘，使豐年不奢，凶年不儉，貧富不相懸也。（卷三〈禮樂〉，頁 115）

就消極作用而言，禮具有杜絕人心因物質充裕而導致淫泆侈靡之弊端，並具有調節供需平衡，防止貧富不均等經濟問題。禮之所以能夠規範人心，並能解決民生問題，乃在於禮具有「尊人自損」、「屈己敬人」、「揖讓」「不爭」之本質意義。〔註58〕《白虎通》曰：

〔註58〕《白虎通》曰：「禮所揖讓何？所以尊人自損也，揖讓則不爭。《論語》曰：『揖

夫禮者，陰陽之際也，百事之會也。所以尊天地，儐鬼神，序上下，
正人道也。（卷三〈禮樂〉，頁 114）

禮介於陰陽之際，匯集百事，舉凡祭祀天地，引導鬼神，順序上下，端正人
道之事，莫乎行禮。就人事而言，禮之積極作用，除祭祀典禮之儀式外，乃
在於建立人倫秩序。《白虎通》曰：

朝廷之禮，貴不讓賤，所以明尊卑也；鄉黨之禮，長不讓幼，所以
明有年也；宗廟之禮，親不讓疏，所以明有親也。此三者行，然後
王者得，王者得，然後萬物成，天下樂之。故樂用磬也。（卷三〈禮
樂〉，頁 150）

禮之作用於朝廷，可以依位階彰顯尊卑貴賤之政治制度；作用於鄉黨鄰里，
可以依年歲建立長幼有序之社會倫理；作用於宗廟祭祀，可以依血緣區別
遠近親疏之宗族關係。王者得此三禮，必能養成萬物，天下和樂。樂之作
用亦如是。〔註 59〕由此可知，禮樂之效能與「正法度」、「同律厤」、「協時
月」一致，皆是爲民生所設，〔註 60〕亦是王者治天下最基本、最重要之工
具。

　　禮之所以具有建立人倫秩序之功能，而成爲王者治天下之工具，乃在於
禮是依循陰陽五行運行之規律，與天人感應之天命觀而設置，故禮必然能有
效維護政治、社會與宗族之和諧。須知，禮是介於陰陽之際，匯集百事之儀
式，必以禮爲方法，始能達到溝通天人相與之際，與建立人倫秩序之目的。《白
虎通》曰：

讓而升，下而飲，其爭也君子。』故『君使臣以禮，臣事君以忠』。『謙謙君
子，利涉大川』，以貴下賤，大得民也。屈己敬人，君子之心。故孔子曰：『爲
禮不敬，吾何以觀之哉？』」卷三〈禮樂〉，頁 114。

〔註 59〕 《白虎通》曰：「故《孝經》曰：『安上治民，莫善於禮。』『移風易俗，莫善
於樂。』子曰：『樂在宗廟之中，君臣上下同聽之，則莫不和敬；在族長鄉里
之中，長幼同聽之，則莫不和順；在閨門之內，父子兄弟同聽之，則莫不和
親。故樂者，所以崇和順，比物飾節，節奏合以成文，所以和合父子君臣，
附親萬民也，是先王立樂之意也。故聽其雅頌之聲，志意得廣焉，執干戚，
習俯仰屈伸，容貌得齊焉。行其綴兆，要其節奏，行列得正焉，進退得齊焉。
故樂者，天地之命，中和之紀，人情之所不能免焉。故樂者，先王之所以飾
喜也。軍旅鈇鉞，先王所以飾怒也。故先王之喜怒，皆得其齊焉。喜則天下
和之，怒則暴亂者畏之。先王之道，禮樂可謂盛矣。』」卷三〈禮樂〉，頁 112
～113。

〔註 60〕 《白虎通》曰：「考禮義，正法度，同律厤，協時月，皆爲民也。」卷六〈巡
狩〉，頁 342。

王者所以盛禮樂何？節文之喜怒。樂以象天，禮以法地。人無不含
天地之氣，有五常之性者。故樂所以蕩滌，反其邪惡也。禮所以防
淫泆，節其侈靡也。（卷三〈禮樂〉，頁112）

太平乃制禮作樂何？夫禮樂，所以防奢淫。天下人民飢寒，何樂之
乎？功成作樂，治定制禮。樂言作，禮言制何？樂者，陽也，動作
倡始，故言作；禮者，陰也，繫制於陽，故言制。樂象陽也，禮法
陰也。（卷三〈禮樂〉，頁117～118）

心所以爲禮何？心，火之精也。南方尊陽在上，卑陰在下，禮有尊
卑，故心象火，色赤而銳也。人有道尊，天本在上，故心下銳也。
耳爲之候何？耳能遍內外，別音語，火照有似于禮，上下分明。……
小腸大腸，心肺之府也。主禮義，禮義者，有分理，腸亦大小相承
受也。（卷八〈性情〉，頁456～460）

如前所論，人稟陰陽之氣而生，故生而有陰陽之氣；人之所以有五性六情，
亦是源於六律五行之氣，性情由五藏六府外化成行爲表現。相應於人之有五
性六情，王者制禮作樂之目的，乃在效法陰陽五行，樂象陽而禮法陰：以樂
蕩滌性情，反其邪惡；以禮防淫泆，節其侈靡。且相應於人之有五藏六府，
五性之「禮」、五藏之「心」與五官之「耳」，皆屬五行之「火」，而「火」在
南方，陽在上，陰在下，象徵禮有尊卑，上下分明，甚至六府之「小腸大腸」
亦表現禮義之有大小相承之理。《白虎通》曰：

經所以有五何？經，常也，有五常之道，故曰《五經》。《樂》仁，《書》
義，《禮》禮，《易》智，《詩》信也。人情有五性，懷五常不能自成，
是以聖人象天五常之道而明之，以教人成其德也。（卷九〈五經〉，
頁531）

人雖有五常之性，但人非聖賢，不能由己自發五常之德，必有賴聖人之教誨。
聖人所言之常道乃象天之五常，故經書有五部：以《樂》教仁，以《書》教
義，以《禮》教禮，以《易》教智，以《詩》教信，聖人以《五經》教人發
揮成就五常應有之德。人之道德文章皆從陰陽所生，故及成人，當制冠以飾
首，以示成禮。〔註61〕

　　宇宙之初，先有陰陽五行，始生道德文章。就發生歷程而言，是先有人

〔註61〕《白虎通》曰：「人懷五常，莫不貴德，示成禮有修飾文章，故制冠以飾首，
　　　　別成人也。」卷十〈紼冕〉，頁586。

之五常，始有禮樂制度；因此，禮樂是王者建立之制度，禮樂制度乃是因應人之五常而設，合符人性之要求。雖云如此，然而，行禮者亦有相對之條件限制。《白虎通》曰：

> 王者制夷狄樂，不制夷狄禮何？以爲禮者，身當履而行之。夷狄之人，不能行禮。樂者，聖人作爲以樂之耳。故有夷狄樂也。（卷三〈禮樂〉，頁 132）

王者有制夷狄之樂而無制夷狄之禮，原因乃在樂以爲娛樂，故有夷狄樂；但是禮當身體力行，而夷狄之人則不能行禮。夷狄之人所以不能行禮，僅是夷狄之人不知如何行禮，更重要者，是夷狄之人不知禮義，且不能被禮義所感化。《白虎通》曰：

> 夷狄者，與中國絕域異俗，非中和氣所生，非禮義所能化，故不臣也。（卷七〈王者不臣〉，頁 376～377）

夷狄民族居處偏遠，風俗與中國迥然不同，亦非中和陰陽之氣所生，故不能被禮義所化。由此可知，禮樂制度是根據人之五常之性所設，禮樂制度符合陰陽五行之理論，必然符合人性之需求；反之，若無五常之性，則不能被禮義所化，更無法知禮義、行禮儀。

禮樂制度乃爲王者治天下而設，至於「禮不下庶人」之義，《白虎通》曰：

> 刑不上大夫何？尊大夫。禮不下庶人，欲勉民使至於士。故禮爲有知制，刑爲無知設也。庶人雖有千金之幣，不得服。刑不上大夫者，據禮無大夫刑。或曰：撻笞之刑也。禮不下庶人者，謂酬酢之禮也。（卷九〈五刑〉，頁 525～526）

> 禮不下庶人，何以爲民制服何？禮不下庶人者，尊卑制度也。服者，恩從內發，故爲之制也。（卷十一〈喪服〉，頁 600）

禮既是王者治天下之工具，則廣義之禮，應包含貴族之禮樂與庶人之刑法，「禮爲有知制」、「刑爲無知設」，一切禮樂刑法制度實是爲天下之人而設，天下之人之一切言行舉止，必以禮爲依歸。故所謂「禮不下庶人」，乃指筵席上賓主相互敬酒之「酬酢之禮」，此「禮爲有知制」非關庶人；且禮重上下尊卑制度，庶人在下，故無禮可行。唯有在王者崩薨時期，天下庶人爲國君服齊衰三月，方有服喪之禮。〔註62〕雖然《白虎通》言「禮不下庶人」，以禮分判

〔註62〕《白虎通》曰：「禮，庶人爲國君服齊衰三月。王者崩，京師之民喪三月何？

庶人與貴族之社會地位，貴族雖然世襲，但是「禮不下庶人，欲勉民使至於士」，以禮鼓勵庶人爭取社會地位，躋身士以上之貴族，顯示庶人與貴族之社會階級並非不得踰越。

　　禮是王者理想治國之具，其本身有如經典般不易變更之神聖性，故王者之制禮，不僅在時間上有其嚴格規定，制禮之過程，亦充滿政治意味之象徵性。如前所述，王者所以受天命，乃係天道三正循環之結果，故王者受命之時，當以改制封禪回應天命流行，回報天下太平。《白虎通》曰：

> 百王同天下，無以相別，改制，天子之大禮，號以自別于前，所以著己之功業也，必改號者，所以明天命已著，欲顯揚己于天下也。己復襲先王之號，與繼體守文之君無以異也。不顯不明，非天意也。故受命王者，必擇天下美號，表著己之功業，明當致施是也。所以預自表克于前也。（卷二〈號〉，頁 68）

王者受命於天而統一國家，國家統一象徵王者完成天命，天子即位之初，必改國號以別於前代，以彰顯天命已成。故改制乃是回應天命最重要之一環，是天子之大禮，而改號則是改制工程中之首要任務。天道以三正循環，今天子既已受命，即是正天命之一統；但天下猶歷經數代帝王經營，終非一家之有，「存二王之後」之意義，〔註63〕便是彰顯三正循環之必然與王者改制之必要。

　　立國號之後，王者另一項重大政治改制工程，便是禮樂制度。若謂改號是象徵意味濃厚之政治手段，則改制（禮樂）是具有政治實用目的之建設。《白虎通》曰：

> 太平乃制禮作樂何？夫禮樂，所以防奢淫。天下人民飢寒，何樂之乎？功成作樂，治定制禮。（卷三〈禮樂〉，頁 117～118）

無論就消極或積極之功能而言，禮是王者治天下之具，故天下底定之後，一套完整之禮樂制度乃是王者治政必備之建設。

　　雖然禮樂制度是王者治政之具，但同時亦是文化累積之產物，既非一蹴

民賤而王貴，故恩淺，故三月而已。」卷十一〈喪服〉，頁 599。

〔註63〕《白虎通》曰：「王者所以存二王之後何也？所以尊先王，通天下之三統也。明天下非一家之有，謹敬謙讓之至也。故封之百里，使得服其正色，行其禮樂，永事先祖。《論語》曰：『夏禮吾能言之，杞不足徵也。殷禮吾能言之，宋不足徵也。』《春秋傳》曰：『王者存二王之後，使服其正色，行其禮樂。』」卷八〈三正〉，頁 433～434。

可幾，亦不可截斷源頭；故一套兼具歷史文化精神與時效實務功能之禮樂制度，乃是王者改制工程中最重大之課題。因爲禮必須繼承既有之傳統，更要符合時代之需求，故改制並非是斷頭式之革新，而是在既有之傳統基礎上，做部分修改或變更，以適應時代之變遷，同時彰顯新王新政之政治意義。至於改制之時機，《白虎通》特別強調應在「太平」時候。

「太平乃制禮樂」之觀念，在漢代頗爲流行。《漢書・禮樂志》曰：

> 王者必因前王之禮，順時施宜，有所損益，即民之心，稍稍制作，
> 至太平而大備。（卷二十二，頁 1029）

《漢書》以爲禮樂既是文化累積之產物，故王者所制之禮樂，必依前代之禮因時制宜，逐漸修改部分內容，至天下太平而大體完成。《白虎通》曰：

> 王者始起，何用正民？以爲且用先代之禮樂，天下太平，乃更制作
> 焉。《書》曰：「肇稱殷禮，記新邑。」此言太平去殷禮。（卷三〈禮
> 樂〉，頁 118）

天下不可一日無禮，故王者始起，且沿用先代之禮樂，待天下太平之時，乃更制作禮樂。《白虎通》與《漢書》所載稍有不同。《漢書》認爲，自王者即位之時即可開始逐次修改前代之禮，至天下太平之時，代表當代之禮即可完成；而《白虎通》則是認爲，王者即位之時且先沿用前代之禮，至天下太平之後再行改定禮樂，一舉完成。兩者之說法雖然不同，不過兩者皆同意，天下太平之時，禮樂制度應當完備無闕。

二、《白虎通》之禮儀

廣義之禮，指含禮、樂、制度等之禮制，故禮制兼具禮儀與制度雙重義意。《禮記・昏義》曰：「夫禮，始於冠，本於昏，重於喪、祭，尊於朝、聘，和於射、鄉，此禮之大體也。」（卷六十一，頁 1000～1001）《正義》曰：「此經因昏禮爲諸侯之本，遂廣明禮之始終。始則在於冠、昏，終則重於喪、祭，其間有朝、聘、鄉、射，是禮之大體之事也。」（同上）所謂冠、昏、喪、祭、朝、聘、射、鄉等八種禮儀，乃貴族終生必經之重要階段過程，故是禮之大體，亦皆屬儀禮之範疇。《白虎通》全書大意皆與禮制有關，其中與典禮儀式之儀禮部分關係較爲密切者，有：〈五祀〉、〈社稷〉、〈禮樂〉、〈三軍〉、〈鄉射〉、〈封禪〉、〈巡狩〉、〈瑞贄〉、〈嫁娶〉、〈紼冕〉、〈喪服〉與〈崩薨〉等篇章。然而，《白虎通》全書以「問答」形式確立典禮儀式之原則，並闡述儀禮之意

義與理論，同時亦提供歷史材料以資參考，類似《禮記》之性質；此一論述方式，與《儀禮》清楚記載典禮儀式之前進後退、升階下堂、起坐揖讓等一切言行舉止之論述方式迥異。

以「五禮」概括統稱各項典禮儀式之說，或可上溯《尚書》。〈舜典〉曰：

> 肆覲東后，協時月正日，同律度量衡，修五禮五玉。（卷三，頁38）

注曰：「修吉、凶、賓、軍、嘉之禮。」〈皋陶謨〉亦有：「天秩有禮，自我五禮有庸哉。」（卷四，頁62）注曰：「當用我公、侯、伯、子、男五等之禮以接之，使有常。」《周禮·春官·大宗伯》曰：

> 大宗伯之職，掌建邦之天神人鬼地示之禮，以佐王建保邦國。以吉禮事邦國之鬼神示，……以凶禮哀邦國之憂：以喪禮哀死亡，以荒禮哀凶札，以弔禮哀禍災，以襘禮哀圍敗，以恤禮哀寇亂。以賓禮親邦國。以軍禮同邦國：大師之禮用眾也，大均之禮恤眾也，大田之禮簡眾也，大役之禮任眾也，大封之禮合眾也。以嘉禮親萬民：以飲食之禮親宗族兄弟，以昏冠之禮親成男女，以賓射之禮親故舊朋友，以饗燕之禮親四方之賓客，以脤膰之禮親兄弟之國，以賀慶之禮親異姓之國。（卷十八，頁270～278）

鄭玄注之曰：「建，立也，立天神地祇人鬼之禮者，謂祀之，祭之，享之禮，吉禮是也。保，安也，所以佐王立安邦國者，主謂凶禮、賓禮、軍禮、嘉禮也。」所謂「五禮」，乃是將儀禮之性質分為五類，依《周禮》所言，「吉禮」乃謂祭祀享饗天神地祇人鬼之禮；「凶禮」是哀邦國之憂，凶禮有五：喪禮、荒禮、弔禮、襘禮與恤禮等細目；「賓禮」是諸侯覲見天子，天子敦睦邦國之禮；「軍禮」是和協邦國，使其不協僭差之禮，軍禮有五：大師之禮、大均之禮、大田之禮、大役之禮與大封之禮等細目；「嘉禮」是親善萬民，以別飲食男女之禮，嘉禮有六：飲食之禮親、昏冠之禮、賓射之禮、饗燕之禮、脤膰之禮與賀慶之禮等細目。故所謂「五禮」，乃是依各項典禮儀式之性質加以分類，為吉、凶、賓、軍與嘉禮五種，泛稱一切典禮儀式，其作用在於之建立王者祭祀天神地祇人鬼，與輔佐王者立安邦國之禮儀。

《尚書》所言之「五禮」，其意未明，而兩注所指互異；《周禮》雖有五禮名目，猶未以「五禮」統合諸禮儀。前已論及，東漢馬融、鄭眾與鄭玄等

以「五禮」稱之，是東漢儒生歸納禮之種類所得之結果，非禮儀創制之初即有此概念。鄭玄以「五禮」類分《儀禮》十七篇，獨缺軍禮；且〈喪服〉與〈既夕禮〉兩篇尚未歸類，是鄭玄疏忽或是無法歸納亦不可知。雖云如此，然自東漢以後，以「五禮」概括所有儀禮乃成一股潮流，至清人秦蕙田（1702～1764）所著《五禮通考》，〔註64〕整理分析歷代禮制沿革，猶以「五禮」統攝之，顯見其影響之深遠。

秦蕙田謂「考制必從其朔，法古貴知其意。而議禮之家，古稱聚訟，權衡審度，非可臆決」，其《五禮通考》七十五門類，凡二百六十二卷，乃是以〈大宗伯〉之「五禮」爲大類，根據《三禮》所載，詳考「杜氏佑《通典》、陳氏祥道《禮書》、朱子《儀禮經傳通解》、馬氏端臨《文獻通考》」，「古今沿革，本末源流，異同失得之故，咸有考焉」。其中徐乾學（1631～1694）之《讀禮通考》一百二十卷，秦蕙田稱是書內容「上自王朝，下逮民俗，古禮今制，靡弗該載。是編六籍而外，後世典章，始於秦漢，訖于前明」，可惜是書專論喪禮，「吉嘉賓軍四禮，屬草未就」，秦蕙田並以徐書爲基礎，「詳悉考訂，定厥指歸」，將五禮再細分爲八十三類（不含附錄部分）。可知，〈大宗伯〉之「五禮」，係指大宗伯所職掌之五大典禮儀式，而《五禮通考》不僅記載歷代之禮儀，更重要者，是書乃將歷代之制度民俗納入其中，將《周禮》所言「五禮」狹義之禮儀，轉化且擴大爲以禮爲準則之廣義之禮制。〔註65〕今以《五禮通考》所列爲參考基礎，比較《儀禮》篇章之分類，並歸納《白虎通》與禮儀有關之篇章。

〔註64〕（清）秦蕙田：《五禮通考》（臺北：新興書局，1970年7月原刻本）。

〔註65〕《五禮通考》所論之禮，如：嘉禮之即位改元、上尊號、觀象授時、體國經野、設官分職；軍禮之軍制、車戰、舟師、馬政等，此類概與制度有關，但不涉及禮儀，特別是設官分職一類，專論歷代官制，且將「《周禮》官制」置於此類，猶可證明《五禮通考》已將「五禮」之專論禮儀擴大爲廣義之禮制。

五禮	《儀禮》	《白虎通》	《五禮通考》
吉禮			圜丘祀天
			祈穀
			大雩
			明堂
			五帝
			祭寒暑
			日月
			星辰
			方丘祭地
		〈社稷〉	社稷
			四望山川
		〈封禪〉	附：封禪
		〈五祀〉	五祀
			六宗
			四方
			四類
			高禖
			蜡臘
			儺
			酺
			盟詛
			禜
		〈禮樂〉	宗廟制度
			附：音樂
			宗廟時享
			禘祫
			薦新
			后祀廟
			私親廟
			太子廟

			諸侯廟祭
	〈特牲饋食禮〉〈少牢饋食禮〉〈有司徹〉		大夫士廟祭
			祀先代帝王
			祭先聖先師
			祀孔子
			功臣配享
			賢臣祀典
			新耕享先農
			親蠶享先蠶
			享先火
			享先炊
			享先卜
			享先醫
			祭厲
嘉禮			即位改元
			上尊號
			朝禮
			尊親禮
			飲食禮
	〈士冠禮〉	〈紼冕〉	冠禮
	〈士昏禮〉	〈嫁娶〉	昏禮
	〈燕禮〉〈公食大夫禮〉		饗燕禮
	〈大射禮〉〔註66〕〈鄉射禮〉	〈鄉射〉	射禮
	〈鄉飲酒禮〉		鄉飲酒禮
			學禮

〔註66〕《五禮通考》凡例曰:「《儀禮》十七篇,依鄭注嘉禮居其七,《通典》從開元禮以〈大射〉、〈鄉射〉屬軍禮,《宋史》仍屬嘉禮。夫古者射以觀德,貫革非所尚也,今從鄭氏。」頁26。

	〈巡狩〉		巡狩
			觀象授時
			體國經野
			設官分職
賓禮			天子受諸侯朝
	〈覲禮〉	〈瑞贄〉	天子受諸侯蕃國朝覲
			會同
			三恪二王後
			諸侯聘於天子
			諸侯相朝
			諸侯會盟遇
	〈聘禮〉		諸侯遣使交聘
	〈士相見禮〉		士相見禮
軍禮		〈三軍〉	軍制
			出師
			校閱
			車戰
			舟師
			田獵
			馬政
凶禮			荒禮
			札禮
			災禮
			襘禮
			恤禮
			唁禮
			問疾禮
	〈喪服〉	〈喪服〉〈崩薨〉	喪禮
	〈士喪禮〉〈既夕〉		士喪禮
	〈士虞禮〉		士虞禮

　　由《五禮通考》比較《儀禮》與《白虎通》之篇章可知：一，《五禮通考》之範圍綜合王朝民俗、古禮今制於其中，使專指禮儀之「五禮」，轉化成泛指合乎禮義之禮制。《五禮通考》雖然以「五禮」做爲歷代禮儀分類之標準，涵蓋歷史之範圍擴大，離析禮儀內容愈細，其分類愈多；因此，《儀禮》與《白虎通》二書之與其對應篇章之內容，未必僅侷限於單一門類之中。二，《儀禮》不僅獨闕軍禮，歸於吉禮之〈特牲饋食禮〉、〈少牢饋食禮〉、〈有司徹〉三篇，乃屬「大夫士廟祭」類，是以士大夫階級爲主之祭禮。而〈覲禮〉屬士大夫覲見王者之禮，對象亦是士大夫；甚至〈士喪禮〉、〈士虞禮〉二篇，專指士大夫之喪禮儀式，故《五禮通考》特別獨立成一類置於凶禮之末。凡此皆可說明，《儀禮》之本質乃以士族爲主要論述對象，並擴及士以上之階級者，印證《儀禮》乃「推士禮而致於天子之說」之書。三，《白虎通》涉及禮儀之篇章，不僅記載典禮儀式行進之內容，而是闡述與禮儀相關規定具體事項之意義，其性質更貼近《禮記》。

　　《白虎通》曰：

> 考禮義，正法度，同律厤，（協）時月，皆爲民也。《尚書》曰：「遂覲東后，（協）時月正日，同律度量衡，修五禮。」（卷六〈巡狩〉，頁 342）

《白虎通》以爲考禮義與正法度，同律厤，協時月同等重要，皆爲民所設，亦是王者治天下最基本之建設。事實上，《白虎通》僅有在〈巡狩〉篇引述《尚書》之「修五禮」一辭，其中並不涉及「五禮」之內容，亦未述及吉、嘉、賓、軍、凶等之五禮；因此，在《白虎通》之中並未說明所謂「五禮」之內容。雖云如此，但是「五禮」所涵蓋之禮儀範圍，《白虎通》皆有論述，今且依《周禮》所論「五禮」之序，說明《白虎通》之禮儀。

（一）吉禮

　　《說文》曰：「吉，善也。」（頁 59）《禮記・祭統》曰：「凡治人之道，莫急於禮。禮有五經，莫重於祭。」（卷四十九，頁 830）鄭玄注曰：「禮有五經，謂：吉禮、凶禮、賓禮、軍禮、嘉禮也。莫重於祭，謂以吉禮爲首也。」又曰：「立天神地祇人鬼之禮者，謂祀之，祭之，享之禮，吉禮是也。」故「吉禮」乃指祭祀享饗天神地祇人鬼之禮，其重要性居五禮之首。《白虎通》有關吉禮部分，主要集中在〈五祀〉、〈社稷〉、〈封禪〉等篇，而〈禮樂〉篇則專論禮義與樂相關之規定。

《白虎通》曰：

> 獨大夫已上得祭之何？士者位卑祿薄，但祭其先祖耳。《禮》曰：「天
> 子祭天地，諸侯祭山川，卿大夫祭五祀，士祭其先。」《曲禮下》記
> 曰：「天子祭天地，四方山川，五祀，歲遍。諸侯方祀，祭山川，五
> 祀，歲遍。卿大夫祭五祀。士祭其先。有廢莫敢舉，有舉莫敢廢，
> 非所當祭而祭之曰淫祀，淫祀無福。」（卷二〈五祀〉，頁 95）

祭祀之禮乃是最具政治意味之典禮，故就祭祀者之階級，其及祭祀之對象範
圍，有其嚴格限制。天子每年得祭天地，四方山川，五祀；諸侯每年得方
祀，祭山川，五祀；卿大夫則只祭五祀；至於士則因為位卑祿薄，只能祭其
先祖。祭祀者必須依據自身之位階以確立祭祀之對象，若祭祀者之位低而祭
祀上位之對象，即「非所當祭而祭之曰淫祀」，淫祀乃非禮且無福報。故祭祀
者與祭祀之對象必需相應，此乃祭祀之禮之最高原則。

　　凡卿大夫以上者，得祭五祀。《白虎通》曰：

> 五祀者，何謂也？謂門、戶、井、灶、中霤也。所以祭何？人之所
> 處出入，所飲食，故為神而祭之。（卷二〈五祀〉，頁 93）

所謂「五祀」，即祭門、戶、井、灶與中霤等五處之神。因五處乃人所得以
居住飲食，故卿大夫以上者，每年得祭一遍。五祀所以歲一遍，乃是順五行
之理。至於祭五祀之時間：春祭戶，夏祭灶，秋祭門，冬祭井，六月祭中
霤。而祭五祀所用之牲禮，且有二說：一說「祭五祀，天子諸侯以牛，卿大
夫以羊，因四時祭牲也」；「一說戶以羊，灶以雞，中霤以豚，門以犬，井以
豕。或曰：中霤用牛，不得用牛者用豚，井用魚。」（卷二〈五祀〉，頁 97～
98）

　　凡天子諸侯之王者，得有社稷而祭之。《白虎通》曰：

> 王者所以有社稷何？為天下求福報功。人非土不立，非穀不食，土
> 地廣博，不可遍敬也。五穀眾多，不可一一祭也，故封土立社，示
> 有土也。稷，五穀之長，故立稷而祭之也。稷者，得陰陽中和之氣，
> 而用尤多，故為長也。（卷〈社稷〉）

社乃土地之謂，而稷得陰陽中和之氣，而用處尤多，故為五穀之長。人有土
乃有立足之地，有穀方有可食之物。然而土地廣博，不可遍敬；五穀眾多，
不可一一祭也，故王者所以封土立社，立稷而祭，乃為天下求福報功也。且
因社為土地之神，生養萬物，故王者當親臨主祭社稷，以示尊重。除王者之

《白虎通》研究──《白虎通》暨《漢禮》考

外,「有國及治民之大夫」,因有其民,故亦有社稷。〔註67〕此外,諸如:以一年於春、秋兩祭爲原則;祭品爲三牲;設祭社稷於中門之外,外門之內;社稷無屋有樹;社稷其壇之大,其色爲何;及社稷有樂等祭社稷之細節,皆有詳細規定。

唯有天子之尊,乃有封禪祭天之禮。《白虎通》曰:

> 王者易姓而起,必升封泰山何?報告之義也。始受命之日,改制應
> 天,天下太平,功成封禪,以告太平也。(卷六〈封禪〉,頁329)

王者受命即位之初,登泰山封禪之政治意涵,及封禪典禮乃是《白虎通》天人感應思想之具體表現。然而封禪之禮儀,在西漢之時已鮮爲人知,至東漢時知之者亦寡。《白虎通》曰:

> 太平乃封,知告於天,必也於岱宗何?明知易姓也。刻石紀號,知
> 自紀於百王也。燎祭天,報之義也;望祭山川,祀群神也。(卷六
> 〈封禪〉,頁333～334)

太平必於泰山封禪告天,刻石紀號,乃是彰顯天下易姓爲王,王者居百王之列。封禪之禮,乃以燔柴祭天,以望祭山川,四方群神亦皆從祀。不僅封禪時祭天,巡狩時亦須祭天。《白虎通》曰:

> 巡狩必祭天何?本巡狩爲天,祭天所以告至也。《尚書》曰「東巡狩
> 至于岱宗,柴」也。(卷六〈巡狩〉,頁346)

天子五年親自巡狩天下,三年二伯出述職黜陟,乃是巡行守牧民之公事,亦是天子代天巡狩天下謹敬重民之舉措,故天子巡狩之前必至泰山祭天,以告天命。至於《白虎通》卷十二莊述祖增補之〈郊祀〉部分,諸如:祭天必以祖配,祭天用夏正,祭天必於郊,祭日用丁與辛,祭天歲一遍,及祭天作樂等,記載郊祀祭天之相關規定,亦是吉禮之範圍。

(二)凶禮

《說文》曰:「凶,惡也。象地穿交陷其中也。」(頁337)《周禮》謂「凶禮」是哀邦國之憂,有喪禮、荒禮、弔禮、禬禮與恤禮等細目,凶禮是喪禮之總稱。喪禮一直是五禮之中最受重視之禮儀,原因不僅在於喪禮過程繁複,

---

〔註67〕 《白虎通》曰:「大夫有民,其有社稷者,亦爲報功也。《禮祭法》曰:『大夫以下,成群立社,曰置社。』《月令》曰:『擇元日,命民社。』《論語》曰:『季路使子羔爲費宰。』曰:『有民人焉,有社稷焉。』」卷三〈社稷〉,頁105。

－218－

喪期曠日費時；更重要者，「喪禮不僅是個人及家庭事件，而且也是家族及社會事件，喪禮中可以表現死者家族中權利義務的確認、調整、轉移或延續，同時也表現死者及其家族的社會關係。」〔註68〕《白虎通》有關喪禮之論述，主要集中在〈喪服〉與〈崩薨〉兩篇。

　　〈喪服〉之「服」，概有兩義，其一做名詞解，是指喪葬時，依生者與死者之關係決定所應穿著之服裝，此乃〈喪服〉之主要意義。《白虎通》曰：

　　　　喪禮必制衰麻何？以意副也。服以飾情，情貌相配，中外相應。故
　　　　吉凶不同服，歌哭不同聲，所以表中誠也。（卷十一〈喪服〉，頁
　　　　604）

　　　　凶服不敢入公門者，明尊朝廷，吉凶不相干。故《周官》曰：「凶服
　　　　不入公門。」（卷十一〈喪服〉，頁626）

喪禮時著衰麻以為服，衰麻謂之凶服，以衰麻表現對死者哀慟之情。而著凶服時不入朝廷之內，以示對朝廷之尊敬。其二做動詞解，是指喪葬時，依生者與死者之關係，於喪葬期間應著之服飾與克守相關規定之行為。《白虎通》曰：

　　　　禮，庶人為國君服齊衰三月。王者崩，京師之民喪三月何？民賤而
　　　　王貴，故恩淺，故三月而已。（卷十一〈喪服〉，頁599）

王者崩，民賤恩淺，故只為國君服齊衰三月，此處之「服」，既指著齊衰之喪服，且指著齊衰喪服為期三月之喪禮。喪服之意義，乃在表現生者為死者哀悼之意，並且「藉由這套特殊的裝扮，將服喪者與外界作一適度的區隔，以便服喪者能盡情宣洩對於死去親人的悲傷情緒，同時還要慢慢學習與死者逐漸割離現實的羈絆，而將對於死者的感情妥為收藏，且能轉移至永遠的懷念」。〔註69〕

　　〈喪服〉篇主要在論述生者為死者所行之喪禮與所著之喪服，喪服之禮乃視生者與死者之相對關係決定應服之禮儀。基本上，生者與死者之關係，可從政治與血緣兩項關係加以確認，以政治上之尊卑秩序或血緣上之親疏遠近決定生者之喪服。從政治關係而言，若死者為天子，則諸侯以下乃至庶人皆得服喪禮，生者且依政治階級服喪，如諸侯為天子斬衰三年，京師之民服

〔註68〕《天、人、社會——試論中國傳統的宇宙認知模型》，頁205。
〔註69〕林素英：《喪服制度的文化意義——以《儀禮·喪服》為討論中心》（臺北：
　　　　文津出版社，2000年10月），頁179。

喪三月，即使臣下服喪亦得依權位之高下而有先後之別。依血緣關係而言，則規定孝子失父、母所以杖竹、桐，孝子失親必居倚廬。至於無政治與血緣之師生關係，亦有弟子得為師服喪之規定。此外，〈喪服〉亦規定喪禮必制衰麻；腰絰以代紳帶；喪禮不言；服者若喪有病；得飲酒食肉之「變禮」；婦人不得出境弔喪；畏、厭、溺死者不弔；聞喪哭而後行之「奔喪」；與哭喪時所在之處等相關事宜。

〈崩薨〉篇則主要在闡述王者與貴族之死之相關規定，諸如：天子崩，遣使者赴告諸侯；王者崩，諸侯悉奔喪；臣死亦赴告於君；諸侯薨，亦赴告鄰國；諸侯夫人薨，亦告天子；諸侯薨，天子哭之，及使大夫弔之；諸侯薨，使臣歸瑞珪於天子；臣子死，君往弔之。篇中亦詳細規定，依死者之政治階級而有不同之殯葬儀式，如：「含斂」、「贈襚賻賵」、「殯禮」、「殯日」、「祖載」、「棺槨厚薄之制」、「葬禮」、「墳墓封樹」等。至於天子下至庶人之死，亦因死者之政治尊卑而有不同稱謂。

（三）賓禮

《說文》曰：「賓，所敬也。」（頁283）《周禮》謂「以賓禮親邦國」，賓禮是諸侯覲見天子，天子敦睦邦國之禮。《儀禮》中〈覲禮〉、〈聘禮〉與〈士相見禮〉三篇屬於賓禮，《白虎通》討論賓禮部分，主要集中在〈瑞贄〉一篇。

「瑞」、「贄」乃是分屬兩種不同性質之器物之總稱。《白虎通》曰：

> 何謂五瑞？謂珪、璧、琮、璜、璋也。《禮》曰：「天子珪尺有二寸。」
> 又曰：「博三寸，剡上，左右各寸半，厚半寸。半珪為璋。方中圓外
> 曰璧，半璧曰璜，圓中牙外曰琮。」（卷八〈瑞贄〉，頁412）

「瑞」是天子所執之玉器，有珪、璧、琮、璜、璋五種，合稱「五瑞」，又稱「五玉」。珪長尺有二寸，寬三寸，上尖，左右各寸半，厚半寸；珪之半為璋；璧方中圓外；璧之半為璜；琮圓中牙外。「五瑞」之尺寸不一，造型不同，用途亦殊。《白虎通》曰：

> 五玉者何施？蓋以為璜以徵召，璧以聘問，璋以發兵，珪以質信，
> 琮以起土功之事也。（卷八〈瑞贄〉，頁413）

就「五瑞」之用途而言：珪用以質信，璧用以聘問，琮以起土功之事，璜用以徵召，璋用以發兵，皆是天子與諸侯間之往來，與王者行使政令時所執之信物。《儀禮·覲禮》曰：

覲禮至于郊，王使人皮弁用璧勞。侯氏亦皮弁迎于帷門之外，再拜。
使者不荅拜，遂執玉，三揖。至于階，使者不讓，先升。侯氏升聽
命，降，再拜稽首，遂升受玉。使者左還而立，侯氏還璧，使者受。
侯氏降，再拜稽首，使者乃出。（卷二十六下，頁 218～219）

此文敘述諸侯覲見天子之初，天子透過使者受玉於諸侯，諸侯還璧於使者之
大致儀式，鄭玄以爲〈覲禮〉屬賓禮。《白虎通》雖然不似《儀禮》般鉅細靡
遺記載覲禮過程，不過仍然記錄諸侯執圭以覲見天子之禮。《白虎通》曰：

合符信者，謂天子執瑁以朝，諸侯執圭以覲天子。瑁之爲言冒也，
上有所覆，下有所冒也。故《覲禮》曰：「侯氏執圭升堂。」《尚書
大傳》：「天子執瑁以朝諸侯。」又曰：「諸侯執所受珪與璧，朝于天
子。無過者，復得其珪以歸其邦，有過者，留其珪，能正行者，復
還其珪。三年珪不復，少絀以爵，六年珪不復，少絀以地，九年珪
不復，而地畢削。」（卷八〈瑞贄〉，頁 418～419）

諸侯覲見天子時，執天子所受之圭與璧，以圭與天子對質，天子以圭之還留
考核諸侯之政績，無過則還，有過則留。《白虎通》並引《尚書大傳》之文，
若三年珪不復，則少絀其爵，六年珪不復，則少絀領地，九年珪不復，則其
地畢削。因此，圭乃代表諸侯聽命於天子，諸侯以圭爲受命憑證，代天子以
統治其邦國領地，諸侯執圭覲見天子具有高度之政治意味。《白虎通》曰：

王者始立，諸侯皆見何？當受法，稟正教也。《尚書》「揖五瑞」，「覲
四岳」。謂舜始即位，見四方諸侯，合符信。《詩》云：「元王桓撥，
受小國是達，受大國是達。」言湯王天下，大小國皆來見，湯能通
達以禮義也。《周頌》曰：「烈文辟公，錫茲祉福。」言武王伐紂，
定天下，諸侯來會，聚于京師，受法度也。遠近莫不至，受命之君，
天之所興，四方莫敢違，夷狄咸率服故也。（卷八〈瑞贄〉，頁 411
～412）

受命之君即位之後，四方諸侯必聚於京師覲見天子，此乃諸侯覲見天子之禮，
而諸侯所以覲見天子，乃爲服膺中央法制正教，表示輸誠之意。《白虎通》並
引《書》、《詩》之文，說明舜、湯、武王即位，四方諸侯必聚京師聽命於天
子之時，但有天子執五瑞與諸侯合符信之儀式。《白虎通》曰：「五玉所施，
非一不可，勝條略舉大者也。」（卷八〈瑞贄〉，頁 418）故所謂「瑞」，乃是
天子行使政權命令諸侯時所執之信物，缺一不可。

鄭玄以《儀禮・聘禮》屬賓禮,《白虎通》曰:「璧以聘問」即是賓禮之一。諸侯出國入他邦之境之身份是「賓」,而「聘禮」者,是「天子與諸侯之間,及諸侯與諸侯之間,遣使往來,以相通好之禮」,〔註70〕故諸侯與天子、諸侯與諸侯間之往來互動,皆稱賓禮。如《儀禮・聘禮》曰:

> 若過邦,至于竟,使次介假道。束帛將命于朝,曰:請帥。奠幣。(卷十九,頁230)

鄭玄注曰:「至竟而假道,諸侯以國爲家,不敢直徑也。」《白虎通》亦有類似規定:

> 諸侯家國,入人家,宜告主人,所以相尊敬,防并兼也。……將入人國,先使大夫執幣假道,主人亦遣大夫迎于郊,爲賓主設禮而待之,是其相尊敬也。(卷五〈誅伐〉,頁266~267)

諸侯入境他國,或假道過境,基於尊敬諸侯之領土主權,必先告知主人,且將入他國,必先使大夫執幣假道;禮尚往來,主人亦遣大夫迎于郊,爲賓主設禮而待之,此乃賓禮也。

「瑞」是天子見諸侯貴族所執之器,「贄」則是貴族覲見天子,或貴族間相見所執之禮物。《儀禮・士相見禮》主要論述士推至士以上之貴族相見時所行之禮儀,鄭玄歸之爲賓禮,而《白虎通》所論,則主要集中於臣見君推至貴族相見所執之「贄」。《白虎通》曰:

> 臣見君有贄何?贄者,質也。質己之誠,致己之悃愊也。王者緣臣子之心以爲之制,差其尊卑以副其意也。(卷八〈瑞贄〉,頁420)

《白虎通》以「質」釋「贄」,以贄表現自我內心對尊者之至誠。基本上,贄乃是臣見君,以卑見尊時,必有物以將其忠誠悃忱爲贄,表示不敢褻尊之義,故「贄」本身具有「差其尊卑以副其意」之義。因贄具有尊卑之義,故臣見君之贄,亦因位階不同而異。《白虎通》曰:

> 公侯以玉爲贄者,玉取其燥不輕,濕不重,明公侯之德全也。卿以羔爲贄,羔者,取其群而不黨,卿職在盡忠率下,不阿黨也。大夫以雁爲贄者,取其飛成行,止成列也。大夫職在奉命,適四方動作,當能自正以事君也。士以雉爲贄者,取其不可誘之以食,懼之以威,必死不可生畜。士行耿介,守節死義,不當移轉也。《曲禮》曰:「卿羔,大夫以雁,士以雉爲贄,庶人之贄匹。童子委贄而退,野外軍

〔註70〕謝德瑩:《儀禮聘禮儀節研究》(臺北:文史哲出版社,1983年7月),頁1。

中無贊，以纓拾矢可也。」言必有贊也，匹謂鶩也。（卷八〈瑞贄〉，
頁 421～422）

相較於《儀禮・士相見禮》以士階級為對象，《白虎通》則著重在臣見君之贄。
公侯見君以玉為贄，以玉之質性表明公侯之德全；卿見君以羔為贄，取羔之
群而不黨，飛成行，止成列，明卿能自正以事君；士見君以雉為贄，取雉之
不可誘之以食，懼之以威，必死不可生畜，表現士行耿介，守節死義。質言
之，臣見君之贄，不僅隨階級而異，更重要者，乃贄之象徵意義必須符合階
級應盡之本份，以示對君王之效忠，此乃謂「差其尊卑以副其意」之意義。
至於大夫、士相見之禮，亦有贄。《白虎通》曰：

> 私相見亦有贄何？所以相尊敬，長和睦也。朋有之際，五常之道，
> 有通財之義，振窮救急之意，中心好之，欲飲食之，故財幣者，所
> 以副至意焉。《禮士相見經》曰：「上大夫相見以雁，士冬以雉，夏
> 以腒」也。（卷八〈瑞贄〉，頁 424）

〈士相見禮〉言「上大夫相見以雁，士冬以雉，夏以腒」，《白虎通》則言朋
友有通財之義，振窮救急之意，故士相見以財幣為贄。至於「婦人無專制之
義，御眾之任，交接辭讓之禮」，故「婦人之贄以棗栗腶脩」反映婦人之「職
在供養饋食之間」。（卷八〈瑞贄〉，頁 424）

（四）軍禮

《說文》曰：「軍，圜圍也。四千人為軍。」（頁 734）《周禮》曰：「以軍
禮同邦國：大師之禮用眾也，大均之禮恤眾也，大田之禮簡眾也，大役之禮
任眾也，大封之禮合眾也。」就作用目的而言，「軍禮」是天子與諸侯和協邦
國，使其不協僭差之禮：「大師之禮用眾也」，謂天子諸侯之軍用其義勇；「大
均之禮恤眾也」，謂均其地政、地守、地職之賦，所以憂民；「大田之禮簡眾
也」，謂親自田獵，閱其車徒之數；「大役之禮黛眾也」，謂築宮邑所以事民力
強弱；「大封之禮合眾也」，謂封疆溝塗之固，所以合聚其民。前已述及，《儀
禮》乃是「推士禮而致於天子之說」，以士階級為主要論述之對象，故《儀禮》
獨缺軍禮。《白虎通》曰：

> 三軍者何？法天、地、人也。以為五人為伍，五伍為兩，四兩為卒，
> 五卒為旅，五旅為師，五師為軍。萬二千五百人為一軍，三軍三萬
> 七千五百人也。（卷五〈三軍〉，頁 237～238）

「軍」乃是國家軍隊之編制名稱，以五人為伍，五伍為兩，四兩為卒，五卒

爲旅，五旅爲師，五師爲軍，故一軍之人數爲一萬二千五百人。「三軍」乃爲效法天地人之數，故三軍爲三萬七千五百人。《白虎通》曰：

> 國必三軍何？所以戒非常，伐無道，尊宗廟，重社稷，安不忘危也。
>
> （卷五〈三軍〉，頁237）

三軍乃是國家爲維持安全之軍隊之總稱。所謂「天下雖安，忘戰必危」，國家所以必有三軍之編制，其消極之目的，乃在防止動亂，弭平無道；而積極之作用，乃在維護國家尊嚴，保衛國家安全。此處所言之「國必三軍」，三軍係指軍隊之總稱，言諸侯國得有軍隊，非謂諸侯國有三軍之編制。《白虎通》曰：

> 諸侯所以一軍者何？諸侯，蕃屏之臣也。任兵革之重，距一方之難，故得有一軍也。（卷五〈三軍〉，頁239）

三軍是天子之編制，諸侯國只有一軍。諸侯稱臣於天子，負有兵革之重責，阻擋夷狄於一方之外，以爲天子京師之屏障，故諸侯所以有一軍之編制。諸侯以上之王者，始能擁有軍隊，故軍禮專屬於王者之禮。

《白虎通》有關軍禮儀式部分，主要在論述王者率領軍隊出兵征伐異己前所舉行之儀式。《白虎通》曰：

> 王者征伐，所以必皮弁素幘何？伐者凶事，素服示有悽愴也。伐者質，故衣古服。《禮》曰：「三王共皮弁素幘。」服亦皮弁素幘。又招虞人亦皮弁，知伐亦皮弁。（卷五〈三軍〉，頁240）

皮弁素幘之服，乃以鹿皮爲冠，積素以爲裳，具有悽愴哀戚之象徵。〔註71〕征伐戰爭必有傷亡，傷亡乃屬凶事，王者衣古服，表示對爭戰悲憫之意，故王者戰伐必著皮弁素幘以爲軍旅之服。《白虎通》言王者之軍禮有三項：其一，是王者將出還歸辭告祖禰之禮。《白虎通》曰：

> 王者將出，辭於禰，還格於祖禰者，言子辭面之禮，尊親之義也。《王制》曰：「王者將出，類于上帝，宜于社，造于禰。」獨見禰何？辭從卑，不敢留尊者之命，至禰不嫌不至祖也。《尚書》曰：「歸格于

〔註71〕《白虎通》曰：「皮弁者，何謂也？所以法古至質，冠之名也。弁之爲言攀也，所以攀持其髮也。」上古之時質，先加服皮以鹿皮者，取其文章也。《禮》曰：「三王共皮弁素積。」素積者，積素以爲裳也。言腰中辟積，至質不易之服，反古不忘本也。戰伐、田獵，此皆服之。」（卷十〈紼冕〉，頁587～588）又曰：「皮弁素積，聲味不可變，哀戚不可改，百王不易之道也。」卷八〈三正〉，頁432。

藝祖。」（卷五〈三軍〉，頁 241～243）

王者出師遠征前，基於出由卑及尊，入由尊及卑之原則，必先辭於禰，親告辭面之禮，歸還時格於祖。王者出歸辭告祖禰，皆以奠幣告之，表示王者尊親之義。其二，是王者出師告天之禮。《白虎通》曰：

> 出所以告天何？示不敢自專也。非出辭反面之道也。與宗廟異義。
> 還不復告天者，天道無外內，故不復告也。《尚書》言：「歸格于祖
> 禰。」不言告於天，知不告也。（卷五〈三軍〉，頁 242～243）

因王者受命於天，故王者出師之前，必先告天，以示王者出師乃非自專之事。且因天道無外內之分，告天止於出師，歸則不告，與宗廟祖禰作法不同。其三，是天子遣將軍必於祖廟之禮。《白虎通》曰：

> 天子遣將軍必於廟何？示不敢自專也。獨於祖廟何？制法度者，祖
> 也。《王制》曰：「受命于祖，受成于學。」言於祖廟命遣之義也。（卷
> 五〈三軍〉，頁 247）

天子遣將軍必於祖廟，表示天子遣將軍乃非自專之事，且於祖廟遣將軍，乃是祖先所制之法度也。

（五）嘉禮

《說文》曰：「嘉，美也。」（頁 207）《周禮》曰「以嘉禮親萬民」，鄭玄注曰：「嘉，善也。所以因人心所善者而為之制。」（卷十八，頁 277）《周禮》言嘉禮有六：「以飲食之禮親宗族兄弟，以昏冠之禮親成男女，以賓射之禮親故舊朋友，以饗燕之禮親四方之賓客，以脤膰之禮親兄弟之國，以賀慶之禮親異姓之國。」相較於前四項儀禮，嘉禮並無特定之目的與對象，嘉禮所涵蓋之範圍較大，對象遍及貴族各階層，故除前四項儀禮外，凡因人心所制作之一切美善之禮儀者，皆歸於嘉禮。

《白虎通》有關嘉禮部分，主要集中在〈鄉射〉、〈巡狩〉、〔註72〕〈嫁娶〉與〈紼冕〉等四篇。〈鄉射〉篇可分成兩部份，其一是射禮。《白虎通》曰：

> 射正何為乎？曰：射義非一也。夫射者，執弓堅固，心平體正，然
> 後中也。二人爭勝，樂以德養也。勝負俱降，以宗禮讓，故可以選
> 士。（卷五〈鄉射〉，頁 291～292）

〔註72〕〈巡狩〉篇主要討論王者巡狩之意義，並論及巡狩時之相關事宜，與巡狩之
範圍。其中所涉及之儀禮，屬天子祭祀之吉禮，然秦蕙田《五禮通考》列「巡
狩」一項於嘉禮，今得暫列於嘉禮類。

射者持弓失審固,同時要能心平體正,然後能中正心。射箭能射中靶心,不僅展現射技高超,更表現出習射者必習於禮樂,是有德行者。故君子至於射,則有爭也,勝負皆降,以崇禮讓。由射之技能而言,不僅可以評比射技,更可以檢證德行,故「射」可以選士。《白虎通》曰:

> 因射習禮樂,射於堂上何?示從上制下也。《禮》曰:「賓主執弓請升,射於兩楹之間。」(卷五〈鄉射〉,頁 292～293)

習射者必習於禮樂,而射於堂上,乃是表現制度由上貫徹至下。《白虎通》曰:

> 《含文嘉》曰:「天子射熊,諸侯射麋,大夫射虎豹,士射鹿豕。」天子所以射熊何?示服猛,遠巧佞也。熊為獸猛。巧者,非但當服猛也。示當服天下巧佞之臣也。諸侯射麋何?示遠迷惑人也。麋之言迷也。大夫射虎豹何?示服猛也。士射鹿豕何?示除害也。各取德所能服也。(卷五〈鄉射〉,頁 288～290)

射擊之標的物稱「侯」,皆具有高度之象徵意義,故隨射者階級之尊卑而有所不同:天子射熊,諸侯射麋,大夫射虎豹,士射鹿豕,所謂「各取德所能服也」,以「侯」象徵射者之德。亦因射者之身分不同,其射程之距離亦有長短之分:天子射百二十步,諸侯九十步,大夫七十步,士五十步,彰顯尊者所服遠,而卑者所服近之政治意涵。在《白虎通》中之「侯」,僅以布絫成,畫獸而射之,而不射獸之正身。

〈鄉射〉篇另一部份是鄉飲酒之禮。《白虎通》曰:

> 所以十月行鄉飲酒之禮何?所以復尊卑長幼之義。春夏事急,浚井次牆,至有子使父兄,弟使兄,故以事閒暇,復長幼之序也。(卷五〈鄉射〉,頁 293)

陳立言凡鄉飲酒禮有四,《白虎通》所云十月行鄉飲酒之禮,乃屬家族黨正蜡祭飲酒之禮。〔註 73〕黨正所以於十月行鄉飲酒禮之義,乃是一年之中,春夏事急,未遑顧及孝弟倫理之道,時有子使父兄,弟使兄,以下使上之事,故於農隙閒暇之餘,行鄉飲酒之禮,以恢復尊卑長幼之序。

此外,〈鄉射〉篇亦論及王者養老之禮。

〔註 73〕《白虎通疏證》曰:「凡鄉飲酒禮有四:一則賓賢能,鄉飲酒禮是也;二則鄉大夫飲國中賢者,〈鄉飲酒義〉所云是也;三則鄉射,州長春秋射于州序,《周禮·州長職》所云是也;四則黨正蜡祭飲酒,〈鄉飲酒義〉所云『六十者坐,五十者立侍』是已。十月行禮當為黨正飲酒事。」卷五,頁 293～294。

王者父事三老，兄事五更者何？欲陳孝弟之德，以示天下也。故雖天子必有尊也，言有父也；必有先也，言有兄也。天子臨辟雍，親袒割牲，尊三老，父象也。謁者奉几杖，授安車軟輪，供綏執授，兄事五更，寵接禮交加，客謙敬順貌也。《禮記祭義》云：「祀于明堂，所以教諸侯之孝也。享三老、五更于太學，所以教諸侯之弟也。」不正言父兄，言老、更者，老者，壽考也，欲言所令者多也。更者，更也，所更歷者眾也。即如是，不但言老，言三何？欲其明於天地人之道而老也。五更者，欲其明於五行之道而更事也。三老、五更幾人乎？曰：各一人。曰：何以知之？既以父事，父一而已，不宜有三。（卷五〈鄉射〉，頁294～297）

「三老」者，以「三」合於天地人之道，「老」謂壽考之人；「五更」者，以「五」合於五行之道，「更」謂更歷眾多之人。天子設有三老五更各一人，事三老如父，事五更如兄，如遣使者安車迎三老五更至辟雍，天子親袒而割牲，執醬而饋，執爵而醋，謙虛尊敬，禮遇倍至。天子所以養三老五更，乃欲陳孝弟之德，以示天下，以教諸侯。

人道所以設嫁娶之禮，重人倫廣繼嗣，乃是承天地施化陰陽，陰陽相成之義。至若男娶女嫁，嫁娶必以春為期，昏禮所以在昏時舉行，亦是配合陰陽之數，與陰陽交接之時也。《白虎通》曰：

嫁娶者，何謂也？嫁者，家也，婦人外成，以出適人為家；娶者，取也。男女者，何謂也？男者，任也，任功業也；女者，如也，從如人也，在家從父母，既嫁從夫，夫歿從子也。《傳》曰「婦人有三從之義」焉。夫婦者，何謂也？夫者，扶也，扶以人道者也；婦者，服也，服於家事，事人者也。妃者，匹也，妃匹者何？謂相與為偶也。婚姻者，何謂也？婚者，昏時行禮，故曰婚；姻者，婦人因夫而成，故曰姻。《詩》云「不惟舊因」，謂夫也；又曰「燕爾新婚」，謂婦也。所以昏時行禮何？示陽下陰也，昏亦陰陽交時也。（卷十〈嫁娶〉，頁580～582）

女出適以夫為家，故曰嫁；男取女為妻，故曰娶。在婚姻制度之中，男以功業為任，扶以人道，故稱夫；女則服於家事，三從如人，故稱婦。又因婚禮在昏時舉行，故稱婚；婦人因夫而成，故稱姻。婚禮所以在昏時舉行，取其陰陽交替之時，陽往而陰來之義。從《白虎通》解釋嫁娶等諸名義，不難看

出當時嫁娶之基本結構，及婚姻制度中男女之角色與地位。

〈嫁娶〉篇詳細記載士以上之貴族嫁娶時，及婚姻制度之相關之規定。就嫁娶之儀式過程而言，首先，男娶女嫁，必須透過父母之命與媒妁之言，不得擅自決定。〔註74〕至於男女之適婚年齡各有不同，此有兩說：一曰「男三十而娶，女二十而嫁」；〔註75〕一曰「男二十五繫心，女十五許嫁」。〔註76〕所以如此，固然是著眼於男女雙方之生理發育已至成熟階段，利於繁衍後代；更重要者，兩說皆是爲配合陰陽之數。此後，一旦決定嫁娶之對象，一切得行禮如儀。《白虎通》曰：

> 《禮》曰：女子十五許嫁，納采，問名，納吉，請期，親迎，以雁爲贄。納徵用玄纁，不用雁也。（卷十〈嫁娶〉，頁542）

女子年滿十五即可出嫁。婚禮之程序主要有六項：「納采」、「問名」、「納吉」、「請期」與「親迎」，此五禮皆以雁爲贄。「納徵」則用玄纁爲贄，不用雁。所以以雁爲贄，其義有三：以雁象徵不奪女子之時、妻從夫之義與不相踰越之義；用玄纁爲贄，則是明陽道之大也。

婚禮之六項儀式有其順序，亦各有其作用與意義。所謂「納采」，《儀禮·士昏禮》曰：「昏禮，下達納采用鴈。」（卷四，頁39）鄭玄注曰：「達，通也。將欲與彼合昏姻，必先使媒氏下通其言，女氏許之，乃後使人納其采擇之禮。用雁爲贄者，取其順陰陽往來。」「納采」之禮，乃是男方遣使者至

〔註74〕《白虎通》曰：「男不自專娶，女不自專嫁，必由父母，須媒妁何？遠恥防淫泆也。《詩》云：『娶妻如之何？必告父母。』又曰：『娶妻如之何？匪媒不得。』」卷十〈嫁娶〉，頁536。

〔註75〕《白虎通》曰：「男三十而娶，女二十而嫁何？陽數奇，陰數偶也。男長女幼者何？陽道舒，陰道促。男三十筋骨堅強，任爲人父；女二十肌膚充盈，任爲人母。合爲五十，應大衍之數，生萬物也。故《禮內則》曰：『男三十壯有室，女二十壯而嫁。』七，歲之陽也；八，歲之陰也。七八十五，陰陽之數備，有相偶之志。故《禮記》曰：『女子十五許嫁，笄而字。』禮之稱字，陰繫于陽，所以專一之節也。陽尊，無所繫。陽舒而陰促，三十數三終奇，陽節也。二十再終偶，陰節也。陽小成於陰，大成於陽，故二十而冠，三十而娶；陰小成於陽，大成於陰，故十五而笄，二十而嫁也。」卷十〈嫁娶〉，頁537～540。

〔註76〕《白虎通》曰：「一說二十五繫者，就陰節也。《春秋穀梁傳》曰：『男二十五繫心，女十五許嫁，感陰陽也。』陽數七，陰數八，男八歲毀齒，女七歲毀齒。陽數奇，故三，三八二十四，加一爲二十五，繫心也。陰數偶，故再成十四，加一爲十五，故十五許嫁也。各加一者，明其專一繫心。所以繫心者何？防其淫泆也。」卷十〈嫁娶〉，頁540～541。

女方家，傳達男方欲與女方結婚之意。所謂「問名」，〈士昏禮〉曰：「賓執
鴈，請問名。主人許賓入，授如初禮。」（卷四，頁 40）鄭玄注曰：「問名
者，將歸卜其吉凶。」「問名」之禮，乃是在「納采」之後，男方使者至女方
家中，問女方之姓名與生辰，以便預卜此婚姻之吉凶。所謂「納吉」，〈士昏
禮〉曰：「納吉用鴈，如納采禮。」（卷四，頁 42）鄭玄注曰：「歸卜於廟，得
吉兆，復使使者往告昏之事，於是定。」「納吉」之禮，乃是「問名」之後，
男方於廟中卜得吉兆，遣使者將卜兆結果報告女方，並決定婚事。所謂「納
徵」，〈士昏禮〉曰：「納徵，玄纁、束帛、儷皮，如納吉禮。」（卷四，頁 42）
鄭玄注曰：「徵，成也。使使者納幣以成昏禮。」「納徵」之禮，乃是「納吉」
之後，男方使者備禮至女方家中下聘。〔註77〕所謂「請期」，〈士昏禮〉曰：「請
期用鴈，主人辭，賓許告期，如納徵禮。」（卷四，頁 42）鄭玄注曰：「主人
辭者，陽倡陰和，期日宜由夫家來也。夫家必先卜之，得吉日，乃使使者
往，辭即告之。」「請期」之禮，乃是「納徵」之後，男方使者至女方家中，
告之以結婚日期，並徵求女方同意。所謂「親迎」，〈士昏禮〉曰：「主人升西
面，賓升北面奠鴈，再拜，稽首降出。婦從降自西階，主人不降送。婿御婦
車，授綏姆辭，不受。」（卷五，頁 50）釋曰：「主人、婿也者，以其親迎向
女家，女父稱主人，男稱婿。」（卷四，頁 44）「親迎」之禮，乃是「請期」
之後，婿依請期之日，親自至女方家中迎娶新娘之禮。〔註78〕〈嫁娶〉篇中

〔註77〕《白虎通》曰：「納徵，玄纁、束帛、離皮，玄三法天，纁二法地也。陽奇陰
　　　偶，明陽道之大也。離皮者，兩皮也。以爲庭實，庭實偶也。《禮昏經》曰：
　　　『納采、問名、納吉、請期、親迎，皆用雁；納徵用元纁、束帛、離皮。』
　　　納徵詞曰：『吾子有嘉命，貺室某也。某有先人之禮，離皮、束帛，使某也請
　　　納徵。』上某者，婿名也。下某者，婿父名也。下次某者，使人名也。女之
　　　父曰：『吾子順先典，貺某重禮，某不敢辭，敢不承命。』納采詞曰：『吾子
　　　有惠，貺室某也。某有先人之禮，使某也請納采。』對曰：『某之子蠢愚，又
　　　不能教，吾子命之，某不敢辭。』」卷十〈嫁娶〉，頁 543～544。
〔註78〕《白虎通》曰：「天子下至士，必親迎授綏者何？以陽下陰也。欲得其歡心，
　　　示親之心也。必親迎，御輪三周，下車曲顧者，防淫泆也。《詩》云：『文定
　　　厥祥，親迎於渭，造舟爲梁，不顯其光。』《禮昏經》曰：『賓升北面奠雁，
　　　再拜，稽首降出。婦從房中降自西階，婿御婦車，授綏。』」卷十〈嫁娶〉，
　　　頁 544～546。又曰：「授綏，姆辭曰：『未教，不足與爲禮也。』始親迎，擯
　　　者請詞曰：『吾子命某以茲初昏，使某將請承命。』主人曰：『某故敬具以
　　　須。』父醮子遣之迎，命曰：『往迎爾相，承我宗事，（助）率以敬先妣之
　　　嗣，若則有常。』子曰：『諾，惟恐不堪，不敢忘命。』」卷十〈嫁娶〉，頁 549
　　　～550。

有關嫁娶之儀禮，大致如上。至於因身份不同而有不同嫁娶方式之相關規定，與夫婦對待之道，則不贅述。

〈紼冕〉篇主要在討論天子之紼冕，並推及諸侯以下貴族之制。所謂「紼冕」，分指兩物，合指統稱貴族依其階級而有不同之服飾。《白虎通》曰：

> 紼者，何謂也？紼者，蔽也，行以蔽前者爾，有事因以別尊卑，彰有德也。（卷十〈紼冕〉，頁 583）

> 紼以韋爲之者，反古不忘本也。上廣一尺，下廣二尺，法天一地二也；長三尺，法天地人也。（卷十〈紼冕〉，頁 585～586）

所謂「紼」，與韍、韠、紱、市之通用，係指用粗麻繩所編織以遮蔽前面之衣服，其規格是上廣一尺，下廣二尺，長三尺。因紼具有階級地位之象徵，故天子、諸侯之王者服得稱之「紼」，其餘則有不同稱謂；稱謂不同，其樣式亦隨之而異。〔註79〕《白虎通》曰：

> 麻冕者何？周宗廟之冠也。《禮》曰：「周冕而祭。」又曰：「殷冔、夏收而祭。」此三代宗廟之冠也。（卷十〈紼冕〉，頁 589）

所謂「冕」，是以麻繩編織而成，〔註80〕天子祭祀宗廟時所戴之首飾，殷時稱「冔」，夏后氏稱「收」，周稱「冕」。〔註81〕「冕」是「冠」之一種，「冠」是總名，是天子以下貴族之首飾，隨階級不同，造型亦殊。〔註82〕

〈紼冕〉篇與嘉禮有關者，即在論士之冠禮。《白虎通》曰：

> 所以有冠者何？冠者，卷也，所以卷持其髮者也。人懷五常，莫不貴德，示成禮有修飾文章，故制冠以飾首，別成人也。《士冠經》曰：

〔註79〕《白虎通》曰：「天子朱紼，諸侯赤紼。《詩》曰：『朱紼斯皇，室家君王。』又云：『赤紼金舄，會同有繹。』又云：『赤紼在股。』皆謂諸侯也。《書》曰：『黼黻衣黃朱紼。』亦謂諸侯也。並見衣服之制，故遠別之謂黃朱亦赤矣。大夫蔥衡，別於君矣。天子大大赤紱蔥衡，士韎韐。朱赤者，盛色也。是以聖人法之用爲紼服，爲百王不易也。」卷十〈紼冕〉，頁 584～585。

〔註80〕《白虎通》曰：「冕所以用麻爲之者，女功之始，示不忘本也。即不忘本，不用皮何？皮乃太古未有禮文之服。故《論語》曰：『麻冕，禮也。』《尚書》曰：『王麻冕。』」卷十〈紼冕〉，頁 590～591。

〔註81〕《白虎通》曰：「十一月之時，陽氣俛仰黃泉之下，萬物被施如冕，前俯而後仰，故謂之冕也。謂之冔者，十二月之時，陽氣受化翊張，後得牙，故謂之冔。謂之收者，十三月之時，陽氣收本，舉生萬物而達出之，故謂之收。」卷十〈紼冕〉，頁 590。

〔註82〕《白虎通》曰：「故《禮》云：『天子玉藻十有二旒，前後邃延。』《禮器》云：『天子麻冕朱綠藻，垂十有二旒者，法四時十二月也。諸侯九旒，大夫七旒，士爵弁無旒。』」卷十〈紼冕〉，頁 591。

「冠而字之，敬其名也。」《論語》曰：「冠者五六人，童子六七人。」
（卷十〈紼冕〉，頁 586）

《說文》曰：「冠，絭也，所以絭髮。弁冕之總名也。……冠有法制，故從寸。」
（頁 356）「冠」乃弁冕之總名，男子制冠以飾首，用以整裝頭髮，表示成禮
有修飾文章，故二十歲有加冠之禮，象徵男子已脫離童子時期而進入成年社
會，冠禮表示男子已成年，始得戴冠。《白虎通》曰：

> 禮所以十九見正而冠者何？漸（二）十之人耳。男子陽也，成于陰，
> 故二十而冠。《曲禮》曰「二十弱冠」，言見正。何以知不謂正月也？
> 以《禮士冠經》曰「夏葛屨」，「冬皮屨」，明非歲之正月也。（卷十
> 〈紼冕〉，頁 587）

男子屆滿二十歲之前，即是在十九歲時舉行加冠禮。《白虎通》引《禮器》云：
「天子麻冕朱綠藻，垂十有二旒者，法四時十二月也。諸侯九旒，大夫七旒，
士爵弁無旒。」即是表示士之冠稱「爵弁」，而「爵弁無旒」，其造型與大夫
以上者迥異，所謂「尊者用冕，卑者用弁」，故《白虎通》曰：「爵弁者何謂
也？其色如爵頭，周人宗廟士之冠也。」可知，士之冠稱「爵弁」。〔註83〕

　　此外，《白虎通》引〈士冠禮〉「記冠義」曰：「冠而字之，敬其名也。」
（卷三，頁 33）鄭玄注曰：「名者，質所受於父母。冠成人益文，故敬之。」
可知，男子在加冠典禮之上，同時附有命「字」之儀式。〔註84〕〈士冠禮〉
記曰：

> 冠而字之，敬其名也。委貌，周道也；章甫，殷道也；毋追，夏后
> 氏之道也。周弁，殷冔，夏收。〔註85〕

鄭玄注曰：「委猶安也，言所以安正容貌。章，明也，殷質言以表明丈夫也；
甫或爲父，今文爲斧。毋發聲也，追猶堆也，夏后氏質以其形名之。三冠皆
所服以行道也。」鄭玄從字面意義解釋三代之冠名，《白虎通》則從三統之說
言三代冠名之由來。《白虎通》曰：

〔註83〕《白虎通》曰：「爵何以知指謂其色，又乍言爵弁，乍但言弁，周之冠色所以
　　　　爵何？爲周尚赤，所以不純赤，但如爵頭何？以本制冠者法天，天色元者不
　　　　失其質，故周加赤，殷加白，夏之冠色純元。何以知殷加白也？周加赤，知
　　　　殷加白也。夏殷士冠不異何？古質也。以《士冠禮》知之。」卷十〈紼冕〉，
　　　　頁 595。
〔註84〕《儀禮·士冠禮》曰：「冠者立于西階，東南面，賓字之，冠者對。」卷二，
　　　　頁 21。
〔註85〕《儀禮》，卷三，頁 33。

　　委貌者，何謂也？周朝廷理政事，行道德之冠名。《士冠經》曰：「委貌周道，章甫殷道，毋追夏后氏之道。」所以謂之委貌何？周統十一月爲正，萬物始萌小，故爲冠飾最小，故曰委貌。委貌者，言委曲有貌也。殷統十二月爲正，其飾微大，故曰章甫。章甫者，尚未與極其本相當也。夏統十三月爲正，其飾最大，故曰毋追。毋追者，言其追大也。（卷十〈紼冕〉，頁 592～593）

鄭玄從三代之冠名，言冠所象徵之意義，且言「其制之異同未之聞」，三者異名而同實。然《白虎通》不僅由三統之說，言三代之冠名，且由三統說之月份說明三冠之造型大小，進而言三代之冠名乃是區分型式之大小不同。

三、《白虎通》之禮制

　　廣義之「禮」，指一切合於「義」之行爲、儀式與制度。「禮制」乃是合「禮儀」與「制度」，專指具有節制約束之實質作用，且以建立制度爲主之成文法典者。《白虎通》各篇章內容討論範圍，不外有關國家政治制度與士族以上之行爲規範兩項重點；亦即，《白虎通》全書主要是在「正名」禮樂儀法與政治制度之名物制度與其名實義理，其書兼含「禮儀」與「制度」雙重性質，故《白虎通》之本質乃是「禮樂制度之書」，稱其爲「禮書」亦無不可。

　　目前學界一致肯定，《白虎通》文本「是一部粗具規模的組織法，也是自天子以至於庶人，立身行世的根本」，「它的內容規定了國家制度和社會制度的基本原則，確立了各種行爲准則，直接爲鞏固統治階級的專政服務，所以它是一種制度化了的思想，起著法典的作用」，甚至「就是賦予這樣的"國憲"以神學的理論根據的讖緯國教化的法典」。就《白虎通》之篇章結構而言，主要論述之對象，乃是以王者（天子、諸侯）爲核心之政治組織，以及環繞自王者以下至士、大夫之貴族之禮法制度；而所論述之範圍，上起爵、號，終於嫁娶、喪服之禮儀秩序，內容呈現出縝密且具體之組織結構。學者論述《白虎通》文本，由粗具規模之組織法，提升爲具有國教法典性質之「國憲」，充分說明《白虎通》論述之重點，亦是《白虎通》文本之本質所在。《白虎通》之禮制，可從政治制度與人倫秩序兩方面加以說明。

（一）禮制與政治制度

　　論政治制度可從兩方面分析：一是論「國家的形式與主權之所在」，此即

所謂「國體」；〔註 86〕一是論國家之「統治權行使之方式」，此即所謂「政體」。〔註 87〕前者是指國家政權之分配形態，而後者是指國家治權之行使方式。主權之所在決定治權之行使，反之，治權之行使必受制於政權之分配，意即：「在某種形態的國家中必然產生某種體式的政府」，兩者具有從屬之關係。

1. 國體制度

在國體制度方面，自秦始皇二十六年（B.C. 221）統一天下，自稱「始皇帝」，並從廷尉李斯之議，廢周代封建制度，改採行郡縣制，分天下為三十六郡，〔註 88〕確立中央集權、君主專制之統治規模。時至漢初，兼採封建與郡縣兩制，然而漢廷僅有十五郡，且「公主列侯頗食邑其中」，其餘皆屬藩國封地，侯國宮觀排場猶凌駕天子之上。〔註 89〕故文、景之後，漢廷計劃「削藩」，〔註 90〕不僅削其封地，亦削其權力。至東漢時期，則純粹以郡縣制為主，地權歸中央；諸侯雖享有領地租稅，但已無藩國實質，國家主權悉數回歸天子，國家權力集中於天子一人。《白虎通》曰：

> 天子者，爵稱也。爵所以稱天子何？王者父天母地，為天之子也。

〔註 86〕張金鑑：《中國政治制度史》（臺北：三民書局，1978 年 7 月初版），頁 37。

〔註 87〕《中國政治制度史》言：「國家體態者簡稱曰國體，乃一政治社會結構的外形或輪廓。至於政府的體式則簡稱曰政體，乃統治權行使之方式，亦即政治社會的支持柱壁或間架。但這間架則強度受於國體的限制與決定。易言之，在某種形態的國家中必然產生某種體式的政府。」頁 55。

〔註 88〕《史記·秦始皇本紀》曰：「二十六年，……秦初并天下，……丞相綰等言：『諸侯初破，燕、齊、荊地遠，不為置王，毋以鎮之，請立諸子，唯上幸許。』始皇下其議於群臣，群臣皆以為便。廷尉李斯議曰：『周文武所封子弟同姓甚眾，然後屬疏遠，相攻擊如仇讎，諸侯更相誅伐，周天子弗能禁止。今海內賴陛下神靈一統，皆為郡縣，諸子功臣以公賦稅重賞賜之，甚足易制。天下無異意，則安寧之術也。置諸侯不便。』始皇曰：『天下共苦戰鬥不休，以有侯王。賴宗廟，天下初定，又復立國，是樹兵也，而求其寧息，豈不難哉！廷尉議是。』分天下以為三十六郡，郡置守、尉、監。」卷六，頁。

〔註 89〕漢初高祖末年，文、景之前，《史記·漢興以來諸侯年表第五》曰：「高祖末年，非劉氏而王者，若無功，上所不置。而侯者天下共誅之，高祖子弟同姓為王者九國。唯獨長沙異姓。……而內地北距山以東盡諸侯，地大者或五、六郡，連城數十，置百官宮觀，僭於天子。漢獨有三河、東郡、潁川、南陽，自江陵以西至蜀，北自雲中至隴西，與內史，凡十五郡，而公主列侯頗食邑其中。」卷十七，頁。

〔註 90〕《漢書·諸侯王表第二》曰：「然諸侯原本以大，末流濫以致溢，小者淫荒越法，大者睽孤橫逆，以害身喪國。故文帝采賈生之議分齊、趙，景帝用晁錯之計削吳、楚。武帝施主父之冊，下推恩之令，使諸侯王得分戶邑以封子弟，不行黜陟，而藩國自析。」卷十四，頁 395。

故〈援神契〉曰：「天覆地載，謂之天子，上法斗極。」〈鉤命決〉
曰：「天子，爵稱也。」帝王之德有優劣，所以俱稱天子者何？以其
俱命于天，而王治五千里內也。《尚書》曰：「天子作民父母，以爲
天下王。」何以知帝亦稱天子？以法天下也。《中侯》曰：「天子臣
放勛。」《書亡逸篇》曰：「厥兆天子爵。」何以皇亦稱天子也？以
其言天覆地載，俱王天下也。故《易》曰：「伏羲氏之王天下也。」
（卷一〈爵〉，頁 1～10）

「帝」、「皇」乃是「天子」之別稱。《白虎通》開宗明義宣示，「天子」之名
義，乃爲彰顯天子承天命而有，以天爲父，以地爲母，爲天之子，故曰「天
子」。「天子」之名所以是一種爵稱，乃是以「天子」之稱號，執行天命所賜
統治天下之任務。因此，「天子」之名義具有雙重性質，《白虎通》曰：

或稱天子，或稱帝王何？以爲接上稱天子，天子者，明以爵事天
也。接下稱帝王者，明位號天下，至尊之稱，以號令臣下也。（卷二
〈號〉，頁 57）

對天而言，「天子」之名義，即是彰顯天子之位乃是奉天命而有，「天子」
之所以是一種爵稱，其目的在事天，表示對天負責。對天下而言，「帝王」之
名義，乃天下之至尊，足以號令群臣，統治天下。「天子」與「帝王」異名
而同實。因此，「天子」之爵稱，是受之於天，而非受爵於人；且《白虎通》
將人主類比於五行中之土，「土無位而道在，故大一不與化，人主不任部
職」，土既無位且不與四時相配，故「天子」雖在制度上是一種爵稱，但不專
屬於某一部職，不在制度之內，更不受其他外力制約，成爲政治制度上之絕
對體。

《白虎通》曰「天子以天下爲家」，天子既是處於政治制度上之絕對地
位，故對於天下之人民及土地之主權具有絕對之支配權力。首先，天子將天
下分爲若干區域，並擇其中之一以爲「京師」，其餘則分封諸侯。《白虎通》
曰：

京師者，何謂也？千里之邑號也。京，大也；師，眾也；天子所居，
故以大眾言之。明什倍諸侯，法日月之經千里。《春秋傳》曰：「京
師，天子之居也。」《王制》曰：「天子之田方千里。」（卷四〈京師〉，
頁 191）

所謂「京師」，乃天子所居之處，亦是天子直接管轄之地，其領土必在千里以

上，故以「京師」之名，明京師乃千里之邑號，其大十倍於諸侯百里之上。天子既統攝天下主權，則京師所在之處必須考量政治因素。《白虎通》曰：

> 天子所治方千里，此平土三千，并數邑居、山川至五十里。名山大澤不以封者，與百姓共之，不使一國獨專也。山水之饒，水泉之利，千里相通，所以均有無，贍其不足。（卷四〈封公侯〉，頁 168）

> 王者京師必擇土中何？所以均教道，平往來，使善易以聞，爲惡易以聞，明當懼慎，損於善惡。《尚書》曰：「王來紹上帝，自服於土中。」又曰：「公不敢不敬天之休，來相宅。」（卷四〈京師〉，頁188～189）

天子既是中央集權之中心，其京師乃具有宣導中央政令之作用，其所在必須選擇天下之中央，以利四方文化之交流，以便各地往來之交通，使天子之政權能充分平均貫徹於天下。

天子將行使政治之權力，以「爵」之名義賜予臣下。天子分封之爵位有二大體系：一是地方諸侯體系。《白虎通》曰：

> 爵有五等，以法五行也。或三等者，法三光也。或法三光，或法五行何？質家者據天，故法三光。文家者據地，故法五行。《含文嘉》曰：「殷爵三等，周爵五等。」各有宜也。《王制》曰：「王者之制祿爵，凡五等。」謂公侯伯子男也。此據周制也。《春秋傳》曰：「天子三公稱公，王者之後稱公，其餘大國稱侯，小者伯子男也。」《王制》曰：「公侯田方百里，伯七十里，子男五十里。」所以名之爲公侯者何？公者，通也。公正無私之意也。侯者，候也。候逆順也。人皆千乘，象雷震百里所潤同。伯者，白也。子者，孳也。孳孳無已也。男者，任也。人皆五十里。差次功德。小者不爲附庸。附庸者，附大國以名通也。百里兩爵，公侯共之。七十里一爵。五十里復兩爵何？公者，加尊二王之後；侯者，百里之正爵。上有可次，下有可第，中央故無二。五十里有兩爵者，所以加勉進人也。小國下爵，猶有尊卑，亦以勸人也。殷爵三等，謂公侯伯也。所以合子男從伯者何？王者受命，改文從質，無虛退人之義，故上就伯也。《尚書》曰「侯甸任衛作國伯」，謂殷也。《春秋傳》曰：「合伯子男爲一爵。」或曰：合從子，貴中也。以《春秋》名鄭忽，忽者，鄭伯也。此未踰年之君，當稱子，嫌爲改伯從子，故名之也。（卷一〈爵〉，

頁 10～22）

天子分封爵位有「三等」、「五等」之說。所謂「三等」，係指殷制分公、侯、伯子男三等爵；而所謂「五等」，則指周制分公、侯、伯、子、男五等爵。殷周制爵雖有三等、五等之別，然而其差異不在爵稱之名號，而在於爵稱所分封之土地大小有別。《白虎通》謂「殷爵三等，謂公、侯、伯也。所以合子男從伯」，殷爵封公居百里，而侯居不過七十里，〔註91〕伯、子、男則分封五十里。因此，所謂「五等」，應指周制公、侯、伯、子、男五種不同之爵稱；而所謂「三等」，則是指殷制公、侯、伯子男所分封之土地有三等之別，爵雖有三等、五等之分，卻各有所指。《白虎通》所載天子分封之土地大小，乃依殷制，分有百里、七十里、五十里三種，〔註92〕但在爵位之分配上則與殷制稍有不同，謂「公、侯田方百里，伯七十里，子、男五十里」，即百里兩爵，公侯共之，七十里獨伯一爵，五十里兩爵，子、男共之。《白虎通》曰：

> 地有三等不變，至爵獨變者何？地比爵爲質，故不變。王者有改道之文，無改道之實。（卷一〈爵〉，頁 19～21）

天子分封土地有三等，此乃不變之原則，而爵有三等、五等之別，則隨時代而異。因此，三等、五等之爵，分別是指公、侯、伯、子、男五種不同之爵稱，同時亦是指五爵所分封之三等大小不同之土地。此亦是諸侯體系行使政治權力之分配方式。《白虎通》曰：

> 王者立三公、……必復封諸侯何？重民之至也。善惡比而易知，故擇賢而封之，以著其德，極其才。上以尊天子，備蕃輔，下以子養百姓，施行其道。開賢者之路，謙不自專。故列土封賢，因而象之，象賢重民也。（卷四〈封公侯〉，頁 159～160）

天子所以分封土地予諸侯，乃是表彰諸侯之賢德，並藉重其才治理地方。諸侯對上以爲天子京師之蕃輔，對下以養地方之百姓，並使中央法令貫徹於地方，故天子列土擇賢而封，一方面表現天子之謙虛，不以天下爲己有，另一

〔註91〕《白虎通》曰：「殷家所以令公居百里，侯居七十里，何也？封賢極于百里，其改也，不可空退人，示優賢之意，欲褒尊而上之。何以知殷家侯不過七十里？曰：士有三等，有百里，七十里，有五十里。其地半者其數倍，制地之理體也，多少不相配。」卷一〈爵〉，頁 21～22。陳立考證「士」爲「土」之誤。

〔註92〕《白虎通》曰：「諸侯封不過百里，象雷震百里，所潤雲雨同也。……七十里、五十里，差德功也。……制土三等何？因土地有高、下、中三等。」卷四〈封公侯〉，頁 167～169。

方面則象徵天子之求賢用才，爲天下萬民謀福。〈瑞贄〉曰：「王者始立，諸
侯皆見何？當受法，稟正教也。」（頁 411）天子將治權轉移至諸侯之手，使
諸侯成爲執行中央法令之地方政府，並且負起養民、蕃輔京師之責任，故封
公侯乃是天子充分展現對於領土、人民之絕對支配權力。然而，封公侯只是
天子下放地方治權予諸侯，而非移轉政權，割裂天下。《白虎通》曰：

> 王者即位，先封賢者，憂民之急也。故列土爲疆，非爲諸侯；張官
> 設府，非爲卿大夫，皆爲民也。……天下太平，乃封親屬者，示不
> 私也。即不私封之何？「普天之下，莫非王土；率土之賓，莫非王
> 臣」。海內之眾已盡得使之，不忍使親屬無短足之居，一人使封之，
> 親親之義也。以《尚書》封康叔，據平安也。王者始起，封諸父昆
> 弟，示與己共財之義，故可以共土也。（卷四〈封公侯〉，頁 169～
> 171）

天子一旦掌握政治實權，擁有支配天下之絕對權力之後，便將國土劃分爲若
干地方，授予賢能之諸侯權代管理；同時，爲表現天子之不私，亦封諸父昆
弟之親屬爲諸侯，成爲天子之國土疆界。雖然諸侯擁有執行中央法令之治
權，代天子牧養萬民，但是，「普天之下，莫非王土；率土之賓，莫非王
臣」，天下終究是天子之天下，萬民畢竟是天子之萬民，一切政權仍屬於天子
所有。至於天子爲天下萬民而張官設府，立公卿大夫之職，則是屬於中央官
僚體系。

　　爵位之另一體系，即是中央官僚體系，亦稱「內爵」。《白虎通》曰：

> 公卿大夫何謂也？內爵稱也。內爵稱公卿大夫何？爵者，盡也。各
> 量其職，盡其才也。公之爲言公正無私也。卿之爲言章也，善明理
> 也。大夫之爲言大扶，扶進人者也。故《傳》曰：「進賢達能，謂之
> 卿大夫。」《王制》曰：「上大夫卿。」士者，事也，任事之稱也。
> 故《傳》曰：「通古今，辯然否，謂之士。」（卷一〈爵〉，頁 22～
> 24）

公、卿、大夫與士皆屬官僚系統，直屬天子中央政府，所謂：「聖人雖有萬人
之德，必須俊賢，三公、九卿、二十七大夫、八十一元士，以順天成其道」，
（〈封公侯〉，頁 155）除士之外，〔註93〕公、卿、大夫三等亦是爵稱。〔註94〕

〔註93〕《白虎通》曰：「何以知士非爵？《禮》曰『四十強而仕』，『不言爵爲士』。」
　　　　卷一〈爵〉，頁 22～24。

雖然中央官僚之公、卿、大夫亦是爵稱，但是其功能與職權，甚至封地受祿之內容，與諸侯之爵稱迥然有別，故其爵又稱「內爵」。天子以此官僚系統治理京師及其諸侯國家，三者所以封爵，乃是以爵授予職位，依職權盡其所能。

所謂「天子作民父母，以爲天下王」，「天子以天下爲家」，天下乃天子一家之天下。爲有效治天下，天子利用頒賜「爵」之名義，將其對人民、土地之支配主權，分散至中央官僚與地方諸侯等兩大體系。《白虎通》曰：

> 王者立三公、九卿、二十七大夫，足以教道照幽隱，必復封諸侯何？
> 重民之至也。（卷四〈封公侯〉，頁 159～160）

中央官僚「受君之法，施之于民」（卷一〈爵〉，頁 26），直接聽命於天子；而諸侯只能依法令行使治權，猶不得踐越中央。官僚與諸侯之爵位皆來自天子，亦是授權於天子，其爵位之得失，皆決定於天子。天子乃成天下主權之中心，形成以天子一人專制天下之國體制度。

《白虎通》以爲，統一之天下，政權當歸天子一人所有，此即中央集權、君主專制之主張。天子且通過頒賜爵位之名義，將治權轉移至貴族手中，因權責功能各自不同，貴族之不同爵稱，即代表政治地位之高低；且因治權所及有地域之別，故有「內爵」之稱以區別諸侯之爵。《白虎通》之國體制度如此，其政體制度，亦相應於國體制度而規劃；而上述封爵之二大系統，正反映出其政體制度之二大系統。

2. 政體制度

天子封爵系統之一，即公、卿、大夫所以稱「內爵」者，此乃政體制度之一，亦即中央之官僚制度。所以稱「內爵」，乃在其權責直屬於天子，其政治權利與義務，有別於諸侯。《白虎通》曰：

> 王者所以立三公九卿何？曰：天雖至神，必因日月之光；地雖至靈，必有山川之化；聖人雖有萬人之德，必須俊賢。三公、九卿、二十七大夫、八十一元士，以順天成其道。（卷四〈封公侯〉，頁 155）

天子雖有天下主權，但仍需藉重各種人才之協助，故設爵位各量其職，以盡

〔註94〕 《白虎通》曰：「何以知卿爲爵也？以大夫知卿亦爵也。何以知公爲爵也？《春秋傳》曰：『諸侯四佾，諸公六佾。』合而言之，以是知公卿爲爵。內爵所以三等何？亦法三光也。所以不變質文何？內者爲本，故不改內也。」卷一〈爵〉，頁 25。

其才，達到順天成道、治理天下之目的。因此，天子置三公、九卿、二十七大夫、八十一元士爲中央官制，以協助執行、貫徹其政治目的。所謂「三公」，《白虎通》曰：

> 司馬主兵，司徒主人，司空主地。王者受命，爲天地人之職，故分
> 職以置三公，各主其一，以效其功。（卷四〈封公侯〉，頁 157）

「三公」乃類似丞相之職稱。秦時置左、右兩丞相，漢初高祖承秦之制，置一丞相，掌丞天子助理萬機。至成帝綏和元年（B.C. 8）從御史大夫何武建言，罷票騎將軍官，置大司馬官屬，並改御史大夫爲大司空，皆增奉如丞相；〔註 95〕而丞相一職，至哀帝元壽二年則更名爲大司徒；〔註 96〕至此確立以大司徒、大司馬、大司空三公並相之制。至東漢光武帝建武二十七年（51）去三公「大」名，又改大司馬爲太尉。〔註 97〕《白虎通》言王者受命，代天統治天下，而天下之事物不外兵、人、地三類，故分職以置三公，「司馬主兵，司徒主人，司空主地」，各主其一，以期達到統治天下之目的。

「司馬」者，光武帝改大司馬爲太尉，《後漢書・百官志》曰：「太尉，公一人。本注曰：掌四方兵事功課，歲盡即奏其殿最而行賞罰。」（卷二十四，頁 3557）司馬即太尉，主掌全國之軍政兵符，並於歲末依四方之軍事功課，奏請天子以行賞善罰惡。《白虎通》曰：

> 天者施生，所以主兵何？兵者爲謀除害也，所以全其生，衛其養也，
> 故兵稱天。寇賊猛獸，皆爲除害者所主也。《論語》曰：「天下有道，
> 則禮樂征伐自天子出。」司馬主兵。不言兵言馬者，馬陽物，乾之

〔註95〕《漢書・薛宣朱博傳》曰：「初，漢興襲秦官，置丞相、御史大夫、太尉。……及成帝時，何武爲九卿，建言『古者民樸事約，國之輔佐必得賢聖，然猶則天三光，備三公官，各有分職。今末俗弊，政事煩多，宰相之材不能及古，而丞相獨兼三公之事，所以久廢而不治也。宜建三公官，定卿大夫之任，分職授政，以考功效。』其後上以問師安昌侯張禹，禹以爲然。時曲陽侯王根爲大司馬票騎將軍，而何武爲御史大夫。於是上賜曲陽侯根大司馬印綬，置官屬，罷票騎將軍官，以御史大夫何武爲大司空，封列侯，皆增奉如丞相，以備三公官焉。」卷八十三，頁 3404～3405。

〔註96〕《漢書・百官公卿表》曰：「相國、丞相，皆秦官，金印紫綬，掌丞天子助理萬機。秦有左右，高帝即位，置一丞相，十一年更名相國，綠綬。孝惠、高后置左右丞相，文帝二年復置一丞相。有兩長史，秩千石。哀帝元壽二年更名大司徒。」卷十九上，頁 724～725。

〔註97〕《後漢書・光武帝紀》建武二十七年，曰：「詔曰：『昔契作司徒，禹作司空，皆無「大」名，其令二府去「大」。』又改大司馬爲太尉。」卷一下，頁 79。

所爲，行兵用也。不以傷害爲文，故言馬也。（卷四〈封公侯〉，頁
158～159）

天子所以立司馬主兵，乃爲除寇賊猛獸之害，保養天下百姓之性命，對內監
守諸侯之軍事行動，對外穩定國際局勢，確保國防安全無虞。尤其是禮樂征
伐乃天子治天下之具，唯有天子始有用兵伐無道之正當理由，故天子立司馬，
「馬」即「兵」之代稱，以「馬」代表天下之軍事，司馬專司主掌全國之軍
事，宣示天下之兵事軍權在天子。

「司徒」者，《後漢書‧百官志》曰：「司徒，公一人。本注曰：掌人民
事。凡教民孝悌、遜順、謙儉，養生送死之事，則議其制，建其度。凡四方
民事功課，歲盡則奏其殿最而行賞罰。」（卷二十四，頁 3560）司徒主掌全國
之人事制度，不僅負起教育民眾之責任，更要建立養生送死之立法制度。《白
虎通》曰：

司徒主人。不言人言徒者，徒，眾也。重民眾。（卷四〈封公侯〉，
頁 159）

「徒」即「人」之代稱，以「徒」代表天下之民眾，司徒專司主掌全國人事
制度，其義與《後漢書》同。故天子立司馬，宣示天下之人事制度之主權在
天子。

「司空」者，《後漢書‧百官志》曰：「司空，公一人。本注曰：掌水土
事。凡營城起邑、浚溝洫、修墳防之事，則議其利，建其功。凡四方水土功
課，歲盡則奏其殿最而行賞罰。」（卷二十四，頁 3561～3562）司空主掌全國
之水土工程與營城建設。《白虎通》曰：

司空主土。不言土言空者，空尚主之，何況於實，以微見著。（卷四
〈封公侯〉，頁 159）

「空」即「土」之代稱，以「空」代表天下之工程建設，司空專司主掌全國
之工程建設，其義與《後漢書》同。故天子立司空，宣示天下之土地支配之
主權在天子。

三公不僅各司一職，郊祀之事亦各有所職，其於凡國有大造大疑，三公
「通而論之」，國有過事，三公「通諫爭之」；因此，三公不僅是天子之內
閣，亦是天子之幕僚、參謀，其位之尊一如丞相。三公擔負輔弼天子之重責
大任，決定國家之重大政策，故置「九卿」以協助三公，分理國事。《白虎
通》曰：

一公置三卿，故九卿也。天道莫不成三，天有三光，日、月、星；
地有三形，高、下、平；人有三等，君、父、師。故一公三卿佐之，
一卿三大夫佐之，一大夫三元士佐之，天有三光，然後能遍照，各
自有三法，物成於三，有始、有中、有終，明天道而終之也。（卷四
〈封公侯〉，頁157）

天子立三公統攝天下萬事，三公各司兵、人、地一職，位居丞相之尊，故置
三卿佐一公，三公九卿佐之。所謂「九卿」，係指輔佐三公之九種職稱之總名。
考之《後漢書‧百官》載：太常、光祿勳、衛尉、太僕、廷尉、大鴻臚、宗
正、大司農、少府等九職，皆「卿一人，中二千石」，（志二十五～二十六，
頁 3571～3601）《史記‧文帝本紀》張守節「正義」曰：「漢置九卿，一曰太
常，二曰光祿，三曰衛尉，四曰太僕，五曰廷尉，六曰大鴻臚，七曰宗正，
八曰大司農，九曰少府，是為九卿也。」（卷十，頁 421）依《後漢書》所記
九卿之職掌：

太常，……掌禮儀祭祀。每祭祀，先奏其禮儀；及行事，常贊天子。
每選試博士，奏其能否。大射、養老、大喪，皆奏其禮儀。每月前
晦，察行陵廟。（志二十五，頁 3571）

光祿勳，……掌宿衛宮殿門戶，典謁署郎更直執戟，宿衛門戶，考
其德行而進退之。郊祀之事，掌三獻。（志二十五，頁 3574）

衛尉，……掌宮門衛士，宮中徼循事。（志二十五，頁 3579）

太僕，……掌車馬。天子每出，奏駕上鹵簿用；大駕則執馭。（志二
十五，頁 3581）

廷尉，……掌平獄，奏當所應。凡郡國讞疑罪，皆處當以報。（志二
十五，頁 3582）

大鴻臚，……掌諸侯及四方歸義蠻夷。其郊廟行禮，贊導，請行事，
既可，以命群司。諸王入朝，當郊迎，典其禮儀。及郡國上計，匡
四方來，亦屬焉。皇子拜王，贊授印綬。及拜諸侯、諸侯嗣子及四
方夷狄封者，臺下鴻臚召拜之。王薨則使弔之，及拜王嗣。（志二十
五，頁 3583）

宗正，……掌序錄王國嫡庶之次，及諸宗室親屬遠近，郡國歲因計
上宗室名籍。若有犯法當髡以上，先上諸宗正，宗正以聞，乃報決。
（志二十六，頁 3589）

> 大司農，……掌諸錢穀金帛諸貨幣。郡國四時上月旦見錢穀簿，其
> 逋未畢，各具別之。邊郡諸官請調度者，皆為報給，損多益寡，取
> 相給足。（志二十六，頁 3590）

> 少府，……掌中服御諸物，衣服寶貨珍膳之屬。（志二十六，頁
> 3592）

依「一公置三卿」之建制，則司馬一公置太常、光祿勳、衛尉三卿；司徒一公置太僕、廷尉、大鴻臚三卿；司空一公置宗正、大司農、少府三卿。然而，《後漢書》未載「一公置三卿」之實際編制；而《白虎通》僅言「九卿」，如九卿之名，九卿之職，一公配何三卿等細節，則付之闕如。其餘「二十七大夫」、「八十一元士」亦復如此。總之，《白虎通》以為，天地萬物之差別與變化之規律是「三」，故天有日、月、星三光，地有高、下、平三形，人有君、父、師三等。故中央官制亦以「三」為基數，天子立三公，一公三卿佐之，一卿三大夫佐之，一大夫三元士佐之；由三公率九卿以下之群臣，依各別之才能，職掌有限之治權，形成一套以專業分工之技術官僚體系。三公九卿二十七大夫八十一元士，凡百二十官，即是政體制度之中央官僚制度之基本編制。

中央官僚異於諸侯之另一政治權利，即是兩者之俸祿來源不同。《白虎通》曰：

> 祿者，錄也。上以收錄接下，下以名錄謹以事上。《王制》曰：「天
> 子三公之田視公侯，卿視伯，大夫視子男，士視附庸。上農夫食九
> 人，其次食八人，其次食七人，其次食六人。下農夫食五人。庶人
> 在官者，以是為差也。……」（卷四〈京師〉，頁 192～193）

中央官僚服務天子之所得稱「祿」，天子以「祿」酬庸官僚。官僚既直屬於天子，其俸祿來源則在天子，天子依官僚等級酬庸不同之俸祿。依據《王制》所載，中央官僚之俸祿比照諸侯等級：三公之田與公、侯同；卿與伯同，大夫與子、男同；而士與不滿五十里之附庸同。此亦是中央官僚之公、卿、大夫所以稱「內爵」之另一原因。

天子另一封爵系統，即公、侯、伯、子、男者，此乃政體制度中之地方制度。如前所述，天子立中央官僚，以輔助天子治理天下大事，此外又封諸侯，其目的，乃以諸侯「上以尊天子，備蕃輔，下以子養百姓」，代行天子之中央法令貫徹於地方；並藉此表現天子不以天下為己有，以封土求賢用才，

為人民謀福。諸侯既有如此作用，則諸侯以下亦有制度內之員額編制。《白虎通》曰：

> 諸侯有三卿者，分三事也，五大夫，下天子。《王制》曰：「大國三卿，皆命於天子，下大夫五人，上士二十七人。次國三卿，二卿命於天子，一卿命於其君。」「小國二卿，皆命於其君」。大夫悉同。《禮王度記》曰：「子男三卿，一卿命於天子。」〈卷四〈封公侯〉，頁166〉

天子雖象賢封諸侯，諸侯稱臣於天子，然而諸侯有不能盡賢者，故有三卿、五大夫以輔佐之。依《王制》之言，大國之三卿，皆直接受命於天子；次國亦有三卿，但有二卿受命於天子，一卿則諸侯自命；小國只有二卿，二卿皆諸侯自命；大夫之制亦悉同於命卿之制。天子雖授權諸侯管理地方，但諸侯仍受制於天子，而天子掌握諸侯行為最直接之方法，即是命卿以輔助諸侯之名，而行監督之實。此外，就天下分區而言，天子居於京師，諸侯在其國內，兩者之職權相當，天子與公、侯、伯、子、男等皆是爵稱，故兩者皆可稱「王者」；但是天子之爵稱係受命於天，而諸侯之爵位終是天子所頒授，故天子是唯一有賜爵之權利者。亦因諸侯非賜爵者，故無賜爵之權。《白虎通》曰：

> 諸侯所以無公爵者，下天子也。故《王制》曰：「上大夫、下大夫、上士、中士、下士，凡五等。」此謂諸侯臣也。〈卷一〈爵〉，頁25～26〉

諸侯之爵位係天子所頒授，故其政治權利源自於天子，諸侯之職責亦在中央法令之規範內行使其權責，並直接聽命於天子，故諸侯乃天子之下屬，亦得稱臣於天子。雖然諸侯國內亦有官員編制，但是諸侯所統轄之臣下，如卿、大夫以至於士，只是「諸侯臣」，而不屬於「公爵」，可知諸侯本身只有治權而無政權。

　　諸侯既受爵於天子管理地方庶務，對地方只有治權而無政權，故諸侯之俸祿，亦來自地方之稅收。《白虎通》曰：

> 祿者，錄也。上以收錄接下，下以名錄謹以事上。《王制》曰：「……諸侯之下士視上農夫，祿足以代其耕也。中士倍下士，上士倍中士，下大夫倍上士。卿四大夫祿，君十卿祿。次國之卿三大夫祿，君十卿祿。小國之卿倍上大夫祿，君十卿祿。」〈卷四〈京師〉，頁192

～193）

公、侯田方百里為大國，伯七十里次之，子、男五十里為小國，不滿五十里
者為附庸。依《王制》所載之規定，大國諸侯之下士視上農夫，上農夫肥田
食九人；中士倍於下士，上士倍於中士，下大夫倍於上士。而卿四倍於大夫
之祿，公、侯十倍於卿之祿。次國之卿三倍於大夫之祿，伯十倍次卿之祿。
小國之卿倍於上大夫之祿，子、男十倍於卿之祿。換言之，諸侯及其諸侯臣
之俸祿，皆來自於諸侯國之稅賦所得。

　　諸侯之爵位來自天子，其政治權利僅限於所封之土地，故諸侯對中央負
有政治責任，亦受中央之監督。《白虎通》制訂一套天子對諸侯及其所屬之中
央官僚之賞罰制度。《白虎通》曰：

　　　諸侯所以攷黜何？王者所以勉賢抑惡，重民之至也。《尚書》曰：「三
　　　載考績，三考黜陟。」（卷七〈攷黜〉，頁 357）

　　　所以三歲一攷績何？三年有成，故于是賞有功，黜不肖。《尚書》曰：
　　　「三載考績，三攷黜陟。」何以知始攷輒黜之？《尚書》曰：「三年
　　　一攷，少黜以地。」《書》所以言「三考黜陟」者，謂爵土異也。小
　　　國攷之有功，增土進爵，後攷無功削黜，後攷有功，上而賜之矣。（卷
　　　七〈攷黜〉，頁 366）

對諸侯而言，天子每三年考核諸侯之表現，善則賞，惡則罰，以達到勉賢抑
惡之效，促進人民福祉。而天子所以每三年考績一次，乃因三年期間建設應
有成果可見，以其成果賞有功，黜不肖。若考核地方建設有功，則賞賜之方
式概分兩類。其一謂：車馬、衣服、樂則、朱戶、納陛、虎賁、鈇鉞、弓矢、
秬鬯等「九錫」，此賜之象徵意義大於實質，天子依諸侯不同之功績，賜予對
應之禮物〔註98〕。其二謂「增土進爵」，天子依諸侯功績之大小論賞賜之厚薄。
此兩類賞賜內容相互配合而行。〔註99〕《白虎通》曰：

〔註98〕《白虎通》曰：「能安民者賜車馬，能富民者賜衣服，能和民者賜樂則，民眾
　　　　多者賜朱戶，能進善者賜納陛，能退惡者賜虎賁，能誅有罪者賜鈇鉞，能征
　　　　不義者賜弓矢，孝道備者賜秬鬯。」卷七〈攷黜〉，頁 358。

〔註99〕《白虎通》曰：「五十里不過五賜而進爵土，七十里不過七賜而進爵土。能有
　　　　小大，行有進退也。一說盛德始封百里者，賜三等，得征伐，專殺，斷獄。
　　　　七十里伯始封，賜二等，至虎賁百人。後有功，賜弓矢。後有功，賜秬鬯，
　　　　增爵為侯，益土百里。復有功，入為三公。五十里子男始封，賜一等，至樂
　　　　則。復有功，稍賜至虎賁，增爵為伯。復有功，稍賜至秬鬯，增爵為侯。未
　　　　賜鈇鉞者，從大國連率方伯而斷獄。」卷七〈攷黜〉，頁 367～368。

諸侯始封爵，土相隨者何？君子重德薄刑，賞疑從重。《詩》云：「王
　　曰叔父，建爾元子，俾侯于魯。」（卷七〈玫黜〉，頁 371～372）

基於君子重德輕刑，賞善宜從厚重之原則，天子以九錫之象徵形式，並配合
增土進爵之實質政治權利犒賞諸侯。至於中央官僚亦有一套賞賜制度。《白虎
通》曰：

受命之王，致太平之主，美群臣上下之功，故盡封之。及中興征伐，
　　大功皆封，所以褒大功也。（卷七〈玫黜〉，頁 368）

天子雖受命而王，但仍需依靠眾人始能獲得政權，故王者即位，盡封有功之
群臣；至於有中興或征伐之功者，亦皆封之褒其大功。總之，「爵主有德，
封主有功」，進爵意味功臣有德，爵所以封賢者，而封土則獎勵功臣有功。
〔註100〕天子不僅對地方諸侯具有制約之權利，並通過考績之方式，以增土進
爵獎勵有功者；同時，亦以此獎勵中央官僚，提供官僚體系升遷之管道。

　　有功則賞，有過則罰，賞善罰惡乃是天子有效統治天下之手段。天子象
賢重德，故賜諸侯之爵位與封地；反之，諸侯失德不肖，則天子奪其所賜。
天子懲處諸侯有「三削」之制，〔註101〕依諸侯之爵位等級與封土大小各分三
級，若諸侯每三年之考核成績不佳，則天子以「削地絀爵」之方式處罰，逐
次削絀，至地盡為止。《白虎通》曰：

先削地後絀爵者何？爵者，尊號也；地者，人所任也。今不能治廣
　　土眾民，故先削其土地也。故《王制》曰：「宗廟有不順者，君絀以
　　爵。」「山川神祇有不舉者，君削以地。」明爵土不相隨也。或
　　曰：惡人貪狠重土，故先削其所重者，以懼之也。（卷七〈玫黜〉，
　　頁 371）

天子賜諸侯爵號土地，諸侯代天子管理地方，故諸侯之爵號高下與封土大小

〔註100〕《白虎通》曰：「盛德之士亦封之，所以尊有德也。以德封者，必試之為附庸，
　　　　三年有功，因而封之五十里。元士有功者，亦為附庸，世其位。大夫有功成
　　　　封五十里，卿功成封七十里，公功成封百里。士有功德，遷為大夫；大夫有
　　　　功德，遷為卿；卿有功德，遷為公。故爵主有德，封主有功也。」卷七〈玫
　　　　黜〉，頁 368～369。

〔註101〕《白虎通》曰：「百里之侯，一削為七十里侯，再削為七十里伯，二削為寄公。
　　　　七十里伯，一削為五十里伯，再削為五十里子，三削地盡。五十里子，一削
　　　　為三十里子，再削為三十里男，三削地盡。五十里男，一削為三十里男，再
　　　　削為三十里附庸，三削地盡。所以至三削何？體成於三，三而不改，雖反無
　　　　益矣。《尚書》曰：『三考黜陟。』」卷七〈玫黜〉，頁 370～371。

相符。然而爵號與封地不必相對，一旦諸侯不能善治廣土眾民，則天子先削封地，後絀爵號。所以先削後絀，乃是土地具有實質利益，爲諸侯所重視，先削封地以示懲戒諸侯。總之，天子擁有天下之政權，天子以授權之方式，將治權授予中央官僚與地方諸侯，使其代行管理京師與地方，並透過一套完整之獎懲制度，以期有效達到制約諸侯群臣之目的。

依《白虎通》之構想，諸侯國負有兵革之重責，阻擋夷狄於一方之外，以爲天子京師之屏障，故諸侯有一軍之編制。亦因諸侯有天子合法授權之軍隊，易生擁兵自重，強取豪奪，傾覆國政，分裂國土之虞。因此，基於維護國家尊嚴與安全，防止諸侯動亂無道，三軍乃是天子爲確保中央集權與國土完整最直接、最有效，且是最後一道防衛機制。《白虎通》曰：

> 誅者何謂也？誅猶責也。誅其人，責其罪，極其過惡。……討者何謂也？討猶除也。欲言臣當掃除弑君之賊也。……伐者何謂也？伐者，擊也，欲言伐擊之也。……征者何謂也？征猶正也。欲言其正也，輕重從辭也。戰者何謂也？《尚書大傳》曰：「戰者，憚警之也。」《春秋讖》曰：「戰者，延改也。」弑者何謂也？弑者，試也。欲言臣子殺其君父，不敢卒，候閒司事，可稍稍弑之。……篡者何謂也？篡猶奪也，取也。欲言庶奪嫡，孽奪宗，引奪取其位。……襲者何謂也？行不假途，掩人不備也。（卷五〈誅伐〉，頁263～266）

天子出兵征伐之名義眾多，如：以「誅」責其罪，極其過惡之人，以「討」掃除弑君之賊；或有「臣子殺其君父」之「弑者」，「庶奪嫡，孽奪宗，引奪取其位」之「篡者」，「行不假途，掩人不備」之「襲者」等，歸結天子征伐之因素，主要來自於諸侯國之內亂，與諸侯國際間之糾紛兩項。對於諸侯種種不合禮法之犯罪行爲，足以影響地方治安與國際和平，甚至挑戰中央政權之權威性時，天子爲維持國家之統一，並伸張政權及於普天之下，最終得以用三軍解決政治之紛爭。

諸侯一軍之編制，乃爲蕃輔中央之用，不得私用，其用亦得聽命於天子。《白虎通》曰：

> 諸侯之義，非天子之命，不得動眾起兵誅不義者，所以強幹弱枝，尊天子，卑諸侯也。《論語》曰：「天下有道，則禮樂征伐自天子出；天下無道，則禮樂征伐自諸侯出。」（卷五〈誅伐〉，頁253～254）

諸侯之權位乃天子所賜，諸侯得聽命於天子，即使是諸侯用兵誅不義者，亦得經過天子之同意，諸侯之義，非天子之命，不得動眾起兵。軍權乃維繫政權之最大支柱，亦唯有天子始有指揮軍隊之權力，天子尊而諸侯卑，上下主從之制度鮮明，「強幹弱枝」乃是《白虎通》所主張之政治結構與原則。然而，諸侯國盡是天子之諸父昆弟親屬者，若遇有中央與地方之政治紛爭時，即政治權利與血緣親屬關係產生衝突時，「強幹弱枝」依然是天子處理政治問題最高之原則。《白虎通》曰：

> 誅不避親戚何？所以尊君卑臣，強幹弱枝，明善善惡惡之義也。
> 《春秋傳》曰：「季子煞其母兄，何善爾？不避母兄，君臣之義也。」《尚書》曰：「肆朕誕以爾東征」，誅弟也。（卷五〈誅伐〉，頁251～252）

君尊臣卑，主從之分確定，「強幹弱枝」乃是在政治上以鞏固領導中心為前提；因此，當諸侯作亂於下，天子必出兵征伐無道之君，以維護國家主權與領土之完整。然而，若天子征伐之諸侯為諸父昆弟之親屬者，在「強幹弱枝」之原則下，延伸出「誅不避親戚」之結論，表現天子「明善善惡惡之義」之政治立場，可知，政治權利猶凌駕血緣親屬關係。

依中央專制之政體，一切政治權利集中於天子一人，天子則將政治權利分散賦予有才德賢能與有血緣關係者，落實為民造福之目的。天子封親屬為諸侯，表現血緣「親親」之義，而天子與諸侯之政治權利，亦是透過血緣關係繼承；即使是與天子無血緣關係之專業官僚，其政治權利亦循血緣關係而轉移。質言之，《白虎通》之政治制度，實與由血緣關係所建立之宗法制度密不可分。

3. 宗法制度

基本上，中國之婚姻制度行一夫一妻制，但是貴族之一夫於一妻之外，亦可納妾。《白虎通》曰：「妻妾者何謂也？妻者，齊也，與夫齊體，自天子下至庶人，其義一也。妾者，接也，以時接見也。」（卷十〈嫁娶〉，頁580）天子以至庶人之配偶只一妻，而士以上之貴族得可納妾；如：「天子諸侯一娶九女。」（頁555）「國君之妻稱之曰夫人何？明當扶進八人，謂八妾也。」（頁579）王者一妻八妾；「卿大夫一妻二妾。」（卷十，頁568）卿與大夫一妻二妾；「士一妻一妾。」（頁569）妻尊而妾賤，妾亡可再納，妻死，則夫不得再娶女以為妻。且妻在法律上具有實質之權利，而妾則否。依宗法制度，妻之

子稱嫡，妾之子稱庶，「妾雖賢，不得爲嫡。」（頁 558）嫡庶身份涇渭分明。
亦唯有妻之嫡長子始有繼承正統之權，稱爲「大宗」。《白虎通》曰：

> 宗者，何謂也？宗者，尊也，爲先祖主者，宗人之所尊也。《禮》曰：
> 「宗人將有事，族人皆侍。」古者所以必有宗，何也？所以長和睦
> 也。大宗能率小宗，小宗能率群弟，通其有無，所以紀理族人者也。
> 宗其爲始祖後者爲大宗，此百世之所宗也。（卷八〈宗族〉，頁 466
> ～467）

「宗」乃是以血緣關係而言，以先祖爲宗，後世之子孫宗之以爲先，故謂之
「宗」。古人立宗之用意，乃是以宗爲正統，依血緣之遠近定其親疏，立大宗
以統率小宗與群弟，以此規範宗族之倫理秩序，並爲後世子孫百世之所宗。
因此，古人乃是以血緣之親疏定親屬之遠近，從而確立宗族間之人際關係。
《白虎通》曰：

> 別子者，自爲其子孫祖，繼別者各自爲宗，所謂小宗有四，大宗有
> 一，凡有五宗，人之親所以備矣。（卷八〈宗族〉，頁 467～468）

妻之嫡長子繼承正統爲「大宗」，其餘嫡子稱別子，別子各別自立爲其子孫之
祖，繼別爲宗；別宗亦以其嫡長子繼承之，依此類推。嫡長子不僅繼承政治
權利，並附帶具有祭祀宗廟之權利義務。「大宗」爲始祖，高祖、曾祖、祖、
父爲「小宗」，大宗有一，小宗有四，此五宗唯嫡長子始有祭祀之權，凡有五
宗以維繫、整齊血緣關係，並且由此確立政治關係及其權利。〔註102〕

《白虎通》曰：

> 或曰：嫡死不更立，明嫡無二，防篡煞也。祭宗廟，攝而已。以禮
> 不聘爲妾，明不升。（卷十〈嫁娶〉，頁 571）

在宗法制度中，一夫娶一妻多妾，於禮妻死不得更立。相對而言，妻尊而妾
卑，且妻具有合法之名份，由妻所生之長男始有繼承權，至於庶子則在無嫡
子繼承之情況下，始有繼承之可能。立嫡長子繼世之目的，在積極方面，乃
爲鞏固政治權利之和平移轉；在消極方面，則在防止妻妾間、或是嫡庶間之
權利鬥爭。《白虎通》曰：

> 篡者何謂也？篡猶奪也，取也。欲言庶奪嫡，孽奪宗，引奪取其

〔註102〕《白虎通》曰：「宗其爲高祖後者，五世而遷者也。故曰：祖遷于上，宗易于
　　　　　下。宗其爲曾祖後者爲曾祖宗，宗其爲祖後者爲祖宗，宗其爲父後者爲父宗，
　　　　　父宗以上至高祖，皆爲小宗，以其轉遷，別于大宗也。」卷八〈宗族〉，頁
　　　　　467～468。

位。《春秋傳》曰：「其言入何？篡詞也。」（卷五〈誅伐〉，頁 265
～266）

天子征伐諸侯與宗族有關之政治問題，其中一項罪名爲「篡」。所謂「篡」，
係指庶子以非法手段奪取嫡子之合法繼承權位，庶子於法、於禮皆不得篡奪
嫡子之位，若有篡事，天子當出兵以征伐無道之人。

　　《白虎通》政治制度之尊卑秩序，乃是以由血緣倫理所建構之宗法制度
爲模擬對象，政治制度之建立與運作，是以宗法制度爲基礎；由血緣親屬關
係所建構之宗法制度，乃是維繫人倫秩序與鞏固政治制度之橋樑。質言之，
宗法制度乃是政治制度之基礎，亦是人倫秩序之原則；宗法制度使政治制度
覆上一層血緣關係，透過血緣親情深化政治結構，使政治制度成爲人倫秩序
之延伸。

（二）禮制與人倫秩序

　　透過宗法制度之運作，使宗族倫理成爲政治制度之基礎，政治制度成爲
血緣關係之延伸。然而，政治制度與血緣關係畢竟分屬不同領域，如何使代
表血緣宗法之父權與政治制度上之君權兩者之異質性合而爲一，乃是《白虎
通》所必須面臨與解決之問題。事實上，《白虎通》不僅要化解政治與血緣
之異質性，甚且爲健全社會上每一份子之群己關係，倡導所謂「三綱六紀」
之說，使繁複多樣之人際關係，化繁爲簡，成爲一切人倫秩序之綱紀，達到
以簡御繁、綱舉目張之效。

1. 三綱六紀

《白虎通》曰：

> 何謂綱紀？綱者，張也；紀者，理也。大者爲綱，小者爲紀，所以
> 張理上下，整齊人道也。人皆懷五常之性，有親愛之心，是以綱紀
> 爲化，若羅網之有紀綱而萬目張也。《詩》云：「亹亹文王，綱紀四
> 方。」（卷八〈三綱六紀〉，頁 442～443）

《白虎通》將人際關係之脈絡類比爲羅網之綱紀，人倫之綱紀若羅網之經緯
線索，以大者爲綱，小者爲紀，人際脈絡如羅網之有組織條理。若將複雜之
人際脈絡約化爲羅網之綱紀，則必能收綱舉目張，簡易之效；而人際脈絡以
綱紀爲化，如羅網之網羅一切人際脈絡，則綱紀必能普遍涵蓋一切群己關係；
且因人皆懷有仁、義、禮、智、信等五常之性，有親愛之心，故以綱紀規範
人倫秩序，必然能達到張理上下，整齊人道之目的。是以綱紀以爲人倫秩序

之典範，則必能收簡易、普遍與必然之效果。

　　為使各別、特殊之人際關係皆能納入一定之常軌，且能簡化複雜之群己
關係，使天下人有可循之典範，《白虎通》倡議「三綱六紀」之說。《白虎
通》曰：

> 三綱者，何謂也？謂君臣、父子、夫婦也。六紀者，謂諸父、兄
> 弟、族人、諸舅、師長、朋友也。故《含文嘉》曰：「君為臣綱，父
> 為子綱，夫為妻綱。」又曰：「敬諸父兄，六紀道行，諸舅有義，族
> 人有序，昆弟有親，師長有尊，朋友有舊。」（卷八〈三綱六紀〉，
> 頁 442）

所謂「三綱」，係指君臣、父子、夫婦三種人際關係；「六紀」則是指諸父、
兄弟、族人、諸舅、師長、朋友六種人際關係。「三綱」與「六紀」兩者屬性
不同，亦不對等。首先，「三綱」是三種相對關係，每一種關係之雙方相互依
存，彼此共生，缺一不可；而「六紀」則是以己為中心，向外推擴之六種不
同對象之群己關係之總稱，故兩者屬性不同。其次，大者為綱，小者為紀，
綱紀有大小、主從之分，綱是本，紀是末，綱是原則綱領，紀則是三綱原則
下所引伸之細目，故兩者不對等。《白虎通》曰：

> 君臣、父子、夫婦，六人也，所以稱三綱何？一陰一陽謂之道，陽
> 得陰而成，陰得陽而序，剛柔相配，故六人為三綱。（卷八〈三綱六
> 紀〉，頁 443）

陰陽是天道運行變化之主因與動力，陰陽雖然是相反而相成之兩種抽象之概
念，但兩者仍是一體之兩面，兩者不僅不能獨立存在，並且必須交互配合，
始能產生作用，所謂「陽得陰而成，陰得陽而序」。「三綱」是由君、臣、父、
子、夫、婦六種身份所組構而成，君臣、父子、夫婦構成三組，每一組相對
之角色分屬陰陽，陰陽相成，剛柔並濟，乃能成就人道之秩序。因此，六人
兩兩成三綱，是人道之倫常規範。然而，《白虎通》引《含文嘉》曰「君為臣
綱，父為子綱，夫為妻綱」，則臣以君為綱，子以父為綱，婦以夫為綱，三綱
中之兩造有主從之分，似乎與「六人為三綱」之宗旨不同。其實，上述兩說
並不矛盾，而是論述之層次不同。《含文嘉》乃是針對實際之君臣、父子、夫
婦關係而言，故三項關係之兩造雙方有主從之分，確立彼此對待之道；而《白
虎通》則是將君臣、父子、夫婦六人相互對待之道，轉化成三種原則，並以
此三原則涵攝一切人際關係，使三綱成為人際脈絡之最高指導原則；事實上，

三綱之中有主從之分，亦是《白虎通》論述人倫秩序之重點。而「六紀」之說，即是在三綱之原則下所衍生出之必然結果。

《白虎通》曰：

> 三綱法天地人，六紀法六合。君臣法天，取象日月，屈信歸功天也；父子法地，取象五行，轉相生也；夫婦法人，取象人合陰陽，有施化端也。六紀者，為三綱之紀者也。師長，君臣之紀也，以其皆成己也。諸父、兄弟，父子之紀也，以其有親恩連也。諸舅、朋友，夫婦之紀也，以其皆有同志為己助也。（卷八〈三綱六紀〉，頁444）

天地萬物之生成變化及其規律莫不以三為準，故天道是三，人道既是天道之一，亦以三為其準則。人道之三綱，法天地人之道：君臣法天，取象日月；父子法地，取象五行；夫婦法人，取象陰陽；歸納而言，人道之三綱即是效法陰陽五行之生成變化之規律。而「六紀」，則是在三綱之下所衍生之群己關係，並以三綱做為群己關係之典範。「師長」，君臣之紀也；「諸父」、「兄弟」，父子之紀也；「諸舅」、「朋友」，夫婦之紀也。至於「族人」一紀，《白虎通》雖未明言繫屬於何綱，然而從三綱之屬性分析，君臣乃指政治關係，父子是血緣關係，而夫婦則是包含姻親、性別等之非政治、血緣所產生之人際脈絡；而「族人」一詞乃是宗族之總稱，〔註103〕既含有父族之血緣關係，又含母族與妻族之姻親關係，繫之於父子，或歸於夫婦，皆有可說。究其實，「六紀」是群己關係之總稱，人際脈絡當不止於六項，故《白虎通》倡「三綱六紀」之說，重點在於確立「三綱」之原則。《白虎通》將複雜之人際關係歸納為三大領域：君為臣綱乃政治倫理、父為子綱乃血緣倫理、夫為妻綱乃性別倫理，並此三綱做為一切人倫秩序之最高指導原則。

2. 君臣──政治倫理

「君臣」乃是相對之稱謂。就天下而言，「君」指天子，而公、卿、大夫及士等中央官僚體系，與公、侯、伯、子、男之地方諸侯，皆得稱「臣」；就地方諸侯國而言，「君」亦可指諸侯，諸侯國內之卿、大夫稱「臣」。《白虎通》

〔註103〕《白虎通》曰「族者，何也？族者，湊也，聚也，謂恩愛相流湊也。上湊高祖，下至元孫，一家有吉，百家聚之，合而為親，生相親愛，死相哀痛，有會聚之道。故謂之族。……父族四，母族三，妻族二。四者謂父之姓為一族也。……一說合言九族者，欲明堯時俱三也。……或言九者，據有交接之恩也。」卷八〈宗族〉，頁472～475。

論君臣之政治倫理，主要指天子與中央官僚、地方諸侯之互動關係。君臣為三綱之首，政治倫理無疑是人倫秩序中首要之課題。《白虎通》曰：

> 君臣者，何謂也？君，群也，群下之所歸心也；臣者，繢堅也，屬志自堅固也。《春秋傳》曰：「君處此，臣請歸也。」（卷八〈三綱六紀〉，頁 445）

君、群，臣、堅，皆疊韻為訓，「君之為言群也。」（卷二〈號〉，頁 59）群臣誓死效忠之對象，故曰君；堅定意志，量職盡才以效忠君王乃其本分，故曰臣。天子受命代天治理天下，為有效治理天下，透過專業分工方式，將治權有限度轉移至群臣之手；同時為鞏固中央集權之政治體制，「強幹弱枝」乃是天子治天下之原則。群臣既授權於君，則應殫精竭慮，誓死效忠其君。因此，君之於臣具有絕對支配之權力，而臣之於君，唯有絕對服從之義務，君尊臣卑之立場鮮明。質言之，君臣關係乃因政治而結合，政治上之位階決定雙方之權利與義務。決定君臣間之權利與義務，乃是政治制度使然，而《白虎通》以陰陽五行學說解釋君臣在政治制度中之角色，使君臣之政治倫理合理化，強化君臣關係之正當性與必然性。

《白虎通》慣用陰陽觀念分析事物之差異，從事物之生成變化而言，陰陽是相反而相成之概念，兩者不分軒輊；但若論事物之等級差異時，則陽尊陰卑之觀念統攝一切倫理秩序，君臣、父子、夫婦之三綱皆一體適用。「火陽君之象也，水陰臣之義也。」（卷四〈五行〉，頁 225）乃取陽之屬性言君，陰之屬性言臣，君陽而尊，臣陰而卑，君臣上下之分立判。《白虎通》曰：

> 帝王者何？號也。號者，功之表也。所以表功明德，號令臣下也。（卷二〈號〉，頁 53）

「帝王」乃天子另一稱號，天子所以又稱帝王，乃在表彰天子之功德，並具有號令臣下之權能。且從五行之觀念釋君臣之關係，《白虎通》曰：

> 帝者，天號；王者，五行之稱也。（卷二〈號〉，頁 54）

> 土所以不名時者，地，土之別名也。比於五行最尊，故不自居部職也。《元命苞》曰：「土無位而道在，故大一不與化，人主不任部職。」（卷四〈五行〉，頁 201）

就五行之相生相勝變化之理，彼此互動不論高下；然而，「土」於五行之中，居中央，有中和之性，「土者最大，苞含物將生者出，將歸者入，不嫌清濁為萬物」。（卷四〈五行〉，頁 202）五行莫貴於土，尊者配天，而金、木、水、

火分屬四時四方，唯有土行不以時名，不分方位，比於五行最尊。天子掌天
下之政權，治權則分派臣下，猶如土行居中央之位，不任部職，唯有天子獨
具「土」之屬性。《白虎通》曰：

> 五行常在，火乍亡何？水太陰也，刑者，故常在。金少陰，木少陽，
> 微氣無變，故亦常在。火太陽精微，人君之象，象尊常藏，猶天子
> 居九重之內，臣下衛之也。藏於木者，依於仁也。（卷四〈五行〉，
> 頁 229）

君雖有土行之屬性，然而就陰陽屬性而言，則君之象是精微之太陽，而臣之
象則是太陰。陽主德而陰主刑，故德歸於君，而臣常在行刑；天子象火之太
陽，深居京師之內，臣下象水之太陰，執行刑法以保衛京師之安全。《白虎
通》曰：

> 地之承天，猶妻之事夫，臣之事君也。其位卑，卑者親視事，故自
> 同於一行，尊於天也。（卷四〈五行〉，頁 198）

天子列土爲疆，張官設府，名爲爲民；中央官僚與地方諸侯，管理中央與地
方之庶務，實乃是爲君服務。統治者尊，聽令者卑，臣之事君猶地之於天、
妻之於夫，地、妻、臣三者同義，皆尊天、夫、君。

　　由陰陽五行觀念說明君臣之政治倫理，確立君尊臣卑之原則，則君臣對
待之道，亦可以陰陽變化之理與天道運行之法則說明之；且君臣既是一種相
對關係，則其取象類比之方式，亦是運用相對之比例原則。《白虎通》曰：

> 君舒臣疾，卑者宜勞，天所以反常行何？以爲陽不動無以行其教，
> 陰不靜無以成其化，雖終日乾乾，亦不離其處也。故《易》曰「終
> 日乾乾」，反覆道也。（卷九〈天地〉，頁 502～503）

尊者宜逸而卑者宜勞，君舒臣疾之原則乃是制度使然；然而，陽主動而陰主
靜，君既取象陽，臣取陰義，則現實之政治制度豈不與理想之天道悖逆？《白
虎通》爲化解理論與實務之衝突，乃將陽之動理解爲君之行其教，陰之靜爲
臣之受君之化，且君子終日乾乾，乃是反覆其道而不離其處，如此不僅維持
陰陽五行理論之完整性，更可以確保君臣政治倫理之正當性。又如：

> 天左旋，日月五星右行何？日月五星，比天爲陰，故右行。右行者，
> 猶臣對君也。《含文嘉》曰：「計日月右行也。」《刑德放》曰：「日
> 月東行。」（卷九〈日月〉，頁 503）

君臣之互動關係，可類比天道之運行，既取象天道，則君類比爲天，群臣爲

日月五星。天與日月五星之運行相反而不離，猶如君為天，大一不與化，不任部職；群臣是日月五星，比天為陰，臣以君為中心，環繞於四週。又如：

> 日行遲，月行疾何？君舒臣勞也。日日行一度，月日行十三度十九
> 分度之七。《感精符》曰：「三綱之義，日為君，月為臣也。」（卷九
> 〈日月〉，頁 504）

若取象日月類比君臣關係，則君為日，而臣為月。日緩月疾，日月運行之速度不一，故在政治倫理上，強調君舒臣疾之原則，亦符合自然法則。總之，《白虎通》論證君臣之政治倫理，時而援引陰陽五行與天人感應之學說，目的不在宣揚其理論學說，而是欲藉其學說，證成君臣之政治倫理之正當性。

雖然中央集權之政治體制，促使天子成為一個至高無上之「絕對體」，形成一種以政治權利劃分階級之制度，君尊臣卑，紀律嚴謹。但是，君臣之間並非只是上對下單向之指揮系統，所謂「君使臣以禮，臣事君以忠」，（卷三〈禮樂〉，頁 114）基於尊重群臣之專業與權利，君王仍須以禮待臣；而臣則量職盡才，對君效忠。況且，君臣之間仍然存在著下對上之溝通管道。《白虎通》曰：

> 諫者何？諫者，閒也，更也。是非相閒，革更其行也。（卷五〈諫諍〉，
> 頁 278）

諫之為言閒也，更也，諫與諍同義。臣子以下犯上，直言規勸君王之過失，從而革更其行，謂之「諫」，或謂之「諍」。臣子依諫言內容與諫言方式有「五諫」：「知禍患之萌，深睹其事，未彰而諷告焉」，曰諷諫；「出詞遜順，不逆君心」，曰順諫；「視君顏色不悅，且卻，悅則復前，以禮進退」，曰闚諫；「指者，質也，質相其事而諫」，曰指諫；「惻隱發於中，直言國之害，勵志忘生，為君不避喪身」，曰陷諫。（卷五〈諫諍〉，頁 279～280）諷諫與指諫，乃是臣子針對弊端事件提出諫言；順諫與闚諫，乃是臣子直言規勸之方式與態度；而陷諫則是臣子基於道德責任，不顧喪身之虞，直指弊端事件。《白虎通》曰：

> 臣所以有諫君之義何？盡忠納誠也。《論語》曰：「愛之能勿勞乎？
> 忠焉能勿誨乎？」（卷五〈諫諍〉，頁 268）

臣子雖唯君之命是從，但若遇君有過失，則必直言規勸，此乃為人臣子對君王應盡之責任與義務，亦是對君王效忠之表現。《白虎通》引《孝經》之文，

大夫以上至天子有諍臣之制，〔註104〕天子並置左輔、右弼、前疑、後承之諫官，分別糾正天子之言行舉止。〔註105〕《白虎通》曰：

> 明王所以立諫諍者，皆爲重民而求己失也。《禮保傅》曰：「于是立
> 進善之旌，懸誹謗之木，建招諫之鼓。」（卷五〈諫諍〉，頁281）

君王提供群臣下對上諫諍之管道，乃是希望透過群臣之諫言，了解行政之得失，進而達到爲民謀福之目的。因此，臣下之諫諍，其消極作用，乃在規勸君王之過失；而積極之目的，乃在增進天下之福祉。群臣既有諫諍之責任與義務，相對而言，君王若有過失，群臣則難辭其咎。《白虎通》曰：

> 所以爲君隱惡何？君至尊，故設輔弼，置諫官，本不當有遺失。《論
> 語》曰：「陳司敗問：『昭公知禮乎？』孔子曰：『知禮。』」此爲君
> 隱也。（卷五〈諫諍〉，頁284）

君王貴爲至尊，既已「立進善之旌，懸誹謗之木，建招諫之鼓」，廣開諫諍之門，且設輔弼，置諫官，以納諫諍之言，理應不當有任何過失；若君王仍有遺失，則爲人臣者亦須分擔君王過失之責任，做法之一，便是爲君隱惡。《白虎通》曰：

> 人臣之義，當掩惡揚美，所以記君過何？各有所緣也。掩惡者，謂
> 廣德宣禮之臣。（卷五〈諫諍〉，頁284）

人臣既有諫諍之責，亦必有爲君掩惡揚美之義務，意即：爲人臣者，當廣播其君之德政，宣揚禮樂教化，弘揚君王之美名，此亦是臣對君之義務。

君臣主從上下之關係非常明確，即使由下對上之諫諍，亦不過是提供君王參考之用，對君王並不構成制約作用。《白虎通》以陰陽屬性而言君臣之取象時，以火之陽象君，以水之陰象臣，但是就五行生勝而言，水勝火，則臣豈不勝君？《白虎通》曰：

> 火陽，君之象也；水陰，臣之義也。臣所以勝其君何？此謂無道之
> 君，故爲眾陰所害，猶紂王也。（卷四〈五行〉，頁225）

〔註104〕《白虎通》曰：「《孝經》曰：『天子有諍臣七人，雖無道不失其天下；諸侯有諍臣五人，雖無道不失其國？大夫有諍臣三人，雖無道不失其家？士有諍友，則身不離於令名？父有諍子，則身不陷於不義。』」卷五〈諫諍〉，頁268～269。

〔註105〕《白虎通》曰：「天子置左輔、右弼、前疑、後承，以順。左輔主脩政，刺不法。右弼主糾，糾周言失傾。前疑主糾度定德經。後承主匡正常，考變失，四弼興道，率主行仁。」卷五〈諫諍〉，頁269～270。

基本上，《白虎通》言君象火，臣象水，乃是就火、水之陰陽屬性而論，並非言君屬五行中之火行；甚至已明言天子屬土行，居中央，不任部職。《白虎通》並未澄清此一問題，反而順此一取象，說明臣所以勝其君之理，使君臣間牢不可破之藩籬，留下一道裂痕。臣所以勝其君之前提，乃在於當無道之君出現時，猶如紂王爲眾陰所害，《白虎通》似乎有意藉此告誡君王，隨時「覺悟其行，欲令悔過，修德深思慮」。

至於「師長」是群己關係中六紀之一，《白虎通》將其隸屬於君臣之綱，曰：「師長，君臣之紀也，以其皆成己也。」就師長之對己而言，師長者，乃教人爲君，教人爲長者，皆以成就己爲職志，故師長屬君臣之紀也，故「師長有尊」也。但是，師長對於己之意義，並非全然只有教育作用；且教育之作用，亦不能使師長適用於君臣之綱。《白虎通》曰：

> 師弟子之道有三。《論語》「朋友自遠方來」，朋友之道也；又曰：「回也，視予猶父也」，父子之道也；以君臣之義教之，君臣之道也。（卷六〈辟雍〉，頁 307～308）

師長之相對關係稱「弟子」，師長與弟子相處之道有三：曰朋友、曰父子、曰君臣，顯然，師生之間雖無血緣關係，但有父子之情；亦因無血緣關係而結合，故可以以朋友相對待；且師生之教授方式乃是由上而下，符合君臣之義，又可以以君臣視之。基於師弟子之道有三，弟子服侍師長亦必遵守三項關係之規定。《白虎通》曰：

> 弟子爲師服者，弟子有君臣、父子、朋友之道也。故生則尊敬而親之，死則哀痛之，恩深義重，故爲之隆服，入則絰，出則否也。《檀弓》曰「昔夫子之喪顏回，若喪子而無服，喪子路亦然。請喪夫子，若喪父而無服」也。（卷十一〈喪服〉，頁 622～623）

因師生之間，具有君臣、父子、朋友之道，師長對弟子之恩情實已超越君臣、父子、朋友之關係，故弟子之待師，「生則尊敬而親之，死則哀痛之」，恩深義重而已矣。《白虎通》將師長歸屬於君臣之紀，固然是師生之道有君臣之義，而君臣之綱又爲三綱之首，以師長歸於君臣之紀並無不妥。但是，從師生關係之發生而言，教育乃是貴族間之事，唯有貴族子弟始有受教育之機會，大凡師長者，大多是具有公職身份之學官博士，其所率領之博士弟子員，皆在學官員額編制之內，故弟子與師長之關係，乃是因政治制度而結合。因此，師生之關係屬於政治倫理之範疇，而君臣之綱統領政治倫理，故《白虎通》

將「師長」歸屬於君臣之紀，乃是合理之事。

　　基本上，君臣關係乃是因政治而結合，政治制度所形成之政治倫理，使君臣成為一種主從對立、上下有別、尊卑分明之倫理關係。政治關係乃是血緣宗族之延伸，而君臣之關係，容或有因血緣而結合，或有因才能、功德而結合，一旦政治關係確立，所謂「尊君卑臣，強幹弱枝」，政治倫理乃是最高原則。甚且，當政治倫理遭遇其他關係干擾時，必要排除其他因素，以維護政治倫理之完整，所謂「誅不避親戚」，「明善善惡惡之義」，政治立場反而凌駕血緣關係之上。政治倫理乃是人倫秩序之一環，但是由政治倫理引伸出君臣關係，卻支配、指導一切人倫秩序，並成為人倫秩序之典範。君臣為三綱之首，而父子、夫婦之倫理關係，亦在君臣所建構之政治倫理上發揮與引伸。

3. 父子——血緣倫理

　　《白虎通》以「三綱」涵攝政治、血緣、性別三大領域；然而，《白虎通》經常將父子、夫婦兩綱類推至君臣之綱紀，甚至以君臣之政治倫理指導其他兩綱，以君臣關係類比為父子關係，如諸侯為天子服喪即是一例。〔註106〕換言之，君臣之政治倫理優先於血緣宗族、姻親性別之關係，政治倫理是一切倫理之典範，且由君臣關係所建立主從、上下、尊卑之秩序，轉化成為統攝一切人倫秩序之原則。父子之血緣倫理，及以下之夫婦性別倫理，其義皆與君臣倫理同調，皆以政治倫理為原則。

　　政治制度是以血緣倫理所建構之宗法制度為基礎，血緣關係是由宗族過渡至政治場域之橋樑。而血緣關係最密切者，莫過於父子，故以父子關係而開展之人倫秩序為三綱之一，統攝由血緣所建構之宗族社會。《白虎通》曰：

> 父子者，何謂也？父者，矩也，以法度教子也；子者，孳也，孳孳無已也。故《孝經》曰：「父有爭，子則身不陷于不義。」（卷八〈三綱六紀〉，頁 445）

「父」者，《說文》曰：「父，巨也，家長率教者。」（頁 116）其義與《白虎通》同，父、巨疊韻為訓，父以法度教子，並以身作則，為子之行為典範；「子」

〔註106〕《白虎通》曰：「諸侯為天子斬衰三年何？普天之下，莫非王土；率土之賓，莫非王臣。臣之於君，猶子之於父，明至尊臣子之義也。《喪服經》曰：「諸侯為天子斬衰三年。」卷十一〈喪服〉，頁 597。

者，《說文》曰：「子，十一月，陽氣動，萬物滋，人以爲偁。」（頁 749）子、
孳亦疊韻爲訓，子謂孳生者，生生不息，猶天生萬物，人亦萬物之一，亦可
稱子。父取教養之義，而子則取孳生之義。《白虎通》言：「父子法地，取象
五行，轉相生也。」謂父子乃有血緣關係，父生子，猶五行「以其轉相生，
故有終始也。木生火，火生土，土生金，金生水」。《白虎通》言：「子順父，
妻順夫，臣順君何法？法地順也。」（卷四〈五行〉，頁 231）子乃父所生，應
如地之順天。因此，從血緣關係而言，子乃父所生，子應以父爲綱常。

　　父子之血緣關係建立「父爲子綱」，子之事父，一如臣之事君，君父與臣
子，其義一也。血緣關係是政治倫理之基礎，政治與血緣之結合，乃是宗法
制度居間協調，促使人倫秩序與政治制度得以順利運作。同時，爲防止血緣
親情干涉，甚至破壞政治制度，奠定唯有嫡系長子始有繼承權利之宗法制度，
以防止妻妾間，甚至兄弟間「篡煞」之奪權糾紛，所謂「國在立大子者，防
篡煞，壓臣子之亂也。」（卷四〈封公侯〉，頁 176）即是此意。「父死子繼」
且以嫡長子爲大宗，是政治權利合於宗法制度，且是權利和平移轉有效方法，
若有因外力干擾此一制度，且非法轉移權利，則臣、子不僅有權利爭取，甚
至有爲君、父報仇之義務。《白虎通》曰：

> 子得爲父報仇者，臣子之於君父，其義一也。忠臣孝子所以不能已，
> 恩義不可奪也。故曰：「父之仇不與共天下，兄弟之仇不與共國，朋
> 友之仇不與同朝，族人之仇不共鄰。」故《春秋傳》曰：「子不復仇
> 非子。」子夏曰：「居兄弟之仇如之何？仕不與共國，銜君命遇之不
> 鬥。」（卷五〈誅伐〉，頁 260～261）

父子有血緣恩義之情存焉，臣子之於君父亦同此義，忠臣與孝子有義務責任
維護彼此恩義於不墜。故凡有奪忠臣孝子之恩義者，臣、子當有復仇之舉。《白
虎通》曰：

> 王者諸侯之子，篡弒其君而立，臣下得誅之者，廣討賊之義也。《春
> 秋傳》曰：「臣弒君，臣不討賊，非臣也。」（卷五〈誅伐〉，頁 255）

君臣之義既同父子，若天子或諸侯被非嫡長子篡弒，則臣下亦有責任討伐篡
弒者，以維護政治制度正常運作；臣若不討篡弒者，未盡君父臣子之義，則
不配稱臣。

　　父子之血緣關係取象五行，以五行轉相生釋父子之相繼承，子爲復仇之
義，亦可在五行相勝之理論得到印證。《白虎通》曰：

木王，火相，土死，金囚，水休。土所以死者，子爲父報仇者也。
（卷四〈五行〉，頁 224）

父死子繼何法？法木終火王也。……子復仇何法？法土勝水，水勝
火也。（卷四〈五行〉，頁 231）

又如：「金生水，水滅火，報其理」，水滅火之理，乃是報金之恩。前已論及，
依五行相生相勝之義，得「凡所生之一行，其所勝之一行必勝其所生」之規
律，《白虎通》稱此爲子爲父報仇也，由此引申出報仇之正當性。子爲父復仇
既取得正當性，而由父子血緣關係所延伸出之兄弟、朋友與族人之倫理關
係，亦有復仇之必要；但是，並非有仇必報，或凡仇必報，所謂「父之仇不
與共天下，兄弟之仇不與共國，朋友之仇不與同朝，族人之仇不共鄰」，復仇
必須根據被殺者與己之關係，以決定與仇人相處之道。而且，並非所有父母
被殺，爲人子者皆有報仇之責任，若父母因非法而見殺，則子不可復仇。《白
虎通》曰：

父母以義見殺，子不復仇者，爲往來不止也。《春秋傳》曰：「父不
受誅，子不復仇，可也。」（卷五〈誅伐〉，頁 262）

若父母因犯罪不義而被殺，雖有父子之親，則子無復仇之藉口，《白虎通》強
調子不復仇之理由，是「往來不止」，避免冤冤相報，無限復仇；其實，此一
理由並不充分，且與父子血緣倫理有矛盾之虞；《白虎通》所以提出子不復仇
之理由，仍然是在提高政治領域之位階，維護政治制度之優先性，以壓制血
緣關係對政治制度所產生之衝擊與挑戰。此外，子不復仇僅限於諸侯以下之
貴族，不含天子之子，因天子乃受命而王，其權位無人能及，其命無人能奪，
故凡弒天子者，臣子皆得而誅之。

　　父子倫理雖爲三綱之一，但仍受限於君臣之綱，故基本上，父子因血緣
所建構之倫理，仍是遵循君臣上下尊卑之道。然而，君臣因政治而結合，故
其倫理建基於道義；而父子因血緣而結合，故其倫理根植於恩情；君臣倫理
統攝政治領域，而父子倫理則涵蓋血緣宗族領域，兩者畢竟不同。諫諍一
事，即是一例。﹝註107﹞臣遇君有過失，必直言規勸，此乃臣對君應盡之責任
與義務，亦是對君效忠之表現，相對於子，以直言規勸父之過失，亦是對父

﹝註107﹞《白虎通》曰：「臣之諫君何法？法金正木也；子之諫父，法火以揉木也。臣
諫君以義，故折正之也；子諫父以恩，故但揉之也，木無毀傷也。待放去，
取法於水火，無金則相離也。」卷五〈諫諍〉，頁 278。

行孝道之表現，臣、子諫君、父之道理一致。但是「臣諫君以義」，「子諫父以恩」，兩者因關係不同而諫諍之初衷互異，且兩者之取象五行亦不同，更重要者，是「臣諫君不從則去」，君不聽臣諫，臣三諫則去；但「親屬臣諫不相去」，（卷四〈五行〉，頁 233）父子之血緣關係不因父不從子諫而消失或改變。《白虎通》曰：

> 子諫父，父不從，不得去者，父子一體而分，無相離之法，猶火去木而滅也。《論語》：「事父母幾諫。」下言「又敬不違」。（卷五〈諫諍〉，頁 277）

父子血緣乃天生人成，兩者血脈相連，畢竟一體，血緣恩義既無相離之法，骨肉親情亦無求去之義，故子諫父而父不從聽，子亦不得去，且依然敬父不違。父子一體是恆常不變，而君臣關係是隨政治制度而調整，此乃父子與君臣之不同處。父子為彼此掩護是最明顯例子。

《白虎通》曰：

> 父為子隱何？法木之藏火也。子為父隱何法？法水逃金也。（卷四〈五行〉，頁 233）

> 君所以不為臣隱何？以為君之與臣，無適無莫，義之與比。為賞一善而眾臣勸，罰一惡而眾臣懼。若為卑隱，為不可殆也。（卷五〈諫諍〉，頁 284）

父子具有血緣關係，故就五行生勝學說，父子彼此掩護乃有學理根據。而君不得為臣隱，是就君臣在政治地位而言，君尊臣卑，君以賞勸，以惡懼，建立制度，若為臣隱，則必破壞體制，嚴重影響君權威信，故不可為。臣雖有為君掩惡揚美之責任，但君不可為臣隱。《白虎通》曰：

> 君不為臣隱，父獨為子隱何？以為父子一體，榮恥相及。故《論語》曰：「父為子隱，子為父隱，直在其中矣。」（卷五〈諫諍〉，頁 285～286）

父子與君臣最大不同，在於父子乃由血緣關係而結合，兩者一體不二，故父子共同承擔榮恥，不分彼此。相較於君臣關係之可變動性，父子血脈相連，則無改變之可能，此理亦可由「贄禮」分判彼此。《白虎通》曰：

> 子見父無贄何？至親也，見無時，故無贄。臣之事君，以義合也。得親供養，故質己之誠，副己之意，故有贄也。（卷八〈瑞贄〉，頁 425～426）

臣以卑見尊時，為表現內心對尊者之至誠，必有物以將其忠誠悃忱為贄，以贄「差其尊卑，以副其意」。子之見父，雖有君臣之禮，但是父子無時不見，且父子血緣至親，彼此具有供養之義務與親恩，故子之見父無贄以為禮，此亦是血緣關係與政治關係有別。

　　至於《白虎通》所以列「諸父」、「兄弟」為「父子之紀」，乃是「以其有親恩連也」。《白虎通》曰：「敬諸父兄」，父之兄曰「伯父」，父之弟曰「仲父」，「諸父」曰「內親」，諸父乃父之昆弟，有旁系血緣；「兄者，況也，況父法也」，（卷八〈三綱六紀〉，頁 450）長兄如父；「諸父諸兄不名。諸父諸兄者親，與己父兄有敵體之義也」，（卷七〈王者不臣〉，頁 386）諸父諸兄所以不名，乃是尊重之意，其與己之父兄皆有血緣關係，有一體之義，故當敬諸父兄如敬父也。而「弟者，悌也，心順行篤也」，（卷八〈三綱六紀〉，頁 450）弟敬兄如父，則弟當心悅臣服於兄。故「諸父」、「兄弟」為「父子之紀」，以父子之綱統諸父、兄弟之紀。

　　《白虎通》以父子關係統攝由血緣所建構之倫理秩序，基本上仍以君臣之政治倫理為準則。至若有兩者產生衝突時，則以政治倫理為優先，其餘在不違背政治倫理之原則下，以血緣之遠近親疏定宗族倫理關係，並以血緣長幼定上下尊卑之序。由父子血緣關係所延伸之宗族倫理，皆以父子關係為綱紀。

4. 夫婦──性別倫理

　　《白虎通》曰：「夫婦法人，取象人合陰陽，有施化端也。」就生化之理而言，陰陽是相反而相成之兩種抽象概念，陰陽所以能產生作用，乃是陰陽交互作用之結果。陰陽生天地萬物，人亦其中之一，「男女總名為人」，人分男女兩類。《白虎通》曰：「男女異長，各自有伯仲，法陰陽各自有終始也」，（卷九〈姓名〉，頁 495）男女雖皆稟陰陽之氣生化而成，但男女各自有擅長處，身心構造畢竟不同，男為陽，女為陰，男女猶陰陽各自有終始。人之所以有男女之分，且男女各有所長，乃是陰陽各自有終始變化不同所形成；甚且男女之結合，亦是循陰陽變化備物成功之理，男女之交成夫婦，乃是人倫之始。故夫婦取象人合陰陽，乃謂夫妻匹偶，重人倫，廣繼嗣，猶天地施化陰陽，陰陽相成生化萬物之義。

　　《白虎通》曰：

　　　人道所以有嫁娶何？以為情性之大，莫若男女，男女之交，人倫之

> 始，莫若夫婦。《易》曰：「天地氤氳，萬物化淳，男女構精，萬物
> 化生。」人承天地施陰陽，故設嫁娶之禮者，重人倫，廣繼嗣也。《禮
> 保傅記》曰：「謹爲子嫁娶，必擇世有仁義者。」（卷十〈嫁娶〉，頁
> 535～536）

氣有陰陽，人分男女，男女之交廣繼嗣，猶如陰陽生化萬物之理，陰陽生天
地萬物，夫婦造人倫之始。男女因情性而結爲夫婦，夫婦是一切人倫之生發
與基礎，故人道設嫁娶之禮，乃爲重人倫，廣繼嗣。

人道設嫁娶之目的，乃爲繁衍後代，嫁娶使夫婦成爲一體，猶如陰陽難
分彼此。《白虎通》曰：

> 妻妾者，何謂也？妻者，齊也，與夫齊體，自天子下至庶人，其義
> 一也。妾者，接也，以時接見也。（卷十〈嫁娶〉，頁580）

自天子以至庶人之配偶通稱「妻」，貴族之妻則稱「婦」。夫得娶一妻多妾，
妻有實質名份，妾僅以時見夫。妻與夫齊體，不分彼此，自天子以至庶人，
皆同其義。《白虎通》曰：

> 夫有惡行，妻不得去者，地無去天之義也。夫雖有惡，不得去也。
> 故《禮郊特牲》曰：「一與之齊，終身不改。」悖逆人倫，殺妻父母，
> 廢絕綱紀，亂之大者也，義絕乃得去也。（卷十〈嫁娶〉，頁 553～
> 554）

夫妻既是一體，不分彼此，更無相去之道理。故即使夫有惡行，妻亦不得棄
夫而去，所謂「一與之齊，終身不改」。唯有當夫悖逆人倫，廢絕綱紀時，夫
婦之恩義盡絕，妻始得求去。夫婦一體之觀念，可由諫諍一事觀察夫婦關係。
《白虎通》曰：

> 妻得諫夫者，夫婦一體，榮恥共之。《詩》云：「相鼠有體，人而無
> 禮，人而無禮，故不遄死？」此妻諫夫之詩也。諫不從，不得去之
> 者，本娶妻非爲諫正也。故一與之齊，終身不改，此地無去天之義
> 也。（卷五〈諫諍〉，頁276～277）

從諫諍之禮而言，夫婦之關係與父子類似。父子因血緣爲一體，榮恥相及，
子諫父，父不從，子不得去；而夫婦因婚姻爲一體，榮恥共之，妻諫夫，夫
不從諫，妻不得去之。夫婦乃爲廣繼嗣而結合，娶妻非爲諫正，諫正非妻之
本職。夫妻固爲一體，妻與夫齊，終身不改，猶如地無去天之義。

然而，由諫諍之禮說明夫婦一體之觀念頗爲悖逆：若夫婦爲一體，夫婦

不分彼此，則夫婦位階應相當或相同；然而諫諍本是由下對上之直言，諫諍之行爲本身充滿上下尊卑之政治性，則夫婦必有主從、上下之分。其實，以陰陽說明男女關係具有雙重意義。就陰陽之作用而言，「一陰一陽謂之道，陽得陰而成，陰得陽而序」，陰陽相輔而相成；但論屬性與倫理，則陽上而尊，陰下而卑之觀念固執。男女結爲夫婦之目的在重人倫，廣繼嗣，兩者缺一不可，故兩者爲一體；但是就男女性別而言，「與夫齊體」是妻依附於夫，男上而尊，女下而卑，夫爲妻綱之性別觀念由來已久。

　　男尊女卑之性別關係，是長久以來之傳統社會價值觀，故婚姻制度與夫婦之主從關係亦以此定調。《白虎通》曰：

　　　　夫婦者，何謂也？夫者，扶也，以道扶接也；婦者，服也，以禮屈
　　　　服也。《昏禮》曰：「夫親脫婦之纓。」《傳》曰：「夫婦判合也。」
　　　　（卷八〈三綱六紀〉，頁 445～446）

古夫多讀如扶，婦、服一音之轉訓。夫婦乃是相對之稱謂，相對於婦而言，夫以道義扶接婦，故曰夫；反之，婦以禮屈服於夫，故曰婦。夫婦關係建立在婚姻制度之上，故夫婦之綱紀，既非出於政治，亦與血緣無關，而是由婚姻制度決定夫婦之倫理，其實質意義，乃是分判男女因性別而有不同社會地位。《白虎通》曰：

　　　　禮男娶女嫁何？陰卑，不得自專，就陽而成之。故《傳》曰：「陽倡
　　　　陰和，男行女隨。」（卷十〈嫁娶〉，頁 536）

　　　　嫁娶者，何謂也？嫁者，家也，婦人外成，以出適人爲家；娶者，
　　　　取也。男女者，何謂也？男者，任也，任功業也；女者，如也，從
　　　　如人也，在家從父母，既嫁從夫，夫歿從子也。《傳》曰「婦人有三
　　　　從之義」焉。夫婦者，何謂也？夫者，扶也，扶以人道者也；婦者，
　　　　服也，服於家事，事人者也。（卷十〈嫁娶〉，頁 580～581）

婚姻嫁娶制度是「男娶女嫁」，女陰乃卑，以出適人爲家，男則取女爲妻。婚姻制度確立夫婦在婚姻關係中之責任與義務，男者以外在功業之任，女則以從如人爲主，服於家事，服侍於人。夫婦之地位與角色非常清楚，婚姻關係決定以男爲主，女爲輔，「男行女隨」，猶如「陽倡陰和」。

　　《白虎通》中之女性，不僅是庶民之妻，貴族之婦亦絲毫無自主權利，終其一生皆服膺於男性權威之下，所謂「在家從父母，既嫁從夫，夫歿從子」之「三從」。長期性別歧視之結果，使男尊女卑之性別不平等視爲理所當然，

女性被「教育」為男性之附庸，女性之主張始終被壓抑，且在社會之中毫無
地位與尊嚴可言，遑論參與政治、經濟等國家重大議題。《白虎通》曰：

> 婦人無爵何？陰卑無外事。是以有三從之義：未嫁從父，既嫁從夫，
> 夫死從子。故夫尊于朝，妻榮于室，隨夫之行。故《禮郊特牲》曰：
> 「婦人無爵，坐以夫之齒。」《禮》曰：「生無爵，死無諡。」《春秋》
> 錄夫人皆有諡，何以知夫人非爵也？《論語》曰：「邦君之妻，君稱
> 之曰夫人，國人稱之曰君夫人。」即令是爵，君稱之與國人稱之，
> 不當異也。（卷一〈爵〉，頁 28～29）

爵位乃是依個人功德而論賞，諡則是依爵位之高下而封賜，婦女有三從之
義，既無外在事功，故無爵位與諡號。夫婦一體，妻隨夫之行，婦人若有所
謂尊榮，而稱曰婦人、夫人或君夫人，係歸功於夫有尊於朝，斷非婦女有功
於國家。

夫婦為三綱之一，由夫婦之關係象徵並決定男女性別之倫理。《白虎通》
以夫婦關係說明性別倫理，且以夫婦綱紀概括除政治、血緣之外之人際關
係，如六紀中之「諸舅」、「朋友」歸屬於夫婦之綱紀。然而，以夫婦之性別
倫理統攝其餘非政治、血緣之人際關係並不相應；但是，面對繁複多樣之人
際關係，無論是六紀，或者三綱，乃是最終簡化之結果，《白虎通》制定人
倫秩序之原則是「以簡馭繁」，建立三綱六紀以網羅人際關係，以達到提綱挈
領之效果，目的在使倫理易知易行；因此，以夫婦一綱涵蓋非政治與血緣之
其他人際關係，乃是一種方便假說。事實上，「諸舅」、「朋友」之紀，與夫
婦之綱仍存有若干關聯性。《白虎通》曰：「諸舅朋友夫婦之紀也，以其皆有
同志為己助也。」「諸舅」係指母之晜弟，或妻之父，〔註108〕皆是因婚姻所附
帶之姻親關係，夫婦既是一體，則夫當與妻一視同仁，凡有父母之尊親者，
皆以此稱報，故曰「諸舅有義」。至於「朋友」之紀，則更符合夫婦一體之
理念。

《白虎通》曰：

> 朋友者，何謂也？朋者，黨也；友者，有也。《禮記》曰：「同門曰
> 朋，同志曰友。」（卷八〈三綱六紀〉，頁 446）

〔註108〕《白虎通》曰：「稱夫之父母謂之舅姑何？尊如父而非父者，舅也；親如母而
非母者，姑也。故稱夫之父母為舅姑也。」卷八〈三綱六紀〉，頁 450。《爾
雅・釋親》曰：「母之晜弟為舅。」卷四，頁 62；又曰：「妻之父為外舅。」
頁 63。

「朋友」乃是一種互稱，指同門同黨，或有志一同之夥伴關係，朋友之間無政治與血緣關聯，其結合係出於道義，以同一志趣爲基礎，故「朋友有舊」乃在強調雙方長期累積之情誼與彼此信賴。《白虎通》曰：

> 朋友之交，近則謗其言，遠則不相訕，一人有善，其心好之；一人有惡，其心痛之。貨則通而不計，共憂患而相救，生不屬，死不托。故《論語》曰：「子路云：『願車馬衣輕裘與朋友共，敝之。』」又曰：「朋友無所歸，生于我乎館，死于我乎殯。」（卷八〈三綱六紀〉，頁 446～447）

朋友既是道義之交，則朋友不僅要相互提攜，彼此共勉，尤其要相互規勸，更要在財貨上互通有無、同甘共苦，彼此休戚與共，所謂「朋友之道有四焉」：「近則正之，遠則稱之，樂則思之，患則死之」。（卷五〈諫諍〉，頁 286～287）《白虎通》曰：「人本接朋結友，爲欲立身揚名也」，（卷五〈諫諍〉，頁 286）其意與夫婦之義相同：夫婦一體，朋友同志；夫婦相互扶服，朋友則助己立身揚名；朋友與夫婦之於己，「以其皆有同志爲己助」也，故朋友關係隸屬於夫婦之綱紀。

朋友因道義而結合，然而，朋友畢竟無政治與血緣關係，朋友之交猶不能超越血緣親情。雖云朋友「貨則通而不計」，且「有通財之義，振窮救急之意」，但是，若有父兄在者，朋友間之財貨往來，僅止於貴族於私相見時所持之贄禮，〔註 109〕其餘皆不得擅自處分財貨，與朋友私相授受。《白虎通》曰：

> 朋友之道，親存不得行者二。不得許友以其身，不得專通財之恩。友飢，則白之于父兄，父兄許之，乃稱父兄與之，不聽則止。故曰：友飢爲之減餐，友寒爲之不重裘。故《論語》曰：「有父兄在，如之何其聞斯行之」也。（卷八〈三綱六紀〉，頁 447）

朋友雖有正、稱、思、死之四道，但是「通財不在其中」；且有父兄在，尤不得「許友以其身」、「專通財之恩」，顯示朋友之交仍有其分際。若有斷糧之友，則必秉告父兄，經過父兄許可，始可以父兄之名饋贈財貨；否則，朋友不得逕行私相授受。

至於「族人」一紀，兼含父族之血緣關係與母族與妻族之姻親關係，既

〔註109〕《白虎通》曰：「朋友之際，五常之道，有通財之義，振窮救急之意，中心好之，欲飲食之，故財幣者，所以副至意焉。」卷八〈瑞贄〉，頁 424。

可繫之於父子，亦可歸於夫婦，然《白虎通》書中則未置可否。雖然，「族人」是宗族之總稱，且與宗族血緣關係較爲密切；〔註110〕但是，基於父子之綱專論直系血緣關係，「諸父」、「兄弟」已繫於此，而夫婦之綱兼含姻親關係與非血緣、政治關係者，故將「族人」之紀繫於夫婦之綱爲宜。

男女因婚姻而成夫妻，夫婦相處之道，反應社會男女因性別而產生差異，且由性別之差異決定男女之社會地位。夫婦之綱紀雖以夫婦關係爲主體架構，但因夫婦本無血緣與政治關係，故《白虎通》遂將無血緣與政治關係之「諸舅」、「朋友」（與「族人」）之紀納入夫婦一綱之中，使夫婦之綱紀統攝凡非血緣與政治之人際關係者，以整齊人倫，建立社會秩序。

總而言之，《白虎通》以君臣之綱統攝政治倫理，概括師長之紀；以父子之綱統攝宗族倫理，概括諸父、兄弟之紀；以夫婦之綱統性別倫理，概括諸舅、朋友（與「族人」）之紀。「三綱六紀」網羅一切人際關係，並以三綱六紀指導一切群己關係，使繁複多樣之人際關係，化繁爲簡，成爲一切人倫秩序之綱紀，達到提綱挈領、綱舉目張之目的。三綱統攝一切人倫秩序，但三綱之間仍有主從之分，即：君臣爲三綱之首，由君臣關係引伸出之政治倫理，支配、指導父子、夫婦之倫理關係，並成爲人倫秩序之典範。質言之，《白虎通》所展現之人倫秩序乃是政治倫理之延伸。

第五節　《白虎通》之禮制性質與白虎觀會議

《後漢書》載章帝建初四年，下詔太常以下會白虎觀，講議《五經》同異，連月乃罷，如西漢孝宣甘露石渠故事，作「白虎議奏」；或曰：顧命史臣，著爲「通義」；或曰作「白虎通德論」，令（班）固撰集其事。《後漢書》雖然詳細記載白虎觀會議之始末，但是對於更重要之會後資料，卻始終未統一其名稱，甚至連資料之卷篇數量亦付之闕如。正因爲如此，後世之史料，每當論述此一資料，便有不同名稱。自元大德本《白虎通》問世之後，不僅資料名稱未能因此而統一，甚至引發不同名稱指涉不同文本之諸多揣測，如莊述祖與孫詒讓便是典型例子。莊述祖考證，「白虎通義」乃「白虎通」之略

〔註110〕《白虎通》曰：「宗者，何謂也？宗者，尊也，爲先祖主者，宗人之所尊也。《禮》曰：『宗人將有事，族人皆侍。』古者所以必有宗何也？所以長和睦也。大宗能率小宗，小宗能率群弟，通其有無，所以紀理族人者也。」卷八〈宗族〉，頁466～467。

本，「白虎通」已亡佚，今本《白虎通》即是「白虎通義」；孫詒讓則是進一步比對石渠閣議奏，以爲白虎觀會議之「議奏」中，專論一經之書已亡佚，僅存雜論《五經》之書，而今之《白虎通》即雜議《五經》之「五經雜議」一書。

誠如《後漢書》對白虎觀會議之緣起所言，由於當時學術界對《五經》之多元詮釋，致使《五經》章句煩多，「章句之徒，破壞大體」，在統一經說之要求下，便有減省《五經》章句之聲浪。如光武中元元年（56）便有因《五經》章句煩多而議欲減省之先聲；至明帝永平元年（58），又有樊鯈奏言欲共正經義，同時使學者有所依循；至建初四年，始有章帝下詔諸儒「講議《五經》同異」，「欲使諸儒共正經義」。就白虎觀會議而言，「《五經》章句煩多」是因，而「講議《五經》同異」之目的便是果；因此，史書所稱之「白虎通」，理應恰如其分反映章帝詔書中所宣示之會議目的。換言之，理想中之「白虎通」，應以石渠閣會議爲藍本，以「講議《五經》同異」爲內容。然而從現存《白虎通》文本，比對史書中所論述之「白虎通」，兩者所呈現之旨趣大相逕庭。

《白虎通》以「問答」之行文方式爲體例，似乎吻合「使五官中郎將魏應承制問，侍中淳于恭奏，帝親稱制臨決」之論述；然而類似這種「問答」之行文方式，並非《白虎通》首創，如《公羊傳》與《穀梁傳》便已充分發揮此一體例。例如：《春秋》隱公元年「春王正月」，《公羊傳·隱公元年》曰：

> 元年者何？君之始年也。春者何？歲之始也。王者孰謂？謂文王也。曷爲先言王而後言正月？王正月也。何言乎王正月？大一統也。公何以不言即位？成公意也。何成乎公之意？公將平國而反之桓。曷爲反之桓？……母貴則子何以貴？子以母貴，母以子貴。（卷一，頁8～11）

《穀梁傳·隱公元年》則曰：

> 雖無事？必舉正月，謹始也。公何以不言即位？成公志也。焉成之？言君之不取爲公也，君之不取爲公何也？將以讓桓也。讓桓也（正）乎？曰不正。春秋成人之美，不成人之惡，隱不正，而（不）成之何也？將以惡桓也。其惡桓何也？……若隱者，可謂輕千乘之國，蹈道則未也。（卷一，頁9～10）

又如：「三月，公及邾儀父盟于蔑」，《公羊傳·隱公元年》曰：

及者何？與也。會、及、暨，皆與也。曷爲或言會，或言及，或言暨？會、猶最也，及、猶汲汲也，暨、猶暨暨也。及，我欲之，暨，不得已也。儀父者何？邾婁之君也。何以名？字也。曷爲稱字？襃之也。曷爲襃之？爲其與公盟也。與公盟者眾矣，曷爲獨襃乎此？因其可襃而襃之。此其爲可襃，奈何？漸進也。昧者何？地期也。（卷一，頁 11～12）

《穀梁傳・隱公元年》則曰：

及者何？内爲志焉爾。儀，字也。父，猶傅也。男子之美稱也。其不言邾子何也？邾之上古微，未爵命於周也。不日，其盟渝也。昧，地名也。（卷一，頁 10）

諸如此類「問答」體例，於《公羊》與《穀梁》二傳之中不勝枚舉，而《公羊傳》比《穀梁傳》更能貫徹此一體例。《白虎通》與《春秋》二傳雖然都以「問答」之方式構成其書，但是，《公羊傳》乃爲詮釋《春秋》之文義爲宗旨，而《白虎通》則是以闡釋名物度數爲目的。

在逐條「問答」之中，《白虎通》慣以「聲訓」方式闡發當時名物度數之內容意義。〔註 111〕羅肇錦（1949～）以爲《白虎通》此種聲訓方式不符合理則學之要求：

在『理則學』上，一般『定義』的寫法是用『謂詞』（predicate）去規定事物的特徵，並劃定其類界，也就是說確定一個概念的內涵，使其意義能簡單的明確的表達出來。但《白虎通》的訓詁符號，通常只是『語義的定義』，而沒有寫出『實質的定義』，或者勉強屬於『實質定義』卻不周延，結果弄得繁瑣不明，這種訓詁符號的法則，頂多只能算是『訓義』，不能稱爲『定義』。〔註 112〕

……理則學上對名詞的界定，常要先下定義（difinition），然後根據定義加以引伸，然而《白虎通》的訓詁符號（解釋方法），是整個解釋只有「概念」（concept）而沒有「定義」。而且在符號的產生時常用的方法是不周延的「對立」（relative）而不用「同一」（identity），

〔註 111〕王力在《中國語言學史》中言：「《春秋繁露》、《白虎通》、《風俗通》以及一些緯書（如《春秋元命苞》）裡面的聲訓更多了，特別是《白虎通》，差不多每章都有聲訓。」（臺北：駱駝出版社，1987 年 7 月），頁 55。

〔註 112〕〈讖緯思想與訓詁符號——以白虎通爲例〉，羅肇錦著，（《臺北師院學報》第 3 期，1990 年 6 月），頁 98。

喜歡用「偶然性」（irregular）而不用「必然性」（certainty），所以整個訓詁內容都支離不通，喻詞的應用也不符合實際的意義，尤其「聲訓」的應用，更是極盡了「比附」的能事，有人說，這種訓話（詁）法是主觀的唯心主義，也就是說，爲了「實用」的目的根本不顧「眞理」。〔註113〕

以現代西方理則學之理論而言，羅肇錦指《白虎通》所應用訓詁符號之謬誤，基本上皆屬合理。如果《白虎通》應用「聲訓」之方法，乃爲求名物度數之「定義」，顯然不符理則學之要求。但是，「聲訓」乃漢代「追究事物之所以得名的眞正解釋」之方法，〔註114〕《白虎通》之著述性質並非字典，故不必以字典之標準要求之，且《白虎通》訓釋名物度數之目的，不在求字面之「定義」，而是求名物制度之意義及其道理。換言之，《白虎通》訓釋字詞之目的，不在窮盡該字詞之「字典意義」，而是有意擷取字詞之部分意義，做爲該字詞在時代環境中之「脈絡意義」。〔註115〕因此，羅肇錦說《白虎通》運用「這種訓詁符號的法則，頂多只能算是『訓義』，不能稱爲『定義』」，恰好顯示出《白虎通》運用訓詁符號之目的。其次，《白虎通》在求名物度數之意義過程中，或利用被訓字詞之形、音、義，類比推演，有時不免牽強附會，但推究其目的，乃爲求其「實用」，就此而言，羅肇錦雖然批評《白虎通》「爲了『實用』的目的根本不顧『眞理』」，不符合現代理則學之要求，反而間接證實《白虎通》以實用爲目的之著述性質。

　　就《白虎通》之篇章結構而言，主要論述之對象，乃是以王者（天子、諸侯）爲核心之政治組織，以及環繞自王者以下至士、大夫之貴族之禮法制度；所論述之範圍，上起天子之爵號，以至嫁娶、喪服之禮儀秩序。儘管《白虎通》所論述之對象與範圍極爲廣泛，但其內容呈現出縝密且具體之組織結

〔註113〕〈讖緯思想與訓詁符號——以白虎通爲例〉，頁97。

〔註114〕《中國語言學史》：「我們知道，語源學（etymology）的原始意義應該是"眞詮學"（希臘語 etymon，眞的；logos，話）。……孟子也用過聲訓，但是講得不多，並且也不是爲了語源學的目的。到了漢代，人們才大量應用了聲訓，而且越來越明顯地尋求"眞詮"，即追究事物之所以得名的眞正解釋。」頁55。

〔註115〕《記號學導論》稱：「一個符號樣型在某一脈絡裡所裝載的那部份意義內容，我們稱爲該符號的脈絡意義（contextual meaning）。……與脈絡意義相對的，就是字典意義（dictionary meaning）。所謂字典意義就是一個符號樣型所可能裝載的所有意義內容。」何秀煌著（臺北：水牛出版社，1993 年 7 月），頁11。

構，此亦反映出《白虎通》並非散漫無目的之雜論，而是具有強烈企圖之長篇鉅構。

夏長樸論及《白虎通》之內容性質言：

> ……從這些大綱及分目（參疏證細目）看來，上自天文，下至地理；陰陽五行災異，及政治社會的制度，教育學術的定規，鉅細靡遺，無所不包，是一部粗具規模的組織法，也是自天子以至於庶人，立身行世的根本。就這一點而言，這部書的出現，象徵著漢帝國成立以來，定思想於一尊的目標實現。〔註 116〕

以篇目觀之，《白虎通》之內容極為廣博，是自天子以至庶人立身行世之根本，同時確立政治與禮法制度，其性質是屬「粗具規模的組織法」。章帝有意運用白虎觀會議之手段，以達到定思想於一尊之目的，故《白虎通》之完成，反映出漢帝國實現其思想統一之目標。針對這點，侯外廬（1903～1987）說得更明確：

> 到了章帝建初四年（公元七十九年）把前漢宣帝、東漢光武的法典和國教更系統化，這就是所謂 "白虎觀奏議" 的歷史意義。〔註 117〕

> 我們認為白虎觀所欽定的奏議，也就是賦予這樣的 "國憲" 以神學的理論根據的讖緯國教化的法典。〔註 118〕

侯外廬將《白虎通》視為西漢宣帝、東漢光武之法典和國教予以系統化之作，並且使書中引述讖緯條文合理化，故《白虎通》成為具有讖緯神學理論根據之法典，而此一作用便是《白虎通》之歷史意義。更重要者，因《白虎通》是「白虎觀所欽定的奏議」，「也就是賦予這樣的 "國憲" 以神學的理論根據的讖緯國教化的法典」，侯外廬不僅說明《白虎通》具有法典性質，更提高至「國憲」地位，可見《白虎通》為漢制作漢典之性質，相當明確。至於《白虎通》中出現之讖緯條文，鍾肇鵬（1925～）進一步引申言：

> 《白虎通義》是皇帝欽定的經學教科書，在漢代具有很高的權威性。

> 《白虎通義》以今文經學為主，但亦兼採古文經說，其中大量徵引讖緯，因為讖緯在當時被尊為「秘經」、「內學」，認為是孔子的心傳，

〔註 116〕夏長樸：《兩漢儒學研究》（臺北：臺灣大學文史叢刊之四十八，1978 年 2 月），頁 36。

〔註 117〕侯外廬：《中國思想通史》（北京：人民出版社，1992 年 10 月），第二卷，頁 224。

〔註 118〕《中國思想通史》，頁 225。

微言大義所在，是儒學的精髓。所以說，讖緯裡吸取了大量的今文

經說，而《白虎通義》裡則吸取了大量的讖緯神學。〔註119〕

因《白虎通》是由皇帝欽定，故「具有很高的權威性」，並具有「經學教科書」
之價值，而白虎觀會議之與會者主要以今文經學家為主，故其中大量徵引今
文學家所喜用之讖緯條文。

任繼愈言：

從形式上看，這套決議雖然只涉及到五經同異中的一些問題，屬于

經學的範圍，不算作國家正式頒布的法典，但是它的內容規定了國

家制度和社會制度的基本原則，確立了各種行為准則，直接為鞏固

統治階級的專政服務，所以它是一種制度化了的思想，起著法典的

作用。〔註120〕

任繼愈認為《白虎通》乃學術會議之決議文，屬于經學範圍，不得做為國家
正式頒布之法典；但書中內容不外國家、社會制度之制定，確立各種行為准
則，其性質與法典之作用無異。任繼愈基於《白虎通》乃是經學會議之討論
結果之前提下，故從形式上看，不承認《白虎通》為國家正式頒布之法典；
但是從《白虎通》之內容而言，卻又肯定《白虎通》具有制度化之思想，其
本身便有法典之作用。因此，以任繼愈之判斷，《白虎通》只能視為經學會議
過渡到國家制度法典之橋樑，為將來之「國憲」鋪路。關於此一見解，林聰
舜（1953～）更進一步解釋：

白虎觀會議的召開，正是與章帝制定「國憲」的熱切企圖心息息相

關。我們可以把《白虎通》的產生，視為章帝制定「國憲」的努力

的一部分，而且就今日的角度來看，《白虎通》的重要性甚至遠超過

本想作為「國憲」的漢禮百五十篇，因為《白虎通》探討的是更為

根源性的經義統一的問題，唯有作為漢帝國指導思想的經義整合成

功了，才能有效論證整個體制的合理性，包括「國憲」的合理性，

也才能企求「永為後世則」。〔註121〕

〔註119〕 鍾肇鵬：《讖緯論略》（臺北：洪葉文化事業，1994 年 9 月），頁 146。

〔註120〕 任繼愈主編：《中國哲學發展史》（北京：人民出版社，1985 年 2 月），頁
474。

〔註121〕 林聰舜：〈帝國意識形態的重建──扮演「國憲」的基礎的《白虎通》思想〉，
發表於中研院社科所主辦「85 年度哲學學門專題計劃研究成果發表會」，單
印本，頁 4。

林聰舜指出，爲有效論證整個漢代體制之合理性，必須先統一經義；反之，唯有經義統一，才能使「國憲」合理化。故《白虎通》乃爲整合經義與制定「國憲」之橋樑，是章帝欲制定「國憲」之手段工具。因此，《白虎通》不僅具有「國憲」性質，而且更能夠提供在往後制憲過程中最重要之指導思想之根源依據。林聰舜所論，一方面確認《白虎通》爲經學會議之結果，畢竟不同於法定制度，應避免與成文法典混淆；但同時顧及《白虎通》內容具有法典性質，並爲《白虎通》成書之緣起與其著述之性質提出合理之說明，因此，《白虎通》便成爲章帝欲制定「國憲」過程中之重要階段，並爲往後之制憲工程提供理論基礎。

依上述學者所論，現存之《白虎通》文本乃東漢章帝詔開白虎觀會議之資料，並肯定《白虎通》內容屬於爲漢制作之成文法典，爲顧及《白虎通》之成書背景，與眞實反映其書內容性質，並試圖化解「講議《五經》同異」之經學會議結果與建立「國憲」之禮法制度間之兩難，因此，《白虎通》成爲東漢時期政治指導學術、學術服務於政治之歷史見證。然究其實，不論從篇目之名義，或是書中問答之內容，以至於由各項問答所構成之性質，在在顯示出：《白虎通》乃是一套具有縝密組織之成文法典，建立東漢禮法制度之企圖十分明顯，此乃無庸置疑；但是，相較於白虎觀會議之緣起，與章帝詔書對該會議之期許，《白虎通》在內容上所呈現之「國憲」性質則顯得突兀。況且，白虎觀會議後四年，建初八年（83）章帝復詔曰：

> 《五經》剖判，去聖彌遠，章句遺辭，乖疑難正，恐先師微言將遂廢絕，非所以重稽古，求道眞也。其令群儒選高才生，受學《左氏》、《穀梁春秋》、《古文尚書》、《毛詩》，以扶微學，廣異義焉。
> 〔註122〕

章帝感歎《五經》之「章句遺辭，乖疑難正」，故令群儒選高才生受《左氏》等古文四書，以扶微學，廣異義。由此詔書所言可以推測，四年前「講議《五經》同異」之白虎觀會議資料，極可能並未集結成冊，公諸於世？即便是有「白虎通」公諸於世，亦顯然未達到「欲使諸儒共正經義，頗令學者得以自助」之預期成效。否則，以統一經說爲目的之「白虎通」，通行四年之後，章帝爲何依然質疑「《五經》剖判，去聖彌遠，章句遺辭，乖疑難正」？而當時太常博士與鴻儒諸生從未曾提及此書？

〔註122〕《後漢書・章帝紀》，卷三，頁145。

　　其實，經學會議之研究成果與國憲法典，兩者並非不相容，講論經義同異問題與建構禮法制度，可以同時並行；換言之，白虎觀會議之結果同時具有之國憲性質，此一論點並非矛盾。然而，問題是：白虎觀會議詔開之目的乃為「講議《五經》同異」，《白虎通》未見其目的，而其具體成果形成國憲法典，亦非章帝詔開會議所宣示之結果，因此，可以說：白虎觀會議詔開之目的與《白虎通》文本之內容兩者不相應。況且，章帝於七年後，元和三年（86）下詔欲刊立朝廷禮憲，隻字未提「白虎通」，故白虎觀會議與所謂「白虎通」，其實與章帝之刊立朝廷禮憲之事無關。故學者宣稱章帝有意透過統一經說之過程，以達到制憲之目的，此說法固然是為化解《白虎通》文本具有禮制性質但無「講議《五經》同異」之會議精神之不相應問題，但卻與事實不符。

　　此外，有學者認為，因為《白虎通》具有統一經義之義意，同時能有效論證政治體制之合理性，故其「國憲」內容當可「永為後世則」。〔註123〕若就一部法典而言，「永為後世則」之企求當屬合理。然而楊終上疏建言之目的在「論定《五經》」，白虎觀會議在楊終上疏之後，《白虎通》具有法典性質斷非楊終上疏之初衷，而會議資料造成「國憲」之結果，亦是楊終始料所未及。且楊終上疏言「宜如石渠故事，永為後世則」，依其疏之語脈而言，所謂「永為後世則」，當是指白虎觀應以西漢宣帝之「博徵群儒，論定《五經》於石渠閣」，以天子之名詔諸儒講議經學同異，且「親稱制臨決」為模仿對象，模仿之目的，在解決「章句之徒，破壞大體」所衍生之經學問題，實與建立「國憲」無直接關聯。

　　「白虎觀會議就是一次統一經義經說的會議。由東漢章帝親自裁決，做出結論。又命令班固將會議結論加以編輯，統一整理為《白虎通義》」，〔註124〕或者說「白虎觀經學會議的直接成果，就是通過章帝的『稱制臨決』，撰定

〔註123〕部分學者常引用「永為後世則」此語，做為《白虎通》之法典意義之註腳，如林聰舜即有此意；又如于首奎言：「《白虎通》下產生在這個時期，它反映了地主階級想以法典形式鞏固其既得利益，使之千秋萬代永恆不變的狂妄企圖。正如楊終建議章帝召開白虎觀會議的奏文所說：『永為後世則』（《後漢書·楊終傳》）。」《兩漢哲學新探》（四川：四川人民出版社，1988 年 4 月），頁179`180。用此語形容《白虎通》之法典意義，並無不妥，不過，此語既出於楊終之疏，其語意當另有所指，非楊終之本意。

〔註124〕《讖緯論略》，頁 146。

了《白虎通》一書」，〔註 125〕類似見解，已是目前學界共識。然而《白虎通》文本內容非關講議《五經》同異問題，面對此一矛盾，不由令人質疑：《白虎通》是否即是《後漢書》所記載之白虎觀會議之產物？事實上，環繞《白虎通》文本之問題，尚不止於此。如前所述，《後漢書》記載白虎觀會議後之資料，未有固定名稱，更遑論記載其卷數與作者，面對此一具有「永爲後世則」之重要資料，史書之記載不免有過於輕忽之嫌？此一現象，是否意味著：終東漢之世，史書中所流傳之所謂「白虎通」，並未公諸於世，甚至尚未撰集成書？

比對史書對「白虎通」之記載與現存之《白虎通》，確實存有許多疑點，如洪業（1893～）即明確質疑《白虎通》爲「僞作」。其所持理由大要有三：

> 固所爲文，見兩漢書中：此外，《文選》、《北堂書鈔》、《藝文類
> 聚》等書，亦頗多徵引。觀其行文氣韻，大不與《白虎通》相類。
> 〔註 126〕

洪業比較班固之行文氣韻與《白虎通》不相類，故「疑其書非班固所撰」。又：

> 《白虎通》鈔襲宋衷之緯注甚多，……宋衷在班固之後，百有餘年，
> 班固何能鈔襲宋衷乎？

> 且一代之經說，往往與其時之典章制度有關，倘《白虎通》足以代
> 表章帝稱制臨決之論，何其又與漢制往往不合耶？〔註 127〕

洪業考證《白虎通》書中鈔襲宋衷之緯注甚多，且書中所涉及之典章制度多與當時漢制不符，故「疑其非章帝所稱制臨決者」。又：

> 推而論之，《白虎通》之背景，乃漢末魏初之背景也。

> 《白虎通》乃綜合其說，其必作於建安十八年之後明矣。夫唯其出
> 如此之晚，所以不僅許慎馬融不能得其書而讀之，且蔡邕鄭玄並不
> 曾舉引也。

> 然而《白虎通》之出，又似在正始六年之前。《南齊書禮志》（卷九
> 上，建元元年，王儉議郊殷之禮）載魏繆襲引「《白虎通》云三王祭

〔註125〕章權才：《兩漢經學史》（臺北：萬卷樓圖書公司，1995 年 5 月），頁 245。
〔註126〕洪業：《《白虎通》引得序》，燕京大學圖書館引得編纂處編，1931 年，頁 2。
〔註127〕《《白虎通》引得序》，頁 6。

天一用夏正所以然者夏正得天之數也」（……）按《魏志》（卷二十
一）〈劉劭傳〉，裴松之注引《文章志》曰「襲字熙伯辟御史大夫府，
歷事魏四世。正始六年，年六十卒。」彼得見《白虎通》而引之，
是《白虎通》之出，最遲不能在彼死後也。〔註128〕

　　《白虎通》既鈔襲宋衷之緯注，並綜合其說，故其必作於建安十八年（213）之
後；而繆襲生前得見《白虎通》，且引用其文句，其作似在正始六年（245）之
前。故「疑其爲三國時作品」。不過，洪業所持之理由，全數遭于首奎反駁。

　　首先，因爲《白虎通》是班固根據白虎觀會議中的五經雜議材料編
寫的，"行文韻氣"當然會與《漢書》中由他本人撰寫的文章、傳
記不同，這是理所當然，根本不能作爲否定《白虎通》是班固編寫
的根據。其次，《白虎通》中所引用的某些資料，是否一定就是宋衷
的《樂緯》注？是否在后漢中期，就絕對沒有這類材料，恐怕還不
能做出這樣的論斷，讖緯迷信早在前漢中、后期就興盛起來，并經
封建統治者大力提倡，得到廣泛傳播。再說，宋衷對《樂緯》的注
釋材料，也肯定不會完全是他本人創造的，而一定要引用前人的一
些資料。參與白虎觀會議者引用這些材料來編寫《五經雜議》，班固
又用《五經雜議》編寫《白虎通》，是很有可能的。第三，《白虎通》
中某些材料與后漢中期的歷史背景不夠一致，可能是因爲古書長期
輾轉傳抄，增益失損，有些材料魚魯互錯，亥豬交差，這可以說是
一種"難免"的"正常"現象。……基于這些理由，可以說，洪業
的懷疑是不能成立的。〔註129〕

　　關於于首奎反駁洪業之懷疑，第一點與第二點之理由尚稱合理。但是，
在第一點論證中，關於《白虎通》行文氣韻不似班固，此一現象固然不能做
爲證明《白虎通》非班固所編寫之理由；反之，此一現象，更不能做爲肯定
《白虎通》是班固編寫之證明。換言之，《白虎通》是否爲班固編寫，就洪業
所提之「行文氣韻」部份，仍須保持懷疑態度。

　　于首奎在反駁洪業第二點中說明：「《白虎通》中所引用的某些資料，是
否一定就是宋衷的《樂緯》注？是否在后漢中期，就絕對沒有這類材料，恐
怕還不能做出這樣的論斷。」此乃合理之懷疑。宋衷之注若非原創，則其注

〔註128〕〈《白虎通》引得序〉，頁8～9。
〔註129〕于首奎：《兩漢哲學新探》，頁227。

必前有所據，故《白虎通》與宋衷之注若有類似之處，只能視爲二書所引出處相同或相似，並不能就此論斷《白虎通》必然引用宋衷之注。至於第二點補充說：「參與白虎觀會議者引用這些材料來編寫《五經雜議》，班固又用《五經雜議》編寫《白虎通》，是很有可能的。」于首奎之說，只是承襲孫詒讓意見（第參章第一節），並未進一步提出有效證據。依孫詒讓所言，白虎觀會議乃仿效石渠閣會議，石渠舊例有「雜議五經之書」，故白虎觀會議之資料中「必亦有」「雜論《五經》」者，而現存之《白虎通》文本，即是白虎觀會議中之「雜論《五經》」之資料。孫詒讓所言，固然解決《白虎通》名稱問題，並且使《白虎通》中「雜論《五經》」之事實得到暫時性之解釋，但也引出更多問題。首先，石渠閣議既在講《五經》同異，考之《漢書·藝文志》，《書》九家內《議奏》四十二篇、《禮》十三家內《議奏》三十八篇、《春秋》二十三家內《議奏》三十九篇、《論語》十二家內《議奏》十八篇、《孝經》十一家內《五經雜議》十八篇，爲何缺漏《易》、《詩》二家「議奏」，卻又有《論語》之《議奏》？若《五經雜議》十八篇屬石渠閣議之「議奏」，爲何未冠以「議奏」之名，卻又列在《孝經》十一家之內？其次，石渠議奏專論一經者僅存《石渠禮論》，而《五經雜議》又已亡佚，孫詒讓豈可用《石渠禮論》之實以證白虎觀會議之無，卻又以《五經雜議》之亡以證《白虎通》之實？若果如此，則《後漢書·儒林列傳》所謂「顧命史臣，著爲通義」，豈不是專指雜論《五經》之《五經雜議》？此說又不可通。換言之，孫詒讓僅以《漢書·藝文志》之存目證明《白虎通》即白虎觀會議之部分資料中之「《五經》通義」者，證據略顯薄弱。

　　而于首奎反駁洪業第三點有關《白虎通》與當時漢制不合之問題，因其立場與孫詒讓一致，而且肯定《白虎通》乃是白虎觀會議之產物，〔註130〕故其回答：「可能是因爲古書長期輾轉傳抄，增益失損，有些材料魚魯互錯，亥豬交差，這可以說是一種『難免』的『正常』現象」，如此理由顯得牽強，更不能做爲解釋《白虎通》與當時漢制不合之合理說明。至於洪業所提「所以不僅許慎馬融不能得其書而讀之，且蔡邕鄭玄並不曾舉引」之問題，〔註131〕于首奎則未正面回應。總之，于首奎反駁洪業之推論，除第二點推翻《白虎

〔註130〕　《兩漢哲學新探》：「我們認爲，孫詒讓之說，是比較合理的。……周、孫、莊氏之說雖然不同，但是，他們卻都一致認爲，《白虎通》是白虎會議的產物。它是由班固撰寫的。」頁225。

〔註131〕　《白虎通》引得序〉，頁9。

通》引用宋衷之《樂緯》注尚稱合理以外，其餘意見多附會於孫詒讓。

　　洪業雖然質疑《白虎通》是三國時代作品，其必作於建安十八年（213）
之後，又似在正始六年（245）之前，然而其結論是：

　　　夫蔡邕之時（初平三年，192，卒）尚有《白虎議奏》，卷數逾百。
　　　倘其後有好事者，用其材料，更撮合經緯注釋，而成《白虎通義》，
　　　殆非難事。玩其文義，不似有意偽托班固，疑更有好事者，附會而
　　　歸之于固，晉宋而後，引者遂多耳。〔註132〕

洪業認爲《白虎通》乃後世好事者運用「白虎議奏」，再加以「撮合經緯注釋」
而成，而更有好事者將《白虎通》作者比附於班固，晉宋以後，遂成爲定論。
故基本上，洪業依然肯定《白虎通》仍白虎觀會議之議奏，只是其中摻雜後
人損益部分材料編纂而成。〔註133〕

　　洪業此一結論，雖然可以片面說明《白虎通》「疑其書非班固所撰」、「疑
其非章帝所稱制臨決者」、「疑其爲三國時作品」，但仍然無法解釋：爲何《後
漢書》及其後世史書記載「白虎通」之名稱、作者及其篇數往往不一？而且
楊終之疏與章帝詔書對白虎觀會議「宜如石渠故事」、「講議《五經》同異」
之指示與目的，明顯與《白虎通》文本不符？凡此諸多環繞於《白虎通》文
本之問題，仍須進一步釐清。

〔註132〕　《《白虎通》引得序》，頁9。
〔註133〕　林麗雪亦有類似見解：「要而言之，白虎通本屬五經雜義之書，每一經說，文
　　　　　意自足，前後行文，不必相屬；又經隋唐兩朝禁絕讖緯，舊入秘書，久爲佚
　　　　　典，舛誤遺漏，乃至增刪改纂，在所難免。」〈有關白虎通的著錄及校勘諸問
　　　　　題〉，《孔孟月刊》第二十五卷第四期（1986年12月），頁34。

第陸章 《白虎通》與石渠閣會議

第一節 石渠閣會議緣起

　　楊終有感於當時章句之學流行，導致經學詮釋系統日益分歧，故上疏章帝「宜如石渠故事，永爲後世則」。所謂「石渠故事」當是指西漢宣帝「博徵群儒，論定《五經》於石渠閣」之故事。「石渠故事」在經學發展過程之中乃是一項創舉，它是由天子下詔群儒集會講議經學，最後由天子親自稱制臨決之會議程序，藉此解決詮釋經學分歧之問題，並尋求經學詮釋分歧之部分，達到最終之共識，以平息日益紛擾之學術傾軋。宣帝之「石渠故事」，不僅擴大經學討論之規模，提高討論之層級，更增添討論成果之權威性。

　　錢穆言：

> 自漢武帝置《五經》博士，說經爲利祿之途，於是說經者日眾，說經者日眾，而經說益詳密，而經之異說亦益歧。經之異說益歧，乃不得不謀整齊以歸一是。於是有宣帝石渠會諸儒論《五經》異同之舉。其不能歸一是者，乃於一經分數家，各立博士。其意實欲永爲定制，使此後說經者限於此諸家，勿再生歧也。[註1]

石渠閣會議之詔開，其目的在使日益嚴重之經說歧異，歸於一是，若有不能統一之說經者，則另分數家，並各立博士，期待藉此一會議之講議結果，確立一經分數家之說以爲定制，往後之說經者亦以此數家之說爲限，終止經說再生歧義。故錢穆之「永爲定制」，當指石渠閣會議之後，凡說經者，必以會

〔註 1〕《兩漢經學今古文平議》，頁 218。

後所立之《五經》數家博士之說爲限，不得逾越各家博士之說。然而宣帝以天子之尊下詔諸儒集會討論經學問題之創舉，乃是暫時性解決經學問題之方法，並無意就此樹立典範；但是，楊終上疏之意，則是不僅建議章帝學習宣帝之方式，以解決當前經學問題，更希望此一方式能夠建立一套固定程序，成爲後世倣效之常模。章帝建初四年詔書所揭示，白虎觀會議之所以詔開，乃是爲解決「《五經》章句煩多，議欲減省」，目的在「欲使諸儒共正經義，頗令學者得以自助」，於是下詔太常以下及諸生、諸儒等，集會白虎觀「講議《五經》同異」，其做法一「如孝宣甘露石渠故事」。

楊終上疏與章帝詔開白虎觀會議之宗旨中，所謂「如石渠故事，永爲後世則」，可以有幾種解讀義意：一，就討論內容而言，石渠閣會議所得結論，可以做爲後世詮釋《五經》之典範。二，就學術之功能而言，後世若對《五經》有疑慮，可以倣效石渠故事，透過天子詔開會議，以討論方式解決紛爭。三，就會議之形式而言，石渠閣會議乃群儒以問答形式討論《五經》同異，其結論由宣帝做最後裁決，此一「上親稱制臨決」之方式，便是後世講議學術之準則。此三義各有偏重，但亦可並行而不悖。夏長樸言：

> ……而開會的形式方面，由一人「承制問」，另一人奏，最後由皇帝「親稱制臨決」，兩次會議幾乎完全相同。這和當初建議召開會議的發起人校書郎楊終所說的「宜如石渠故事，永爲後世則」，也若合符契；足見石渠閣會議的進行方式，已經成爲漢代朝廷的「故事」。〔註2〕

夏長樸所論，即指第三義。白虎觀會議所效法之石渠故事，乃在於石渠故事之會議形式與程序，而楊終上疏之意，亦當如是。並且《後漢書》載「帝親稱制臨決，如孝宣甘露石渠故事」、「肅宗親臨稱制，如石渠故事」，亦特別強調以天子親臨裁決學術爭端之方式，方是白虎觀會議倣效石渠故事之主要內容與目的。

《公羊》與《穀梁》向來是經學辯論之焦點，至甘露元年（B.C. 53），宣帝乃下詔諸儒議殿中平《公羊》、《穀梁》之異同。《後漢書·儒林傳》載：

> 劉向以故諫大夫通達待詔，受《穀梁》，欲令助之。江博士復死，乃

〔註2〕 〈論漢代學術會議與漢代學術發展的關係——以石渠閣會議的召開爲例〉，夏長樸著，《第三屆漢代文學與思想學術研討會論文集》（臺北：政治大學中文系，2000年12月），頁105。

徵周慶、丁姓待詔保宮，使牟授十人。自元康中始講，至甘露元年，
積十餘歲，皆明習。乃召《五經》名儒太子太傅蕭望之等大議殿中，
平《公羊》、《穀梁》同異，各以經處是非。……時望之等十一人各
以經誼對，多從《穀梁》。由是《穀梁》之學大盛。慶、姓皆爲博士。
（卷八十八，頁 3618）

甘露三年（B.C. 51）《漢書・宣帝紀》載：

詔諸儒講《五經》同異，太子太傅蕭望之等平奏其議，上親稱制臨
決焉。乃立梁丘《易》、大小夏侯《尚書》、穀梁《春秋》博士。（卷
八，頁 272）

史稱「石渠閣會議」於焉產生。石渠閣在未央宮之中，其下以礱石爲渠因爲
閣名，乃西漢藏秘書之處。〔註3〕甘露元年之會議目的在「平《公羊》、《穀梁》
同異」，而三年之會議主旨則在「講《五經》同異」，兩者時間不同，目的亦
有分別，看似爲不同時之兩事。不過，錢穆在考「五鳳三年，丙寅」，「（劉）
向年二十五歲，待詔受《穀梁》」時以爲：

按：石渠講論，在甘露三年。據〈儒林傳〉，劉向待詔受《穀梁》時，
乃江公孫爲博士。後江博士卒，徵周慶、丁姓待詔保宮。後石渠議，
慶、姓皆在。江博士之卒，慶、姓之徵，以至於明習，其間需時。自
此下至甘露三年共五歲，向旣以今年春得減死論，疑不久即待詔受
《穀梁》也。清梅毓劉更生年表繫此於石渠講論之年，誤。〔註4〕

且在「甘露三年，庚午」，「向年二十九，與諸儒講《五經》同異同於石渠閣，
復拜爲郎中，給事黃門。遷散騎諫大夫給事中」言：

按：石渠議據〈宣紀〉在甘露三年，此云甘露元年，誤也。〔註5〕

因此，錢穆斷言《漢書・儒林傳》所記甘露元年有誤。夏長樸亦以爲，「《漢
書・宣帝紀》與《漢書・儒林傳》所載應是同一件事，《漢書・儒林傳》的「甘
露元年」，極可能是「甘露三年」之誤」。〔註6〕

然而，劉汝霖在「甘露三年・詔諸儒講五經同異」處考證言：

〔註3〕　《三輔黃圖》曰：「未央宮有石渠閣，蕭何所造，其下礱石爲渠以導，若今御
溝，因爲閣名。所藏入關所得秦之圖籍，又成帝於此藏秘書焉。」頁 11。
〔註4〕　《兩漢經學今古文平議》，〈劉向歆父子年譜〉，頁 23。
〔註5〕　《兩漢經學今古文平議》，〈劉向歆父子年譜〉，頁 24。
〔註6〕　〈論漢代學術會議與漢代學術發展的關係——以石渠閣會議的召開爲例〉，頁
97。

按後人多以平公《公》、《穀》異同及石渠議經之事，混爲一談。因
彼乃元年之事，此乃三年之事，《漢書》記載甚明。蓋宣帝因平
《公》、《穀》之異同，始引起平諸經異同之興趣，遂有石渠大會之
招集，雖有因果之關係，實非一時之事。故《漢書·儒林》《公羊》
家諸人之傳，皆無「論石渠」之文，以元年殿中議訖，此時不復與
會也。〔註7〕

依劉汝霖之意，甘露元年之議，乃在平《公》、《穀》之異同；而甘露三年則
在講《五經》同異，兩者雖有因果關係，但非一時之事。且《公羊》、《穀
梁》兩家在元年辯論之後，便不再參與二年後之石渠閣會議，故《漢書·儒
林傳》中有關《公羊》家諸人之傳，皆無「論石渠」之文。金春峰亦有相同
見解。〔註8〕

　　以上兩造說法，雖各有理據，然雙方皆同意，石渠閣會議開在甘露三
年。（《石渠禮論》亦明載「宣帝甘露三年三月」，詳見於後。）且依《漢書》
所記，〈儒林傳〉言：「乃召《五經》名儒太子太傅蕭望之等大議殿中」，〈宣
帝紀〉言：「詔諸儒講《五經》同異，太子太傅蕭望之等平奏其議」，兩者之
語意脈絡，應同指一事較爲合理；否則，甘露元年召《五經》名儒只爲平
《公羊》、《穀梁》同異，而三年之石渠閣會議詔諸儒講《五經》同異，卻又
獨缺《春秋》家，反倒使人不解。況且，若平《公羊》、《穀梁》同異之事在
元年，而三年之會《公羊》、《穀梁》家皆不與，何以石渠閣會議之後促使
《穀梁》學立博士？亦唯有合併兩事爲一者，石渠閣會後之資料中，有《春
秋·議奏》三十九篇（原注曰：「石渠論」），始能得到合理說明。因此，〈儒
林傳〉載甘露元年，極可能是三年之誤；此一判斷，且可從與會者之記載得
到證成。

　　史稱「石渠故事」，即指宣帝甘露三年，詔諸儒集於長安未央宮殿北之石
渠閣講議《五經》同異，帝親稱制臨決之會議事件。依據史書記載，參與石
渠閣會議者有：

〔註7〕《漢晉學術編年》卷二，頁132。
〔註8〕金春峰言：「石渠閣會議前兩年（甘露元年），宣帝召"五經名儒太子太傅蕭望
之，大議殿中，平《公羊》、《穀梁》同異，各以經處是非"。參加討論的每邊
五人，蕭望之等多從《穀梁》，由是《穀梁》之學大盛。這可以說是石渠閣會
議的前奏。接著就是甘露三年召開的會議。因地點在石渠閣，史稱石渠閣會
議。」《漢代思想史》（北京：中國社會科學出版社，1997年12月），頁323。

《易》家：

施讎，字長卿，沛人。

> 施讎字長卿，沛人也。沛與碭相近，讎爲童子，從田王孫受《易》。
> 後讎徙長陵，田王孫爲博士，復從卒業，與孟喜、梁丘賀並爲門
> 人。……於是賀薦讎：「結髮事師數十年，賀不能及。」詔拜讎爲博
> 士。甘露中與《五經》諸儒雜論同異於石渠閣。(《漢書‧儒林傳》
> 卷八十八，頁3598)

施讎自童子從田王孫學《易》，後田王孫爲博士，與孟喜、梁丘賀同爲田王孫
門人。施讎學《易》有成，梁丘賀稱讚曰：「結髮事師數十年，賀不能及。」
至宣帝時詔拜爲博士，與諸儒雜論同異於石渠閣。

梁丘臨，字長翁，琅邪諸人。

> 梁丘賀字長翁，琅邪諸人也。以能心計，爲武騎。從太中大夫京房
> 受《易》。房者，淄川楊何弟子也。房出爲齊郡太守，鎮賀更事田王
> 孫。……年老終官。傳子臨，亦入說，爲黃門郎。甘露中，奉使問
> 諸儒於石渠。臨學精孰，專行京房法。琅邪王吉通《五經》，聞臨說，
> 善之。時宣帝選高材郎十人從臨講，吉乃使其子郎中駿上疏從臨受
> 《易》。(《漢書‧儒林傳》卷八十八，頁3600～3601)

梁丘臨乃梁丘賀之子，自少傳父業學梁丘《易》，又專行京房之學，爲黃門
郎。時宣帝選高材郎十人學習梁丘臨，王吉善其說，乃使其子郎中王駿從梁
丘臨學《易》。甘露中，梁丘臨奉使問諸儒於石渠閣。

《書》家：

歐陽地餘，字長賓，千乘人。

> 歐陽生字和伯，千乘人也。事伏生，授倪寬。寬又受業孔安國，至
> 御史大夫，自有傳。寬有俊材，初見武帝，語經學。……歐陽、大
> 小夏侯氏學皆出於寬。寬授歐陽生子，世世相傳，至曾孫高子陽，
> 爲博士。高孫地餘長賓以太子中庶子授太子，後爲博士，論石渠。……
> 地餘少子政爲王莽講學大夫。由是《尚書》世有歐陽氏學。(《漢書‧
> 儒林傳》卷八十八，頁3603)

歐陽地餘從祖父歐陽高學《尚書》，宣帝時以太子中庶子教授太子《尚書》，
其後爲博士，與諸儒論議石渠閣。其少子歐陽政爲王莽講學大夫，由是《尚
書》世有歐陽氏學。

林尊，字長賓，濟南人。

> 林尊字長賓，濟南人也。事歐陽高，爲博士，論石渠。後至少府、
> 太子太傅，授平陵平當、梁陳翁生。（《漢書・儒林傳》卷八十八，
> 頁 3604）

林尊事歐陽高學《尚書》，爲博士，與諸儒論議石渠閣。其後官至少府、太子
太傅。

周堪，字少卿，齊人。

> 周堪字少卿，齊人也。與孔霸俱事大夏侯勝。霸爲博士。堪譯官令，
> 論於石渠，經爲最高，後爲太子少傅，……及元帝即位，堪爲祿大
> 夫，與蕭望之並領尚書事，……望之自殺，上愍之，乃擢堪爲光祿
> 勳，語在〈劉向傳〉。（《漢書・儒林傳》卷八十八，頁 3604）

周堪事大夏侯勝學《尚書》，爲譯官令，與諸儒論於石渠閣時，講論經義最
高，後爲太子少傅。及至元帝即位，周堪爲祿大夫，與蕭望之並領尚書事，
其後二人遭石顯所譖，蕭望之自殺，元帝擢周堪爲光祿勳。

張山拊，字長賓，平陵人。

假倉，字子驕，陳留人。

> 張山拊字長賓，平陵人也。事小夏侯建，爲博士，論石渠，至少
> 府。授同縣李尋、鄭寬中少君、山陽張無故子儒、信都秦恭延君、
> 陳留假倉子驕。……倉以謁者論石渠，至膠東相。（《漢書・儒林
> 傳》卷八十八，頁 3605）

張山拊從夏侯建學《尚書》，宣帝時爲博士，與諸侯論於石渠閣。後升至少
府。假倉從張山拊學小夏侯《尚書》，宣帝時以謁者之職與會石渠閣。後任至
膠東相。

《詩》家：

韋玄成，字少翁，魯國鄒人。

> 申公，魯人也。……申公卒以《詩》、《春秋》授，而瑕丘江公盡能
> 傳之，徒眾最盛。及魯許生、免中徐公，皆守于教授。韋賢治《詩》，
> 事大江公及許生，又治《禮》，至丞相。傳子玄成，以淮陽中尉論石
> 渠，後亦至丞相。玄成及兄子賞以《詩》授哀帝，至大司馬車騎將
> 軍，自有傳。（《漢書・儒林傳》卷八十八，頁 3608～3609）

> 韋賢字長孺，魯國鄒人也。……賢四子，……少子玄成，復以明經

歷位至丞相。故鄒魯諺曰：「遺子黃金滿籯，不如一經。」玄成字少翁，以父任爲郎，常侍騎。少好學，修父業，尤謙遜下士。……以明經擢爲諫大夫，遷大河都尉。……初，宣帝寵姬張婕妤男淮陽憲王好政事，……乃召拜玄成爲淮陽中尉。是時王未就國，玄成受詔，與太子太博蕭望之及《五經》諸儒雜論同異於石渠閣，條奏其對。及元帝即位，以玄成爲少府，遷太子太傅，至御史大夫。永光中，代于定國爲丞相。貶黜十年之間，遂繼父相位，封侯故國，榮當世焉。（《漢書・韋賢傳》卷七十三，頁 3101～3113）

韋玄成其父韋賢事大江公及許生治《詩》，又治《禮》。玄成自小修父業，以明經擢爲諫大夫，至宣帝時以淮陽中尉之職，與太子太博蕭望之及《五經》諸儒雜論同異於石渠閣，並條奏其對。至元帝即位，繼任少府、太子太傅、御史大夫、丞相等職，最後封侯於魯國，並曾與兄子賞以《詩》授哀帝。玄成一生仕途可謂順暢，榮耀於世。

　　張長安，字幼君，山陽人。

　　薛廣德，字長卿，沛郡相人。

王式字翁思，東平新桃人也。事免中徐公及許生。……山陽張長安幼君先事式，後東平唐長賓、沛褚少孫亦來事式，問經數篇，……張生、唐生、褚生皆爲博士。張生論石渠，至淮陽中尉。唐生楚太傅。由是《魯詩》有張、唐、褚氏之學。張生兄子游卿爲諫大夫，以《詩》授元帝。其門人琅邪王扶爲泗水中尉，陳留許晏爲博士。由是張家有許氏學。初，薛廣德亦事王式，以博士論石渠，授龔舍。廣德至御史大夫，舍泰山太守，皆有傳。（《漢書・儒林傳》卷八十八，頁 3610～3611）

張長安事王式學《魯詩》，由是有《魯詩》張氏之學，宣帝時爲博士，論於石渠閣後，任淮陽中尉。

薛廣德字長卿，沛郡相人也。以《魯詩》教授楚國，龔勝、舍師事焉。蕭望之爲御史大夫，除廣德爲屬，數與論議，器之，薦廣德經行宜充本朝。爲博士，論石渠，遷諫大夫，代貢禹爲長信少府、御史大夫。

薛廣德亦事王式，以《魯詩》教授楚國。數次與蕭望之論議，且深得其器重，薦於朝廷。宣帝時以博士論於石渠閣，後遷諫大夫，代貢禹爲長信少府、御

史大夫。

《禮》家：

戴聖，字次君，梁人。

聞人通漢，字子方，沛人。

> 孟卿，東海人也。事蕭奮，以授后倉、魯閭丘卿。倉說《禮》數萬
> 言，號曰《后氏曲臺記》，授沛聞人通漢子方、梁戴德延君、戴聖次
> 君、沛慶普孝公。孝公為東平太傅。德號大戴，為信都太傅；聖號
> 小戴，以博士論石渠，至九江太守。由是《禮》有大戴、小戴、慶
> 氏之學。通漢以太子舍人論石渠，至中山中尉。（《漢書·儒林傳》，
> 卷八十八，頁 3615）

戴聖學后倉《禮》，號小戴，由是《禮》小戴之學。宣帝時以博士論於石渠閣，
後至九江太守。聞人通漢與戴聖同受業於后倉《禮》，宣帝時以太子舍人之職
論於石渠閣，後至中山中尉。

　　如前所論，〈儒林傳〉載甘露元年「平《公羊》、《穀梁》同異」之事，極
可能是甘露三年之誤。再考石渠閣與會者之中，史書並未記載蕭望之與會，
而《石渠禮論》有蕭望之之言；此外，〈儒林傳〉亦不載尹更始、劉向同議於
石渠閣，而《禮記·禮運》疏曰：「議郎尹更始、待詔劉更生等議石渠，以為
吉凶不並，瑞災不兼。」〔註9〕故本文將〈儒林傳〉甘露元年「平《公羊》、《穀
梁》同異」之事，視為甘露三年石渠閣會議，而平《公羊》、《穀梁》同異諸
儒之名單，暫列於此。

> 自元康中始講，至甘露元年，積十餘歲，皆明習。乃召《五經》名
> 儒太子太傅蕭望之等大議殿中，平《公羊》、《穀梁》同異，各以經
> 處是非。時《公羊》博士嚴彭祖、侍郎申輓、伊推、宋顯，《穀梁》
> 議郎尹更始、待詔劉向、周慶、丁姓並論。《公羊》家多不見從，願
> 請內侍郎許廣，使者亦並內《穀梁》家中郎王亥，各五人，講三十
> 餘事。望之等十一人各以經誼對，多從《穀梁》。由是《穀梁》之學
> 大盛。慶、姓皆為博士。姓至中山太傅，授楚申章昌曼君，為博
> 士，至長沙太傅，徒眾尤盛。尹更始為諫大夫、長樂戶將，又受《左
> 氏傳》，取其變理合者以為章句，傳子咸及翟方進、琅邪房鳳。咸
> 至大司農，方進丞相，自有傳。（《漢書·儒林傳》，卷八十八，頁

〔註9〕《禮記》卷二十二，頁 437。

3618）

《公羊》家：

嚴彭祖，字公子，東海下邳人。

> 嚴彭祖字公子，東海下邳人也。與顏安樂俱事眭孟。孟弟子百餘人，
> 唯彭祖、安樂為明，質問疑誼，各持所見。孟曰：「《春秋》之意，
> 在二子矣！」孟死，彭祖、安樂各顓門教授。由是《公羊春秋》有
> 顏、嚴之學。（《漢書·儒林傳》，卷八十八，頁 3616）

嚴彭祖與顏安樂俱事眭孟學《公羊春秋》，眭孟弟子百餘人，唯彭祖、安樂最
為明經，質問疑誼，由是《公羊春秋》有嚴氏之學。

申輓、伊推、宋顯、許廣等，其學術未可知。

《穀梁》家：

蕭望之（？～B.C. 48），字長倩，東海蘭陵人。

> 蕭望之字長倩，東海蘭陵人也。徙杜陵。家世以田為業，至望之，
> 好學，治《齊詩》，事同縣后倉且十年。以令詣太常受業，復事同學
> 博士白奇，又從夏侯勝問《論語》、《禮服》。京師諸儒稱述焉。（《漢
> 書·蕭望之傳》，卷七十八，頁 3271）

蕭望之家世本以田為業，因其好學，既治《齊詩》，又事后倉學《禮》且十
年，後以令詣太常受業，又從夏侯勝問《論語》、《禮服》，博學多藝，京師諸
儒稱述。

尹更始

劉向（？～B.C. 6），字子政，本名更生。

> 向字子政，本名更生。年十二，以父德任為輦郎。既冠，以行修飭
> 擢為諫大夫。是時，宣帝循武帝故事，招選名儒俊材置左右。更生
> 以通達能屬文辭，與王襃、張子僑等並進對，獻賦頌凡數十篇。……
> 會初立《穀梁春秋》，徵更生受《穀梁》，講論《五經》於石渠。復
> 拜為郎中給事黃門，遷散騎諫大夫給事中。（《漢書·楚元王傳》，卷
> 三十六，頁 1928～1929）

劉向時宣帝招募人材，劉向因能文屬辭而入選，值宣帝立《穀梁春秋》，乃徵
劉向受《穀梁》，並與諸儒講論《五經》於石渠閣。至成帝即位，更生乃易名
為向，召拜中郎，遷光祿大夫。受詔領校中《五經》祕書，著《洪範五行傳
論》，凡十一篇。

周慶、丁姓、王亥等，其學術未可知。

據史書中可考當時出席者：《詩》家有中尉韋玄成（韋賢之子，瑕丘江公及許生之弟子）、博士張長安（事王式）、薛廣德（事王式）；《書》家有博士歐陽地餘（歐陽高之孫）、博士林尊（歐陽高弟子）、譯官令周堪（事夏侯勝）、博士張山拊（事夏侯建）、謁者假倉（張山拊弟子）；《易》家有博士施讎（從田王孫受業）、黃門郎梁丘臨（梁丘賀之子，爲施讎門生）；《禮》家有戴聖（后蒼弟子）、太子舍人聞人通漢（后蒼弟子）；《公羊》家有博士嚴彭祖（事眭孟）、侍郎申輓、伊推、宋顯、許廣；《穀梁》家有議郎尹更始（事蔡千秋）、及待詔劉向、周慶、丁姓、中郎王亥、太子太傅蕭望之等二十三人。

第二節　石渠閣議奏輯佚及其體例

《漢書・藝文志》著錄石渠閣會議之資料有：

《書・議奏》四十二篇（原注曰：「宣帝時石渠論」）。

《禮・議奏》三十八篇（原注曰：「石渠」）。

《春秋・議奏》三十九篇（原注曰：「石渠論」）。

《論語・議奏》十八篇（原注曰：「石渠論」）。

《五經雜議》十八篇（原注曰：「石渠論」）；共五部一百五十五篇。〔註 10〕「議奏」之中缺《易》、《詩》兩經，且《漢志》將《五經雜議》歸於六藝中之《孝經》類，究竟《五經雜議》之內容是討論《孝經》，或者是《五經雜議》無類可歸，而《漢志》將其暫置於《孝經》類只是一時方便，無法得知。目前雖然無法得知石渠閣會議討論內容全貌，但依唐代杜佑《通典》所輯與清代洪頤煊撰集《石渠禮論》殘存部分佚文，〔註 11〕可窺探石渠閣會議之梗概。

（一）漢石渠禮議曰：「『經云：「宗子孤爲殤」，言孤何也？』聞人通漢曰：『孤者，師傅曰「因殤而見孤也」，男二十冠而不爲殤，亦不爲孤，故因殤而見之。』戴聖曰：『凡爲宗子者，無父乃得爲宗子。然爲人後者，父雖在，得爲宗子。故稱孤。』

〔註10〕《漢書・藝文志》卷三十，頁 1701～1723。

〔註11〕（漢）戴聖撰，（清）洪頤煊撰集：《石渠禮論》（臺北：藝文印書館，《百部叢書集成》，經典集林卷三）。

聖又問通漢曰：『因殤而見孤，冠則不爲孤者，《曲禮》曰「孤
子當室，冠衣不純采」。此孤而言冠，何也？』對曰：『孝子
未曾忘親，有父母無父母衣服輒異。《記》曰「父母存，冠衣
不純素；父母歿，冠衣不純采」，故言孤。言孤者，別衣服
也。』聖又曰：『然則子無父母，年且百歲，猶稱孤不斷，何
也？』通漢對曰：『二十冠而不爲孤；父母之喪，年雖老，猶
稱孤。』」〔註12〕

（二）漢石渠議曰：「『鄉請射告主人，樂不告者，何也？』戴聖曰：
『請射告主人者，賓主俱當射也。夫樂，主所以樂賓也，故
不告於主人也。』」（卷七十七，禮三十七，〈天子諸侯大射鄉
射〉，頁2105）

（三）宣帝甘露三年三月：「黃門侍郎臨奏：『《經》曰鄉射合樂，大
射不，何也？』戴聖曰：『鄉射至而合樂者，質也。大射，人
君之禮，儀多，故不合樂也。』聞人通漢曰：『鄉射合樂者，
人禮也，所以合和百姓也。大射不合樂者，諸侯之禮也。』
韋玄成曰：『鄉射禮所以合樂者，鄉人本無樂，故合樂歲時，
所以合和百姓以同其意也。至諸侯，當有樂，《傳》曰「諸侯
不釋懸」，明用無時也。君臣朝廷固當有之矣，必須合樂而後
合，故不云合樂也。』時公卿以玄成議是。」〔註13〕

（四）石渠禮曰：「『諸侯之大夫爲天子、大夫之臣爲國君服何？』
戴聖對曰：『諸侯之大夫爲天子當總縗，既葬除之。以時接見
於天子，故既葬除之。大夫之臣無接見之義，不當爲國君
也。』聞人通漢對曰：『大夫之臣，陪臣也，未聞其爲國君
也。』又問：『庶人尚有服，大夫臣食祿，反無服，何也？』
聞人通漢對曰：『《記》云「仕於家，出鄉不與士齒」，是庶人
在官也，當從庶人之爲國君三月服。』制曰：『從庶人服是也。』
又問曰：『諸侯大夫以時接見天子，故服。今諸侯大夫臣，亦

〔註12〕　（唐）杜佑撰，王文錦等點校：《通典》（北京：中華書局，1992年6月），卷
七十三，禮三十三，〈繼宗子〉，頁1998。

〔註13〕　同前書。此則條文與上則兩段條文，主要討論鄉射禮樂之問題，《通典》合併
爲一則，不分段。唯條文之中有「宣帝甘露三年三月」一文，本文於此離析
爲二。

有時接見於諸侯不？』聖對曰：『諸侯大夫臣，無接見諸侯義。諸侯有時使臣奉賀，乃非常也，不得爲接見。至於大夫有年，獻於君，君不見，亦非接見也。』侍郎臣臨待詔聞人通漢等皆以爲有接見義。」（卷八十一，禮四十一，〈諸侯之大夫爲天子服議〉，頁2208～2209）

（五）漢石渠議：「聞人通漢問云：『《記》曰：「君赴於他國之君曰不祿，夫人曰寡小君不祿，大夫士或言卒死。」皆不能明。』戴聖對曰：『君死未葬曰不祿，既葬曰薨。』又問：『尸服卒者之上服。士曰不祿，言卒何也？』聖又曰：『夫尸者，所以象神也。其言卒而不言不祿者，通貴賤尸之義也。』通漢對曰：『尸，象神也，故服其服。士曰不祿者，諱辭也。孝子諱死者曰卒。』」（卷八十三，禮四十三，〈初喪〉，頁2244）

（六）漢石渠議：「問：『父卒母嫁，爲之何服？』蕭太傅云：「當服周。爲父後則不服。」韋玄成以爲：『父歿則母無出義，王者不爲無義制禮。若服周，則是子貶母也，故不制服也。』宣帝詔曰：『婦人不養舅姑，不奉祭祀，下不慈子，是自絕也，故聖人不爲制服，明子無出母之義，玄成議是也。』」（卷八十九，禮四十九，〈父卒爲嫁母服〉，頁2455）

（七）石渠禮議：「又問：『夫死，妻稚子幼，與之適人，子後何服？』韋玄成對『與出妻子同服周』，或議以爲子無絕母，應三年。」（卷八十九，禮四十九，〈父卒爲嫁母服〉，頁2455）

（八）漢石渠禮議：「戴聖曰：『大夫在外者，三諫不從而去，君不絕其祿位，使其嫡子奉其宗廟。言長子者，重長子也，承宗廟宜以長子爲文。』蕭太傅曰：『長子者，先祖遺體也。大夫在外，不得親祭，故以重者爲文。』宣帝制曰：『以在故言長子。』」（卷九十，禮五十，〈齊練三月〉，頁2472）

（九）漢石渠禮議：「戴聖對曰：君子子爲庶母慈己者，大夫之嫡妻之子，養於貴妾，大夫不服賤妾，慈己則緦服也。其不言大夫之子而稱君子子者，君子猶大夫。」（卷九十二，禮五十二，〈小功成人服五月〉，頁2504～2505）

（十）漢石渠禮議：「問曰：『大夫降乳母邪？』聞人通漢對曰：『乳母所以不降者，報義之服，故不降也。則始封之君及大夫，皆降乳母。』」（卷九十二，禮五十二，〈緦麻成人服三月〉，頁2512）

（十一）漢石渠議：「大宗無後，族無庶子，己有一嫡子，當絕父祀以後大宗不？戴聖云：『大宗不可絕。言嫡子不爲後者，不得先庶耳。族無庶子，則當絕父以後大宗。』聞人通漢云：『大宗有絕，子不絕其父。』宣帝制曰：『聖議是也。』」（卷九十六，禮五十六，〈總論爲人後議〉，頁2581）

（十二）漢石渠禮議曰：「《經》云大夫之子爲姑姊妹女子子無主後者，爲大夫命婦者，唯子不報何？戴聖以爲：『唯子不報者，言命婦不得降，故以大夫之子爲文。唯子不報者，言猶斷周，不得申其服也。』宣帝制曰：『爲父母周是也。』」（卷九十九，禮五十九，〈爲姑姊妹女子子無主後者服議〉，頁2636）

（十三）漢石渠禮議：「蕭太傅云：『以麻終月數者，以其未葬，除無文節，故不變其服爲稍輕也。已除喪服未葬者，皆至葬反服。庶人爲國君亦如之。』宣帝制曰：『會葬服喪衣是也。』或問蕭太傅：『久而不葬，唯主喪者不除。今則或十年不葬，主喪者除否？』答云：『所謂主喪者，獨謂子耳。雖過期不葬，子義不可以除。』」（卷一百三，禮六十三，〈久喪不葬服議〉，頁2695）

《通典》與《石渠禮論》可考石渠閣議佚文者，有十三則（或合併（二）、（三）兩則，爲十二則）。除此之外，尚有部分佚文。《詩經・既醉》疏曰：

石渠論云：周公祭天，用太公爲尸。（卷十七之二，頁605）

《禮記・王制》正義曰：

石渠論、《白虎通》云：周以后稷文武特七廟。（卷十二，頁241）

《禮記・禮運》疏曰：

議郎尹更始、待詔劉更生等議石渠，以爲吉凶不並，瑞災不兼。今麟爲周亡，天下之異，則不爲瑞，以應孔子至。（卷二十二，頁437）

《後漢書‧輿服志》注曰：

> 石渠論玄冠朝服。戴聖曰：「玄冠，委貌也。朝服布上素下，緇帛
> 帶，素韋韠。」（志三十，頁 3665）

上述經史注疏之中，凡引石渠議奏四則，內容大概不外禮制，並且可能只是引述議奏中之部份資料，故不記發言者之名，亦無法從注疏之中得知討論該議題時之全貌。從現存之石渠議奏輯佚中（《通典》與《石渠禮論》），大致可以歸納出石渠議奏之體例。

基本上，石渠議奏每則條文皆以「問答」方式記錄，而構成「問答」之要素，可分為「問題」、「回答」與「結論」三種。

在「問題」部分，大概可分成二種性質：其一，是「大會問題」；其二，是「與會者問題」。「大會問題」，乃是條文之中凡未具名之「問題」，且皆置於條文之前者，或者在討論過之中加入不具名之「問題」者，均可視為大會所預設之問題，它是大會討論之焦點核心，與會者必要針對此一問題而發言。「與會者問題」，是與會者在討論「大會問題」之過程中，引發出另一問題，由與會者提供出來繼續供大會討論。（如第（一）則戴聖所提之兩問，與第（五）則聞人通漢之兩問。）石渠議奏雖然以「問答」方式記錄，然而，觀察現存之條文中，並非每則條文皆有「大會問題」，如：第（八）、（九）、（十三）則，皆未設「問題」；就此而言，大會之「問題」，似乎不是構成每則條文之必要條件。不過，第（十三）則先有蕭太傅之回答，宣帝之制繼之在後，顯示蕭太傅回答之前，應先有「問題」在前，隨後又「或問」蕭太傅，亦證明「或問」乃是前有所承；第（九）則雖未有「問題」，然而戴聖之回答稱「對曰」，顯示戴聖之回答亦隱含一項「問題」；第（八）則雖僅記戴聖與蕭太傅兩人之回答，最後以宣帝之制做結，可知戴、蕭兩人之回答，亦必有一預設之「問題」。因此，第（八）、（九）、（十三）則雖皆未設前置「問題」，不過，此三則皆各隱含一項預設「問題」，否則，戴聖與蕭太傅之回答，便是無的放矢。至於石渠議奏文本之中此三則未設「大會問題」，是無意之遺漏或有意之省略，則不可知。

在「回答」部分，主要是與會者根據上述之「問題」，發表個人對該問題之意見。議奏中大概多以問題為前導，其後便臚列所有與會者之意見。就「回答」之內容性質而言，它並非是對前項「問題」有任何疑慮，或者價值義意之判斷，意即「問題」本身沒有對或錯之問題；「回答」是對前項「問題」

內容提出一種詮釋，或者說明「問題」之所以如此之理由所在。如前所述，並非每則條文均設有「問題」，（如：（八）、（九）、（十三）則）而是直接條列發言者之名及其發言內容；反觀議奏之中必然至少有一人之「回答」，甚至二人對同一「問題」之不同「回答」，而形成一種近似辯論之對話，因此，「回答」部分乃是構成每則條文之必要條件。且依議奏中可考之人名，參與這場《禮經》討論者，有戴聖、聞人通漢、韋玄成與蕭望之等四人；至於梁丘臨乃「奉使問諸儒於石渠」，負責提問，不參與實際討論；而宣帝「稱制臨決」，亦不在其中。

在引述典籍方面，十三則條文「問答」之中，共有十六「問題」，其中明言引述《禮》經傳為「問題」者有五次；第（一）則「《經》云「宗子孤為殤」、戴聖問引《曲禮》「孤子當室，冠衣不純采」，第（三）則梁丘臨奏引「《經》曰鄉射合樂，……」，第（五）則聞人通漢問引「《記》曰「君赴於他國之君曰不祿，……」第（十二）則「《經》云大夫之子為姑姊妹女子無主後者，……」」條文之中共有二十七次「回答」，「回答」之內容明言引述《禮》之經傳者，不過三次。（第（一）則聞人通漢引《記》，第（三）則韋玄成引《傳》，第（四）則聞人通漢引《記》。）

在「結論」部分，可分成兩種來源：其一，是「天子之制」；其二是「大會共識」。前者是宣帝根據與會者所發表之意見，從中選擇一說做為大會討論之結果，此即所謂「稱制臨決」，是議奏之中最重要部分亦是大會討論最終之仲裁機制。（如：第（四）、（六）、（八）、（十一）、（十二）、（十三）則）而宣帝在詔制之中，若偶有意見表達，亦僅是對其所決定之結論加以補充、附議，並非提出有別於其他學者之意見，更無推翻所有意見之用意。至於後者「大會共識」，是宣帝對發言內容未表示意見時，多數與會者根據發言者之意見，表達傾向支持某說之態度，如：第（二）則「時公卿以玄成議是」、第（四）則「侍郎臣臨待詔聞人通漢等皆以為有接見義」。諸如此類說法，嚴格而言，只能視為暫時性之「大會共識」，尚不足以做為大會結論。況且，在十三則條文之中，並非每條都有上述之「結論」，（如：第（一）、（二）、（五）、（七）、（九）、（十）則）這些未經宣帝制裁回答，又未獲得「大會共識」之條文，議奏只是臚列發言者內容，並未有定論。

基本上，石渠閣議奏皆以「問答」方式記錄，若以「問題」、「回答」與「結論」三種構成要素而言，其體例可分成下列幾種：

一、「問題」、「回答」與「結論」三種皆有。如第（六）則，此例條文
直接提問問題，蕭太傅與韋玄成則分別提出不同意見，最後由宣帝
下詔，以韋玄成之議爲是，並且在詔制之中補充說明韋玄成之應
答。

二、「問題」、「回答」二種。如第（二）則，此例條文僅記大會問題與
戴聖之回答。又如第（一）則，先有大會之問題，聞人通漢與戴聖
相繼發言，雖然後有戴聖兩問與聞人通漢兩答，基本上，仍不脫此
一「問題」、「回答」之架構。

三、「回答」、「結論」二種。如第（八）則，此例條文未記「問題」，有
戴聖與蕭太傅兩人發言，最後有宣帝之「結論」。

四、僅「回答」一種。如第（九）則，此例條文僅記戴聖之發言內容。

構成石渠議奏文本之體例，不外以上四種基本型態，或是以此四種基本
型態隨機組合而成。如第（四）則，先有大會「問題」，戴聖、聞人通漢「回
答」；大會又問，聞人通漢「回答」，宣帝「結論」；大會又問，戴聖「回答」。
（雖梁丘臨與聞人通漢有不同見解，但卻未發言，故不得視爲「回答」），此
例共三問四答一結論。儘管有些討論過程複雜，但議奏條文之構成，亦不外
四種型態組合而成。

至於石渠閣會議之進行概況，夏長樸歸納出四種：

其一是先由提問人提出經書中的疑難問題，分由不同學者就這個問
題發表自己的意見，與會學者彼此交換心得，也順便提出質疑，最
後做出大家都接受的結論……；其二是提問人提出問題後，與會學
者各自陳述意見，最後由大家決定哪一個人的見解最合適……；其
三是提問人提出問題後，學者各自說明一己之見，最後由皇帝提出
個人的看法，決定何人的見解最可接受，何人的見解最妥當……；
其四，也是最後的一種是，問題提出之後，學者分別提出個人的見
解，最後由皇帝裁決……。〔註14〕

夏長樸舉議奏中之第（一）、（三）、（六）、（十一）則爲例，看出其一、二、
三、四等四種會議進行之方式，此是合理之推測，而且四種會議進行方式，
亦大致符合《漢書》對石渠閣會議之論述。現存之議奏殘缺不全，僅從輯佚

〔註14〕〈論漢代學術會議與漢代學術發展的關係〉，頁99。

之有限資料，欲推測會議之全貌並不容易。姑且不論會議如何進行，《漢書》載：「詔諸儒講《五經》同異，太子太傅蕭望之等平奏其議，上親稱制臨決焉」，會議資料之產生順序，理應是諸儒討論《五經》同異，其結果再交由蕭望之等平奏其議，最後由宣帝裁決。現存輯佚條文之中，有些是宣帝之詔制，有些則是並陳發言者內容，而無「大會共識」或者宣帝之制之「結論」，甚至有些條文是無「問」而有「答」。此一現象，顯示現存之議奏文本乃是經過事後彙編整理而成，應非會議當時之實錄。

第三節 《白虎通》文本與石渠議奏比較

石渠閣會議與白虎觀會議，兩會同屬於以天子下詔諸儒參與討論之會議，籍由會議討論之形式以解決學術之紛爭，且白虎觀會議乃是有意倣效石渠閣會議之方式，故「白虎通」在形式上理應與石渠佚文相當。莊述祖考證《白虎通》曰：

> 今所存本凡四十四篇，首於〈爵〉終於〈嫁娶〉，大抵皆引經斷論，卻不載稱制臨決之語。〔註15〕

> ……《論語》、《孝經》、六藝並錄。傳以讖記，援緯證經，自光武以《赤伏符》即位，其後靈台郊祀，皆以讖決之，風尚所趨然也。故是書論郊祀、社稷、靈臺、明堂、封禪，悉䌉括緯候，兼綜圖書，附世主之好，以繩道眞，違失六藝之本，視石渠爲駁矣。夫通義固議奏之略也。〔註16〕

莊述祖雖已發見《白虎通》文本「引經斷論」、「不載稱制臨決之語」，實與章帝詔書旨意不符，亦異於石渠佚文；但只以《白虎通》與石渠佚文有純駁之分，而未進一步說明原因。同時，對於《白虎通》夾述《論語》、《孝經》與六藝並錄，亦未表意見。至於書中雜以「讖記之文」，致使是書「以繩道眞，違失六藝之本」，亦只將此一現象歸咎於世主所好，風尙所趨使然。莊述祖雖然對《白虎通》提出諸多疑點，但從未質疑《白虎通》代表白虎觀會議產物之眞實性。莊述祖固執於《白虎通》代表白虎觀會議產物之眞實性，因此，對於環繞《白虎通》文本之諸多疑點，僅以「通義固議奏之略」做爲解釋《白

〔註15〕 〈白虎通義攷〉，頁2。
〔註16〕 〈白虎通義攷〉，頁7。

虎通》與史書記載不符之答案，輕描淡寫而一筆帶過。

孫詒讓就《白虎通》與石渠議奏之比較關係言：

> 竊謂建初之制，祖述甘露，議奏之作，亦襲石渠，白虎議奏，雖佚
> 其卷帙，體例要可以石渠議奏推也。《漢書·藝文志》《書》九家内
> 議奏四十二篇，……。蓋石渠舊例，有專論一經之書，有雜論五經
> 之書，合則爲一帙，分則爲數家，《禮》、《春秋》、《論語》議奏專論
> 一經者也，其書晉以後獨《禮》家三十八篇存，《五代·志》謂之《石
> 渠禮論》。〔註17〕

孫詒讓考證《白虎通》時，響應莊述祖之論，以爲章帝建初之白虎觀會議既
襲宣帝甘露之石渠閣會議，在形式上，石渠閣會議有專論一經之書，有雜論
《五經》之書之「舊例」，故白虎觀會議亦應有如是之編制。然而蔡邕時之「白
虎議奏」至少百篇以上，今之《白虎通》卷數不過四十四篇，故兩者分屬兩
書，特同出於白虎觀。至於在《白虎通》體例方面，孫詒讓言：

> 白虎講論，既依石渠故事，則其議奏必有專論一經與雜論五經之別。
> 今所傳通議，蓋《白虎義奏》内之《五經雜議》也。諸經議奏既各
> 有專書，雜議之編意在綜括群經，提挈綱領，故不以經爲類而別立
> 篇目。且文義精簡，無問答及稱制臨決之語，與專論一經之議奏體
> 例迥別。〔註18〕

孫詒讓以爲，白虎觀會議既是仿傚石渠閣會議之模式，其會議成果，亦當仿
傚石渠閣編列專論一經與雜議《五經》之議奏形式。故石渠閣會議有《五經
雜議》，白虎觀會議「必亦有」「五經雜議」，而《白虎通》即是由白虎觀會議
之「五經雜議」部分編寫而成，流傳至今；其餘專論一經之議奏均已亡佚。
至於「五經雜議」中無問答論辯者之名及其過程，更無章帝稱制臨決之語，
孫詒讓解釋是：「雜議之編意在綜括群經，提挈綱領」，「且文義精簡」，故其
體例不與專論一經者同。

然而，《漢志》將石渠議奏之《五經雜議》置於《孝經》類，其用心不明，
且《五經雜議》之內容已無從考證，孫詒讓並未說明：爲何雜議之論是「提
挈綱領」、「文義精簡」？且，「提挈綱領」、「文義精簡」之雜議爲何不必問答

〔註17〕孫詒讓：〈白虎通義考〉，《國粹學報》第五年第二冊第五十五期（1909年）（臺
　　　　北：文海出版社，1970年2月），頁2114～2115。

〔註18〕〈白虎通義考〉，頁2115～2116。

論辯及稱制臨決之語？而孫詒讓又如何知道石渠議奏之《五經雜議》無問答論辯及稱制臨決之語？〔註 19〕孫詒讓就《白虎通》之篇數與蔡邕時之「白虎議奏」至少百篇以上之不同而分屬兩書，此乃合理之懷疑；然而孫詒讓逕自以此證明《白虎通》乃「白虎議奏」中「五經雜議」，並以《白虎通》之體例推斷石渠議奏之《五經雜議》，雜議之編意在綜括群經，提挈綱領，故無問答論辯者之名及其過程，及章帝稱制臨決之語；反之，又以石渠議奏之《五經雜議》證明《白虎通》之無問答論辯者之名及其過程，及章帝稱制臨決之語，乃是白虎觀會議仿傚石渠閣會議之結果，孫詒讓以《白虎通》之「實」證石渠議奏《五經雜議》之「虛」，又以其「虛」明《白虎通》之「實」，其說又不可信。至於《白虎通》之禮制內容，與會議「講論《五經》同異」之目的，孫詒讓則未提及。總之，孫詒讓雖與莊述祖考證《白虎通》之路徑不同，但皆肯定《白虎通》為白虎觀會議之產物。

　　且就莊述祖所提之疑點，比較《石渠禮論》與《白虎通》之文本內容，有以下幾點不同：

　　（一）講議《五經》同異：「講議《五經》同異」乃是兩位天子詔開兩會之共同議題與目的。目前有關石渠閣會議之「議奏」大多已亡佚而無從考察，依現存之《石渠禮論》而言，內容以討論《禮》一經為主，辯論大抵專注於經文同異之說，亦只限於講論經義為範圍。《白虎通》之內容則明顯以立建禮制為主，解釋當時名物制度方是本書用心所在，且更有部分條文僅有問題與回答，並非每一條文必然引據典籍以證成其說，故引述《五經》之文句乃淪為注腳。況且《白虎通》在《五經》之外，尚引《論語》、《孝經》、《爾雅》，與「讖記之文」，已超越會議「講議《五經》同異」之範圍與目的。

　　（二）與會者：兩會同屬天子下詔諸儒與會，可考與會者，石渠閣會議有二十三人，白虎觀會議則有十四人。《石渠禮論》每則條文或不記大會問題之發問人，然必明載與會諸儒發問者、發言人之名及其發言內容，並詳細記載與會諸儒間相互論難之過程，若偶有天子之意見參與其間，亦記載之。而《白虎通》文本只有問答內容及其引述經典文句，全書通篇不載發問人、發

〔註 19〕 孫詒讓於文中言：「《五經雜議》雜論《五經》者也。……而石渠論經，劉向校定，或錄其奏於篇首，故誤題其名也。其書未見援引，體例無可考，以意推之，似繫隱括經義，標舉閎旨，不與《禮論》載問答者同。」〈白虎通義考〉，頁 2115。孫氏明知其書不可考，卻以意推之，以為雜議者隱括經義，標舉閎旨，故不載問答者；是否載問答者之體例不能隱括經義、標舉閎旨？

言人之身分姓名，更無從稽核與會諸儒相互答辯之過程。

（三）帝親稱制臨決：兩會最大之特色，乃在於不僅會議由天子下詔所開，其會議研討所得結果上呈天子，最後由天子親自批閱裁決，以爲大會之定論。《石渠禮論》每則條文之結論，輒有天子稱制臨決之詔制，若無天子之詔制，亦有與會諸儒之意見做成共識，此大會共識雖出於與會者之同意，亦當是經過天子所認可。《白虎通》文本每則條文之結論，未見天子詔制之記載，其結論是出於天子稱制臨決或學者共識則不得而知。

（四）問題與討論：兩會之目的乃在使諸儒「講議」《五經》同異之問題，《石渠禮論》與《白虎通》均是以「問答」形式爲其基本體例，似乎吻合「講議」之要求。《石渠禮論》固以問題爲中心，問題或由大會提供，亦可由與會者提出，與會諸儒針對問題提出自己見解，而討論過程之中若有歧出另一問題，亦可由與會者提出一併討論；會議最終之結論，或是宣帝詔制，或是與會諸儒達成共識，皆是由討論過程中產生，且必擇其中一說以爲定論，因此，《石渠禮論》記載可見當時大會之「講議」過程。然而，《白虎通》通例只是一問一答，即便有一問二答之例，亦只是並存二說，並未申論二說之優劣而做一取捨；且《白虎通》所預設之問題，實已隱含結論，無論是論證之內容爲何，或是援引其他經典文句，其結論皆爲闡發此一問題而來，因此，《白虎通》並無類似石渠閣會議之「講議」過程。王四達對此一問題亦有類似看法可供參考。〔註20〕

再從兩會與會者之學術背景比較，亦可突顯《白虎通》可疑之處。據《漢書·儒林傳》中可考石渠閣會議出席者名單之中：《詩》家有韋玄成、張長安、薛廣德；《書》家歐陽地餘、林尊、周堪、張山拊、假倉；《易》家施讎、梁丘臨；《禮》家戴聖、聞人通漢；《公羊》家嚴彭祖、申輓、伊推、宋顯、許廣；《穀梁》家尹更始、劉向、周慶、丁姓、王亥、蕭望之等二十三人。此一名單，不僅包含《五經》，《五經》家皆有人員出席，且出席人員之頭銜包含

〔註20〕 王四達言：「若就現存的《白虎通義》的內容來看，它根本不涉及對《五經》章句的減省，因爲它並沒有針對各經重新進行簡約的注疏，而只是零散地引用經文對國家禮制的有關問題進行斟酌、討論，並由皇帝作出裁決性的解釋。雖然不能說它與經學無關，但經文的引用與其說是爲"正經義"不如說是爲"正禮義"服務的，這與石渠閣會議曾分別作出《書議奏》、《禮議奏》、《春秋議奏》、《論語議奏》、《五經雜議》等是明顯不同的。」〈是"經學"、"法典"還是"禮典"？──關于《白虎通義》性質的辨析〉，《孔子研究》第六期（2001 年），頁 55。

博士、議郎等，完全符合《漢書‧宣帝紀》載甘露三年：「詔諸儒講《五經》同異」之論述。且就《石渠禮論》之記載，論《禮經》之中，除《禮》家戴聖、聞人通漢之外，又有《詩》家之韋玄成、《易》家之梁丘臨、《穀梁》家之蕭望之等，可見諸儒講議《五經》同異，並非專就各人所長而分組討論《五經》，而極可能是每位與會成員均可參與《五經》討論同異。反觀白虎觀會議，同樣是詔諸儒「講議《五經》同異」，可考十四位與會者之中，並無治《易》、《禮》二經之專家，而《白虎通》文本引述《五經》之比例，卻是以引《禮》之經傳近四成最多；若謂這部深具「國憲」、「法典」意味之《白虎通》出於上述十四位非治《禮》專家之手，豈能使人信服？

以《白虎通》與《石渠禮論》之文本形式比較，兩者之表現方式大相逕庭。《石渠禮論》純粹記錄與會者及其發言內容，並載宣帝之詔制，明顯是會議記錄之彙編；《白虎通》則不載與會者之名與章帝之詔制，預設之「問題」呈現禮制法典之完整結構，實不與《石渠禮論》同類。因此，若將《白虎通》視為史書所傳之「白虎通」，則楊終之疏與章帝之詔書中所揭示，冀望白虎觀會議傚效石渠故事，顯然未能如願；且詔開白虎觀會議所欲達到「講議《五經》同異」之目的，亦無法完成。

再就石渠佚文與《白虎通》之思想內容而言，兩者亦存在若干差異。從石渠佚文推論其會議特色，乃知其會議是以講論經義同異問題為主旨，然而，任繼愈批評石渠閣會議之思想言：

> 從這幾個例子來看，石渠閣會議的思想水平不是很高的。第一，討論的盡是一些細枝末節的問題，沒有從維護封建統治的高度提出帶有根本原則性的問題。第二，對論點的論證缺乏邏輯的分析和充分的說理，用的完全是經師解釋章句文義的一套方法。第三，宣帝所作的結論，除了第二例講了一通道理外，其他都是憑借政治權力表示肯定或否定。〔註21〕

其實，任繼愈對石渠閣會議之批評並不相應，不過，此一批評反倒突顯出石渠閣會議之特色。就任繼愈所批評之第一點而言，因為石渠閣之詔開，主要目的在講議《五經》同異問題，討論內容不必然對「封建統治」帶出根本原則性之問題，而會議討論之問題流於細枝末節，乃是無可避免，亦是理所當然。第二點批評，諸儒在講議過程各以經義辯論，答者或據經傳，或以經師

〔註21〕《中國哲學發展史》，頁 463。

解釋章句文義之方式答辯，乃是由此會議之性質決定，若因此辯論過程「缺乏邏輯的分析和充分的說理」，亦屬合理。至於第三點批評，石渠閣會議之結論或由與會多數之共識決定，或由天子稱制臨決，其實，以政治權力裁決學術爭端，雖未必通理，但卻是此會議之特色，同時亦是白虎觀會議極力倣效之「故事」。任繼愈批評石渠佚文「討論的盡是一些細枝末節的問題」、「用的完全是經師解釋章句文義的一套方法」、與「憑借政治權力表示肯定或否定」，如此批評，似乎完全忽略石渠佚文乃是出於會議資料之特性；而要求會議資料須「從維護封建統治的高度提出帶有根本原則性的問題」、與「對論點的論證」具備「邏輯的分析和充分的說理」，顯然與石渠佚文之特性不相應。任繼愈是否以《白虎通》之「思想水平」以衡量石渠佚文，不得而知；不過，任繼愈對於石渠佚文與《白虎通》之批評，明顯有優劣之分，而且批評石渠佚文之三項缺失，均未曾在《白虎通》文本出現。

　　相較於任繼愈對石渠佚文之批評，《白虎通》之價值則普遍受到學者一致肯定。夏長樸說《白虎通》是「鉅細靡遺，無所不包，是一部粗具規模的組織法，也是自天子以至於庶人，立身行世的根本」；侯外廬稱是「把前漢宣帝、東漢光武的法典和國教更系統化」；任繼愈以爲「它是一種制度化了的思想，起著法典的作用」；而林聰舜解釋「《白虎通》探討的是更爲根源性的經義統一的問題，唯有作爲漢帝國指導思想的經義整合成功了，才能有效論證整個體制的合理性」。學者對《白虎通》之評價，大致肯定其內容具有縝密之組織架構。可見石渠佚文與《白虎通》兩者在內容上有相當顯著之差距：因前者著重於講議經義同異之問題，只是會議資料之彙編，無法具備合乎邏輯之分析說理與縝密之組織架構；而後者乃是有計畫建構一套系統組織，故被視爲具有統一經義，且能指導思想之國教法典。

　　誠如楊終之疏與章帝之詔書中所揭示，冀望白虎觀會議倣效石渠故事，而兩會皆以天子下詔諸儒研討學術爭議，其目的在「講議《五經》同異」，會後資料上呈天子「稱制臨決」，由天子就會中討論有爭議之部分做成裁決，或將自己意見加入資料之中，成爲大會結論。石渠佚文皆能反映此一會議背景，而白虎觀會議之程序亦如石渠故事。然而，《白虎通》在形式上既不同於石渠佚文，在內容上又與石渠佚文有明顯差異，若謂《白虎通》乃是有意倣效石渠佚文之作，於理不通；且《白虎通》之內容深具組織架構，斷非零碎資料彙編而成，《白虎通》既無會議講議之跡，更不見天子之詔制，若視《白虎通》

為一種如石渠佚文之會議資料彙編，又不可信。雖然，史書稱白虎觀會議專意倣效石渠閣會議，兩會之緣起與過程如出一轍，然而石渠佚文與《白虎通》，無論就其形式或者內容，兩者之表現卻大相逕庭。《白虎通》之內容，儼然是部設計縝密之禮制法典之書，既無倣效石渠佚文之意，又無會議之形式與性質，因此，《白虎通》與石渠佚文並無承襲痕跡。《白虎通》不僅與石渠佚文不同類，甚且與史書對白虎觀會議之記載亦不相應，

《白虎通》與石渠佚文相異之處，證明《白虎通》並非會議之資料彙編；既釐清《白虎通》之本質非會議資料，則若仍將《白虎通》視為白虎觀會議之產物，乃成一大問題。儘管有學者如莊述祖、孫詒孫等，對此一問題提出解釋，但仍只能解決部分疑點，未能有效解釋環繞在《白虎通》文本之全面性問題；甚至有些解釋反而延伸更多之疑問，治絲益棼。

比較史書對於白虎觀會議之描述與《白虎通》文本，兩者確實存在極大之差異，若假設《白虎通》並非會議之資料彙編，而將《白虎通》從白虎觀會議之論述中抽離，應能合理解釋環繞於《白虎通》文本之諸多問題。若上述假設無誤，則勢必引出另外一個問題，即：現存之《白虎通》文本究竟為何物？本文下一章便針對此一問題，並綜合上述之諸疑點，提出別開生面之論證。

第柒章　《白虎通》與《漢禮》

第一節　漢代禮制與《禮》學

相傳最早制定禮樂者是周公。《左傳·文公十八年》曰：

> 先君周公制周禮曰：則以觀德，德以處事，事以度功，功以食民。
> （卷二十，頁 352）

《禮記·明堂位》亦曰：

> 昔殷紂亂天下，脯鬼侯以饗諸侯。是以周公相武王以伐紂。武王
> 崩，成王幼弱，周公踐天子之位以治天下。六年，朝諸侯於明堂，
> 制禮作樂，頒度量而天下大服。（卷三十一，頁 576）

《左傳》言周公所制之周禮可以觀德、處事、度功與食民，以及《禮記》言
周公踐阼天子之位，於成王六年制禮作樂，朝諸侯於明堂，頒度量等事蹟，
皆與秦漢禮制之功能無異。《史記·周本紀》曰：

> 召公爲保，周公爲師，東伐淮夷，殘奄，遷其君薄姑，成王自奄歸，
> 在宗周，作《多方》，既絀殷命，襲淮夷，歸在豐，作《周官》，興
> 正禮樂，度制于是改，而民和睦，頌聲興。（卷四，頁 133）

周公於成王時作《周官》，《周官》作而禮樂興，度制於是隨禮樂之正而有所
變更。度制隨禮樂而改，禮樂隨《周官》而正，故周公所作之《周官》乃後
世禮制之源頭，而周公則「可以說是中國古代政治思想的開山祖」。〔註 1〕然

〔註 1〕劉澤華言：「周公是周朝制度的制定者。……《周書》中的《大誥》、《康誥》、
《酒誥》、《梓材》、《召誥》、《洛誥》、《多士》、《無逸》、《多方》、《立政》諸

而，楊華考察周公制禮作樂之時間，認爲「周初（周公）不可能實現制禮作樂」，且從古器物學之研究成果爲線索，以爲「禮樂制度的完成當在穆王之世」；〔註2〕並言：

> 周代前期的"制禮作樂"應該是一個過程，而不是某個政治領袖和
> 文化領袖的一次性集成。作爲上層建築的典章制度，它不可能一朝
> 一夕突兀產生，也不可能一朝一夕迅速消亡，它具有相當的獨立性
> 和繼承性，只能是在社會環境和社會需求的作用之下，經過統治者
> 的頒布、實施，又反作用于社會環境，從而影響社會生活。在這個
> 過程中，西周前期的周公、成王、康王、昭王、穆王幾代統治集團
> 都有創制之功。經過相當長時間的積累和修繕，至少到穆王時期禮
> 樂制度已經基本完備定型下來。后代儒家崇拜周制，"法憲文武"，
> 把"制禮作樂"的締造之功托附于周公旦一人身上，顯然有悖于歷
> 史。〔註3〕

一代之禮制，固然不可能一朝一夕突兀產生，亦不可能一朝一夕迅速消亡，周公之「制禮作樂」亦復如此。《史記·孔子世家》曰：「夏禮吾能言之，杞不足徵也；殷禮吾能言之，宋不足徵也。足，則吾能徵之矣。觀殷夏所損益，曰：後雖百世可知也。以一文一質，周監二代，郁郁乎文哉，吾從周。」（卷四十七，頁 1936）孔子言周代之禮制，乃是上承夏殷二代，周代損益夏殷之禮，而成周代郁郁之禮制，故周代之禮制乃是前有所承。至於後世所傳之《周官》（或稱《周禮》）是否即是周公「制禮作樂」之文獻，此一問題，一直未有定論。〔註4〕

　　「周官」一名，最早出現於《史記》，除上述之〈周本紀〉外，在〈封禪書〉中亦有提及：「自得寶鼎，上與公卿諸生議封禪。封禪用希曠絕，莫知其

篇，同周公都有直接的關係，很多學人認爲屬周公之作。這些篇不僅是周的
誥命和政策，同時也是周公對以前歷史所作的總結。在古代政治思想史上，
周公有著特殊的地位，他提出了系統的政治主張和理論，可以說是中國古代
政治思想的開山祖。」劉澤華主編·葛荃副主編：《中國古代政治思想史》（天
津：南開大學出版社，1992 年 6 月），頁 6～7。
〔註 2〕楊華：《先秦禮樂文化》（湖北：湖北教育出版社，1997 年 3 月），頁 60～69。
〔註 3〕《先秦禮樂文化》，頁 68。
〔註 4〕徐復觀言：「我國爲了爭論一部古典眞僞及其內容的價值，經過時間之久，所
費文字之多，但迄今尚無定論的，應首推《周官》一書。」《《周官》成立之
時代及其思想性格》（臺北：臺灣學生書局，1980 年 5 月），頁 1。

儀禮，而群儒采封禪《尙書》、《周官》、《王制》之望祀射牛事」，（卷二十八，頁 1397）此事言武帝封禪一事，其中所言之「周官」，一般相信是《尙書》中之〈周官〉篇，與《漢書》所言之《周官》無關，〔註5〕至平帝元始四年（4），始具稱《周官》。《漢書・王莽傳》曰：

> 是歲，莽奏起明堂、辟雍、靈臺，爲學者築舍萬區，作市、常滿倉，制度甚盛。立《樂經》，益博士員，經各五人。徵天下通一藝教授十一人以上，及有逸《禮》、古《書》、《毛詩》、《周官》、《爾雅》、天文、圖讖、鍾律、月令、兵法、《史篇》文字，通知其意者，皆詣公車。（卷九十九上，頁 4069）

又，元始五年（5）曰：

> 於是公卿大夫、博士、議郎、列侯張純等九百二人皆曰：「聖帝明王招賢勸能，德盛者位高，功大者賞厚。故宗臣有九命上公之尊，則有九錫登等之寵。……謹以《六藝》通義，經文所見，《周官》、《禮記》宜於今者，爲九命之錫。臣請命錫。」奏可。（卷九十九上，頁 4072）

二次所言皆稱《周官》，至居攝三年（8）改稱《周禮》。《漢書・王莽傳》曰：

> 攝皇帝遂開秘府，會群儒，制禮作樂，卒定庶官，茂成天功。聖心周悉，卓爾獨見，發得《周禮》，以明因監，則天稽古，而損益焉，猶仲尼之聞詔，日月之不可階，非聖哲之至，孰能若茲。（卷九十九上，頁 4091）

《漢書》言攝皇帝開秘府而得《周禮》，唯劉歆獨識。劉歆受詔領校秘書，發見古文經籍，遂請求朝廷復立古文經博士之時，並未提及《周官》；至居攝三年始發得《周禮》，由此展發學術之爭論。

唐賈公彥〈序《周禮》廢興〉曰：

> 然則，《周禮》起於成帝劉歆，而成于鄭玄，附離之者大半。故林孝存以爲武帝知《周官》末世瀆亂不驗之書，故作十論七難以排棄之。

〔註5〕如侯家駒著《周禮研究》言：「按〔尙書〕「舜」曾記虞舜巡狩、柴望秩等事，而與「封禪書」前段所載舜之故事吻合；〔禮記〕「王制」篇，亦記巡狩事，並云「天子祭天地」、「天子祭天下名山大川」，還說「天子社稷皆太牢」、「祭天地之牛角繭栗」；此「周官」疑爲〔尙書〕中的周官篇，但現存〔尙書〕之古文「周官」篇，全與封禪無關。」頁7。

何休亦以爲六國陰謀之書。唯有鄭玄遍覽群經，知《周禮》者乃周

公致太平之跡，故能荅林碩之論難，使《周禮》義得條通。〔註6〕

賈公彥言《周禮》一書，自劉歆而興起，至鄭玄爲之作注，以爲是書「乃周公致太平之跡」，此後附會者大半；但林孝存以爲武帝知《周官》爲「末世瀆亂不驗之書」，何休亦以爲是書乃「六國陰謀之書」；可知此書之眞實來源，在當時便已引發不同見解。時至近代，學界對《周官》一書之來歷見解益見分歧，其中又以康有爲之說最具代表性。

康有爲（1858～1927）《新學僞經考》開宗明義曰：

吾爲《僞經考》，凡十四篇，敍其目而繫之辭曰：始作僞，亂聖制者，
自劉歆，布行僞經，篡孔統者，成於鄭玄。閱二千歲月日時之綿曖，
聚百千萬億衿纓之問學，統二十朝王者禮樂制度之崇嚴，咸奉僞經
爲聖法，誦讀尊信，奉持施行。違者以非聖無法論，亦無一人敢違
者，亦無一人敢疑者。於是奪孔子之經以興周公，而抑孔子爲傳，
於是掃孔子改制之聖法，而目爲斷爛朝報，六經顚倒，亂於非種，
聖制埋瘞，淪於霧霧，天地反常，日月變色，以孔子天命大聖，歲
載四百，地猶中夏，蒙難遘閔，乃至此極，豈不異哉！〔註7〕

至《周官經》六篇，則自西漢前未之見。《史記·儒林傳》〈河間獻
王傳〉無之其說，與《公》《穀》《孟子》《王制》今文博士皆相反。
〈莽傳〉所謂：「發得《周禮》，以明因監」，故與莽所更法立制略同，
蓋劉歆所僞撰也。歆欲附成莽業，而爲此書，其僞群經，乃以證《周
官》者，故歆之僞學，此書爲首。〔註8〕

康有爲認爲，不僅是《周官》，甚至是劉歆所發見之古文經，皆劉歆僞造而成；繼之鄭玄爲古文經作注，使古文經得廣傳於後世，並與今文經同屬孔門正統。而《周官》一書，乃是劉歆爲粉飾王莽篡漢之行爲，並使新莽大業合理化而僞造，至於僞作其他古文經，則是用以證成《周官》之眞實性，故《周官》是劉歆僞學群經之首。康有爲之說極具爭議，同時亦引發不少回響。錢穆〈劉向歆父子年譜〉便是針對康說而來，文中列舉二十八條康說不通之

〔註6〕〈序《周禮》廢興〉，附於《周禮》，頁9。
〔註7〕清·康有爲撰：《新學僞經考》，收錄在蔣貴麟主編：《康南海先生遺著彙刊》
（一）（臺北：宏業書局，1976年9月），頁2。
〔註8〕《新學僞經考》，頁64。

處，〔註9〕並於〈周官著作時代考〉一文，得出結論言：

> 《周官》自劉歆、王莽時，眾儒已「共排以非是」。其後雖有少許學
> 者信崇，終不免爲一部古今公認的僞書。然謂其書乃劉歆僞造，則
> 與謂其書出周公制作，同一無根。……何休曾説：「《周官》乃六國
> 陰謀之書。」據今考論，與其謂《周官》乃周公所著，或劉歆僞造，
> 均不如何氏之説遙爲近情。

錢穆否定《周官》係出於劉歆僞造，亦不承認是周公所著，而是接近何休
言「《周官》乃六國陰謀之書」之論，認定《周官》乃是戰國晚期之作品。
〔註10〕而錢穆以上兩文之結論，似乎比較爲現代學者所接受。〔註11〕不過，
有關《周官》作者之討論，至今餘波依舊蕩漾。如徐復觀仍然堅持其《周官》
係王莽草創，劉歆繼之整理成書之推測；〔註12〕侯家駒在徐復觀立論之後，
以爲「〔周禮〕並非全部僞造，乃是劉歆根據武帝時所獲〔周官〕，予以損益
而成」，〔註13〕凡此皆可視爲康有爲學説之遺言墜緒。

〔註 9〕 《兩漢經學今古文平議》「劉向歆父子年譜自序」言：「然治經學者猶必信今
　　　　文，疑古文，則以古文爭立自劉歆，推行自王莽，莽、歆爲人賤厭，謂歆僞
　　　　諸經以媚莽助篡，人易信取，不復察也。南海康氏《新學僞經考》持其説最
　　　　備，余詳按之皆虛。要而述之，其不可通者二十有八端。……余讀康氏書，
　　　　深疾其牴牾，欲爲疏通證明，因先編〈劉向歆父子年譜〉，著其實事。實事既
　　　　列，虛説自消。」，頁1～7。

〔註 10〕 黃沛榮在〈論周禮職方氏之著成時代〉一文，從《周禮》「夏官職方氏之著
　　　　成時代」，證明《周禮》一書確成於戰國末葉，此説可爲錢穆之説佐證。《三
　　　　禮研究論集》：李曰剛等著（臺北：黎明文化事業，1981 年 1 月），頁 103～
　　　　124。

〔註 11〕 余英時在金春峰所著《周官之成書及其反映的文化與時代新考》序中言：「我
　　　　不斷定錢先生〈周官著作時代考〉中所論證諸端是否確切不易，但是我相信
　　　　錢先生的研究取徑（approach）是比較踏實的。〈向歆年譜〉和〈時代考〉兩
　　　　文之所以得到多數專家肯定，正是因爲其論證是建立在堅強的歷史事實之
　　　　上。……總之，自〈向歆年譜〉和〈時代考〉刊布以來，學術界大體上傾向
　　　　於接受《周禮》成於戰國晚期的論斷。」（臺北：東大圖書公司，1993 年 11
　　　　月），頁 2～3。

〔註 12〕 徐復觀在其《周官成立之時代及其思想性格》書中言：「王莽的政治理想與野
　　　　心，皆集中在制禮作樂之上。則他曾草創《周官》，是一種合理的推測。但他
　　　　第二次以大司馬持政之後，便沒有『親自制作』的時間，只好委之於『典文
　　　　章』的劉歆，由他整理成書，也是合理的推測。我的推測，是以上面相關的
　　　　材料作根據或導引的。這比之純以捕風捉影的方式推測它成書於周初或戰國
　　　　時代，不更爲可信嗎？」頁 52。

〔註 13〕 《周禮研究》：侯家駒著（臺北：聯經出版事業，1987 年 6 月），頁 27。

　　《周官》之作者與成書年代之問題頗爲複雜，尚未有定論；不過，《周官》之作者非周公，成書不在西周初期是目前比較確切之學術共識。因此，對於周公制禮作樂一事，不妨視爲周公整理、統一夏殷故舊，並且致力於禮樂制度之建立，從而倡導以禮樂治國之理念，成爲後世追溯周代禮樂文化之典範；而後人抑或許受到孔子特別推崇周公之影響，以至將周代制禮作樂之功全部歸因於周公，進而使周公成爲兩漢時期制作禮制之模仿對象。

　　禮制源於政治之需要，亦出於天子之手，故禮制是天子治天下之具。雖云禮制出於聖人所爲，然三代之禮制，乃因循人之情性而制作，其禮制不僅需合乎人之情性，亦必要因人之情性不同而隨時更改，孔子曰：「殷因於夏禮，所損益可知也；周因於殷禮，所損益可知也」，〔註14〕即指此意。禮出於聖人作爲，然而聖人所制之禮，具體表現在其可實踐之「禮制」，與其禮制所以然之「禮學」。前者是後者之實現，而後者是前者之理論基礎。前者是狹義之「禮制」，專指成文之禮樂制度，具有國家法典制度之性質；而前者與後者之總合是廣義之「禮學」，泛稱一切合乎禮之準則之行爲與理論之總稱。因此，推究漢代之禮學，可從漢代之政治與學術二方面著手：前者是實踐部份，探討漢代禮制之發展；而後者是理論部份，探討漢代《禮》經博士及其相關之禮學著作。

　　《漢書‧禮樂志》描述漢以前之禮制曰：

> 王者必因前王之禮，順時施宜，有所損益，即民之心，稍稍制作，至太平而大備。周監於二代，禮文尤具，事爲之制，曲爲之防，故稱禮經三百，威儀三千。於是教化浹洽，民用和睦，災害不生，禍亂不作，囹圄空虛，四十餘年。孔子美之曰：「郁郁乎文哉！吾從周。」及其衰也，諸侯踰越法度，惡禮制之害己，去其篇籍，遭秦滅學，遂以亂亡。（卷二十二，頁1029）

周承夏、商二代之禮文，成就所謂「禮經三百，威儀三千」之盛況，孔子亦不禁有「郁郁乎文哉！吾從周」之感歎。至周世漸衰，禮文疲敝，六國諸侯各自爲政，既無視於周禮之教化，更忌諱周禮之不利於己，故紛紛除去與周禮有關之書籍。適逢秦始皇統一天下，從李斯之議，除秦紀、博士官所職，與醫藥、卜筮、種樹之書外，天下藏書悉皆燒之，〔註15〕三代之禮至秦彷彿

〔註14〕《論語‧爲政篇》，頁19。
〔註15〕《史記‧秦始皇本紀》曰：「丞相李斯曰：『五帝不相復，三代不相襲，各以

已蕩然無存。然而，若就此論定秦代無禮制，甚至以爲「漢實無所爲禮樂」，
〔註16〕又言過其實。雖秦始皇與漢高祖輕蔑禮制，然以秦之併吞六國、漢之
統一天下之政治規模，若謂無所爲禮制，乃是不可思議之事，秦漢之禮制或
許不如三代完備，但如此並不意味秦漢毫無禮制可言。《史記・禮書》描述秦
漢交替時之禮制曰：

> 至秦有天下，悉內六國禮儀，采擇其善，雖不合聖制，其尊君抑臣，
> 朝廷濟濟，依古以來。至于高祖，光有四海，叔孫通頗有所增益減
> 損，大抵皆襲秦故。自天子稱號，下至佐僚及宮室官名，少所變改。
>
> （卷二十三，頁 1159～1160）

自秦合併六國，採擇六國禮儀之善者以爲秦之禮制，其制雖不合聖制，但尊
君抑臣之精神與朝廷濟濟之盛況，堪能滿足一時之需。至劉邦統一天下，叔
孫通擷取古禮與秦儀綜合而成禮儀，並定漢諸儀法，其制大抵循秦之舊故。
秦制禮儀既用六國，叔孫通頗採古禮與損益秦制，是知其所制禮儀乃循先
秦舊例。〔註17〕由此可知，秦雖滅禮學，然仍保有部分君臣朝廷之禮儀；而
叔孫通爲漢高祖所定之朝儀，係採六國古禮與秦儀雜就之，尤可證明秦乃
至六國仍有禮制。《漢書・禮樂志》承《史記》之說，更進一步說明漢初之禮
制曰：

> 漢興，撥亂反正，日不暇給，猶命叔孫通制禮儀，以正君臣之位。
> 高祖說而歎曰：「吾乃今日知爲天子之貴也！」以通爲奉常，遂定儀
> 法，未盡備而通終。（卷二十二，頁 1030）

治，非其相反，時變異也。……臣請史官非秦紀皆燒之，非博士官所職，天
下敢有藏《詩》、《書》，百家語者，悉詣守尉雜燒之，有敢偶語《詩》、《書》
棄市，以古非今者族，吏見知不舉者與同罪，令下三十日不燒，黥爲城旦。
所不去者，醫藥、卜筮、種樹之書。若欲有學法令，以吏爲師。』制曰：『可。』」
卷六，頁 254～255。
〔註16〕清・王鳴盛：《十七史商榷》（臺北：藝文印書館《百部叢書集成》據廣雅書
局《史學叢書》本影印），卷十一〈漢無禮樂〉，頁5。
〔註17〕《漢書・叔孫通傳》亦有類似記載：「漢王已并天下，諸侯共尊爲皇帝於定陶，
通就其儀號。高帝悉去秦儀法，爲簡易。群臣飲爭功，醉或妄呼，拔劍擊柱，
上患之。通知上益厭之，說上曰：『夫儒者難與進取，可與守成。臣願徵魯諸
生，與臣弟子共起朝儀。』高帝曰：『得無難乎？』通曰：『五帝異樂，三王
不同禮。禮者，因時世人情爲之節文者也。故夏、殷、周禮所因損益可知者，
謂不相復也。臣願頗采古禮與秦儀雜就之。』上曰：『可試就之，令易知，度
吾所能行爲之。』」卷四十三，頁 2126。

—309—

叔孫通在漢高祖時所制之禮儀，作用與範圍僅限於君臣朝覲禮儀之內；惠帝即位後，有關先帝園陵寢廟、立原廟、〔註18〕取櫻桃獻宗廟之禮，〔註19〕皆從叔孫通之議；而後爲奉常，遂擴大定儀法之規模，可惜終其一世，猶未能竟全功，留下一部未盡完備之儀法。〔註20〕雖然漢高祖用叔孫通制禮儀、定儀法，但其禮制仍是三代古禮之殘餘，且叔孫通之儀法仍未盡完備，自此直至東漢章帝之時，仍不斷被提出加以翻修。因此，終西漢之世至東漢章帝之時，漢代之禮制，始終未曾充分滿足當時政治與學術之要求。

西漢初期之政策是「與民休息」，帝王又好黃老道家之學，部份魯生亦表示天下太平始可制禮作樂，不宜在天下初定之際議起禮樂。〔註21〕因此，不僅漢高祖忽略禮制，漢代歷屆之帝王亦無力健全禮制。《史記‧禮書》曰：

> 孝文即位，有司議欲定儀禮，孝文好道家之學，以爲繁禮飾貌，無
> 益於治，躬化謂何耳，故罷去之。（卷二十三，頁1160）

文帝時，有司議欲定儀禮，但文帝好黃老道家之學，並「以爲繁禮飾貌，無益於治」，故罷去欲定儀禮之議。《史記》未嘗言「有司」者爲何？《漢書‧禮樂志》則明言文帝時賈誼有草具禮儀之議。

〔註18〕《漢書‧叔孫通傳》曰：「高帝崩，孝惠即位，乃謂通曰：『先帝園陵寢廟，群臣莫習。』徙通爲奉常，宗廟儀法。及稍定漢諸儀法，皆通所論著也。惠帝爲東朝長樂宮，及間往，數蹕煩民，作復道，方築武庫南，通奏事，因請間，曰：『陛下何自築復道高帝寢，衣冠月出游高廟？子孫奈何乘宗廟道（上）行哉！』惠帝懼，曰：『急壞之。』通曰：『人主無過舉。今已作，百姓皆知之矣。願陛下爲原廟渭北，衣冠月出游之，益廣宗廟，大孝之本。』上乃詔有司立原廟。」卷四十三，頁2129～2130。

〔註19〕《漢書‧叔孫通傳》曰：「惠帝常出游離宮，通曰：『古者有春嘗果，方今櫻桃孰，可獻，願陛下出，因取櫻桃獻宗廟。』上許之。諸果獻由此興。」卷四十三，頁2131。

〔註20〕目前有關叔孫通之著作，大多已亡佚，僅存《漢禮器制度》一卷，題漢奉常叔孫通撰，書中僅列九條制度，主要從《儀禮》、《春秋左氏》、《尚書》等經書之注疏輯佚而成。（臺北：藝文印書館，1969年《百部叢書集成》據清嘉慶孫星衍校刊平津館叢書本影印）。此書於《漢書‧藝文志》、《隋書‧經籍志》皆無記載。

〔註21〕《史記‧叔孫通列傳》：「於是叔孫通使徵魯諸生三十餘人，魯有兩生不肯行，曰：『公所事者且十主，皆面諛以得親貴。今天下初定，死者未葬，傷者未起，又欲起禮樂。禮樂所由起，百年積德而後可興也。吾不忍爲公所爲。公所爲不合古，吾不行。公往矣，無汙我！』叔孫通笑曰：『若眞鄙儒也，不知時變。』」卷九十九，頁2712～2713。《漢書‧叔孫通傳》亦有類似記載。

　　至文帝時，賈誼以爲「漢承秦之敗俗，廢禮義，捐廉恥，今其甚者
殺父兄，盜者取廟器，而大臣特以簿書不報期會爲故，至於風俗流
溢，恬而不怪，以爲是適然耳。夫移風易俗，使天下回心而鄉道，
類非俗吏之所能爲也。夫立君臣，等上下，使綱紀有序，六親和睦，
此非天之所爲，人之所設也。人之所設，不爲不立，不修則壞。漢
興至今二十餘年，宜定制度，興禮樂，然後諸侯軌道，百姓素樸，
獄訟衰息」。乃草具其儀，天子說焉。而大臣絳、灌之屬害之，故其
議遂寢。（卷二十二，頁 1030）

賈誼（B.C. 200～B.C. 168），雒陽人，因少年能誦《詩》《書》，善於屬文而著
稱於郡中，文帝時爲博士。〔註22〕賈誼認爲，漢所承之秦制，既廢禮義，又
無廉恥可言，乃是敗俗之制，是以漢興二十餘年，世風敗壞，恬而不怪，視
爲理所當然。至於「立君臣，等上下，使綱紀有序，六親和睦」之事，乃是
「人之所設」，「非天之所爲」，禮制乃是人文化成之事，非自然天生而成，「人
之所設，不爲不立，不修則壞」，漢興至今二十餘年，世風日下，此時宜應定
制度、興禮樂，使天下之諸侯百姓各安其位。賈誼所草具之儀法內容是：

　　誼以爲漢興二十餘年，天下和洽，宜當改正朔，易服色制度，定官
名，興禮樂。乃草具其儀法，色上黃，數用五，爲官名悉更，奏之。
文帝謙讓未皇也。然諸法令所更定，及列侯就國，其說皆誼發之。
於是天子議以誼任公卿之位。絳、灌、東陽侯、馮敬之屬盡害之，
乃毀誼曰：「雒陽之人年少初學，專欲擅權，紛亂諸事。」於是天子
後亦疏之，不用其議，以誼爲長沙王太傅。（《漢書‧賈誼傳》，卷四
十八，頁 2222）

賈誼所草具儀法之內容，著重在「改正朔，易服色制度，定官名，興禮樂」，
文帝亦喜悅賈誼所草具之禮儀，然遭當時周勃、灌嬰等大臣反對，〔註23〕文
帝不用其議，將其議束之高閣，且疏遠賈誼爲長沙王太傅。

〔註22〕《漢書‧賈誼傳》曰：「賈誼，雒陽人也，年十八，以能誦詩書屬文稱於郡中。
　　　　河南守吳公聞其秀材，召置門下，甚幸愛。文帝初立，聞河南守吳公治平爲
　　　　天下第一，故與李斯同邑，而嘗學事焉，徵以爲廷尉。廷尉乃言誼年少，頗
　　　　通諸家之書。文帝召以爲博士。」卷四十八，頁 2221。

〔註23〕顏師古曰：「舊說以爲絳謂絳侯周勃也，灌謂灌嬰也。而楚漢春秋高祖之臣別
　　　　有絳、灌，疑昧之文，不可明也。此既言大臣，則當謂周勃、灌嬰也。」《漢
　　　　書‧禮樂志》卷二十二，頁 1031。

至景帝之時，晁錯獻計欲統一制度。《史記・禮書》曰：

> 孝景時，御史大夫晁錯明於世務刑名，數干諫孝景曰：「諸侯藩
> 輔，臣子一例，古今之制也。今大國專制異政，不稟京師，恐不可
> 傳後。」孝景用其計，而六國畔逆，以錯首名，天子誅錯以解難。
> 事在袁盎語中。是後官者養交安祿而已，莫敢復議。（卷二十三，頁
> 1160）

晁錯有鑑於當時諸侯藩輔等大國之專制異政，不聽令於中央，於是諫議景帝
統一制度，使諸侯大國納入制度之中，以為約束。然而，景帝用晁錯之計而
六國叛逆，迫使景帝誅殺晁錯以解決政治危機；自此諸臣莫敢再議，漢之禮
制毫無進展。時至武帝之時，漢代禮制似乎有振興之跡象。

《史記・禮書》曰：

> 今上即位，招致儒術之士，令共定儀，十餘年不就。或言古者太平，
> 萬民和喜，瑞應辨至，乃采風俗，定制作。上聞之，制詔御史曰：「蓋
> 受命而王，各有所由興，殊路而同歸，謂因民而作，追俗為制也。
> 議者咸稱太古百姓何望？漢亦一家之事，典法不傳，謂子孫何？化
> 隆者閎博，治淺者褊狹，可不勉與！」乃以太初之元改正朔，易服
> 色，封泰山，定宗廟百官之儀，以為典常，垂之於後云。（卷二十三，
> 頁 1160～1161）

武帝招儒術之士共定儀禮，而諸儒以為太平盛世，萬民和喜，瑞應辨至，始
有制作，故「十餘年不就」。武帝以為「議者咸稱太古百姓何望？漢亦一家之
事，典法不傳，謂子孫何？」故乃至太初元年有「改正朔，易服色，封泰山，
定宗廟百官之儀」之舉，以為垂世之典常。是知武帝雖有改定之儀，但其改
制乃是「因民而作，追俗為制」，極可能是秦制之殘餘，既缺乏諸儒支持，更
無古籍經典為憑。武帝之努力不僅於此，《漢書・武帝紀》元朔五年詔曰：「蓋
聞導民以禮，風之以樂，今禮壞樂崩，朕甚閔焉。故詳延天下方聞之士，咸
薦諸朝。其令禮官勸學，講議洽聞，舉遺興禮，以為天下先。」（卷六，頁 171
～172）此詔雖然顯示武帝致力於制禮作樂，但同時亦暴露當時「禮壞樂崩」
之窘境。況且，武帝改制之事，並未付諸實踐。《漢書・禮樂志》曰：

> 至武帝即位，進用英雋，議立明堂，制禮服，以興太平。會竇太后
> 好黃老言，不說儒術，其事又廢。後董仲舒對策言：「……今廢先王
> 之德教，獨用執法之吏治民，而欲德化被四海，故難成也。是故古

之王者莫不以教化爲大務，立大學以教於國，設庠序以化於邑。教
化已明，習俗已成，天下嘗無一人之獄矣。……今漢繼秦之後，雖
欲治之，無可奈何。……故漢得天下以來，常欲善治，而至今不能
勝殘去殺者，失之當更化而不能更化也。古人有言：『臨淵羨魚，不
如歸而結網。』今臨政而願治七十餘歲矣，不如退而更化。更化則
可善治，而災害日去，福祿日來矣。」是時，上方征討四夷，銳志
武功，不暇留意禮文之事。（卷二十二，頁1031～1032）

武帝雖有建立漢代一家典法之想法，但是「會竇太后好黃老言，不說儒術，
其事又廢」。其後董仲舒有復古更化之對策，以「教化爲大務，立大學以教於
國，設庠序以化於邑」，試圖扭轉漢繼秦用執法之吏治民之制；此事又適逢四
夷作亂，武帝專意武功，以致「不暇留意禮文之事」。是知德教禮制，仍是武
帝關注之事，但卻未曾完備。

時至宣帝，有王吉上疏建議以禮治世。《漢書·禮樂志》曰：

至宣帝時，琅邪王吉爲諫大夫，又上疏言：「欲治之主不世出，公卿
幸得遭遇其時，未有建萬世之長策，舉明主於三代之隆者也。其務
在於簿書斷獄聽訟而已，此非太平之基也。今俗吏所以牧民者，非
有禮義科指可世世通行者也，以意穿鑿，各取一切。是以詐僞萌生，
刑罰無極，質樸日消，恩愛寖薄。孔子曰『安上治民，莫善於禮』，
非空言也。願與大臣延及儒生，述舊禮，明王制，驅一世之民，濟
之仁壽之域，則俗何以不若成康？壽何以不若高宗？」上不納其言，
吉以病去。（卷二十二，頁1033）

王吉疏中指陳，當時未有萬世之長策，「其務在於簿書斷獄聽訟而已」，導
致「詐僞萌生，刑罰無極，質樸日消，恩愛寖薄」，此皆非致太平之基礎。故
王吉自薦「願與大臣延及儒生，述舊禮，明王制」，欲建立一套可長可久之
禮制，使天下萬民同享仁壽之境。可惜宣帝不採納王吉建議，以致王吉稱病
求去。

宣帝時，太子（元帝）好儒，嘗諫言宣帝：「陛下持刑太深，宜用儒
生。」宣帝憤而言：「漢家自有制度，本以霸王道雜之，奈何純任德教，用周
政乎！且俗儒不達時宜，好是古非今，使人眩於名實，不知所守，何足委
任！」〔註24〕並批評太子亂其家業。可知宣帝執政雜之以霸王之道，特好刑

〔註24〕《漢書·元帝紀》，卷九，頁277。

法，輕蔑周代政治與儒生之不合時宜。至太子即位爲元帝，「好儒術文辭，頗改宣帝之政」，〔註25〕並「徵用儒生，委之以政」，〔註26〕可惜在位十六年，猶未建立一套完整之禮制。

時至成帝，劉向倡議制定禮儀。《漢書·楚元王傳》曰：

> 向睹俗彌奢淫，而趙、衛之屬起微賤，踰禮制。向以爲王教由内及外，自近者始。故採取《詩》《書》所載賢妃貞婦，興國顯家可法則，及孽嬖亂亡者，序次爲《列女傳》，凡八篇，以戒天子。及采傳記行事，著《新序》、《說苑》凡五十篇奏之。數上疏言得失，陳法戒。書數十上，以助觀覽，補遺闕。上雖不能盡用，然内嘉其言，常嗟歎之。（卷三十六，頁 1957～1958）

劉向以爲教化應自内近者開始，故見趙皇后、衛婕妤之屬踰禮制，序次《列女傳》以戒天子；及采傳記行事，著《新序》、《說苑》凡五十篇，以助觀覽。自成帝即位後，劉向數上疏言得失，書數十上補遺闕，皆不受成帝盡用。《漢書·禮樂志》曰：

> 至成帝時，犍爲郡於水濱得古磬十六枚，議者以爲（善）祥。劉向因是說上：「宜興辟雍，設庠序，陳禮樂，隆雅頌之聲，盛揖攘之容，以風化天下。如此而不治者，未之有也。……故曰：『導之以禮樂，而民和睦。』初，叔孫通將制定禮儀，見非於齊魯之士，然卒爲漢儒宗，業垂後嗣，斯成法也。」成帝以向言下公卿議，會向病卒，丞相大司空奏請立辟雍。案行長安城南，營表未作，遭成帝崩，群臣引以定諡。（卷二十二，頁 1033～1034）

劉向推崇漢初叔孫通爲高祖制定禮儀，業垂後世；並以爲必要「興辟雍，設庠序，陳禮樂，隆雅頌之聲，盛揖攘之容」，以禮樂教化天下，天下始能太平。成帝以劉向之言交付公卿商議，商議未果，劉向已病死，此議又廢。

時至兩漢之際，王莽受策輔佐漢室。平帝元始元年（1）拜王莽爲太傅，賜號安漢公，元始四年（4）復拜爲宰衡，位上公。是時，王莽奏起明堂、辟雍、靈臺，並爲學者築舍萬區，「制度甚盛」。在經學方面，王莽極盡籠絡知識分子之能事，如立《樂經》，增益博士員，經各五人。並「徵天下通一藝教授十一人以上，及有逸《禮》、古《書》、《毛詩》、《周官》、《爾雅》、天文、

〔註25〕《漢書·匡衡傳》，卷八十一，頁 3338。
〔註26〕《漢書·元帝紀》，卷九，頁 298～299。

圖讖、鍾律、月令、兵法、《史篇》文字，通知其意者，皆詣公車。網羅天下異能之士，至者數千人，皆令記說廷中，將令正乖繆，壹異說云。」〔註 27〕王莽此舉，深獲群臣愛戴，群臣奏言曰：

> 昔周公奉繼體之嗣，據上公之尊，然猶七年制度乃定。夫明堂、辟雍，墮廢千載莫能興，今安漢公起于第家，輔翼陛下，四年于茲，功德爛然。（《漢書・王莽傳》卷九十九上，頁 4069）

群臣以王莽比爲周公，然周公用七年乃定制度，而王莽僅以四年時間，復興墮廢千載之明堂、辟雍等制度，其功德猶在周公之上。平帝進而詔王莽「議九錫之法」。元始五年（5），平帝疾，太后下詔曰：「安漢公莽輔政三世，比遭際會，安光漢室，遂同殊風，至于制作，與周公異世同符。……其令安漢公居踐祚，如周公故事，以武功縣爲安漢公采地，名曰漢光邑。具禮儀奏。」〔註 28〕明年，改元居攝元年（6），正月，「莽祀上帝於南郊，迎春於東郊，行大射禮於明堂，養三老五更，成禮而去。」〔註 29〕王莽行王者即位之禮。越三年，始建國元年（9），王莽即眞天子位，去漢號，定有天下之號曰「新」，「改正朔，易服色，變犧牲，殊徽幟，異器制。」

　　自王莽秉政以後，又依《周官》、〈王制〉等書之內容，更改官名與郡縣名，其欲建立一套完整之政治制度之用心，可見一斑；相較於西漢歷代天子，王莽在制禮作樂方面似乎更爲積極。然而王莽其人「好空言，慕古法」，新莽國祚不過十六年，不僅天下未見太平，所謂制禮作樂之事，亦未完成；《漢書・禮樂志》曰：「及王莽爲宰衡，欲燿眾庶，遂興辟廱，因以簒位，海內畔之。」（卷二十二，頁 1035）以二十二字簡單交代王莽對禮樂之建樹。

　　終西漢之世，歷代天子雖致力於政治，但皆未能成就一套完善之禮制，即使如王莽有復古改制之志，亦未能實現。時至劉秀即皇帝位，仍未有一部禮制法典。《漢書・禮樂志》曰：

> 世祖受命中興，撥亂反正，改定京師于土中。即位三十年，四夷賓服，百姓家給，政教清明，乃營立明堂、辟廱。（卷二十二，頁 1035）

劉秀建武元年（25）六月，即位皇帝，改鄗爲高邑。至中元元年（56），「初

〔註27〕《漢書・王莽傳》卷九十九上，頁 4069。

〔註28〕《漢書・王莽傳》卷九十九上，頁 4079。

〔註29〕《漢書・王莽傳》卷九十九上，頁 4082。

起明堂、靈臺、辟雍，及北郊兆域。宣布圖讖於天下」，此事亦無濟於建全禮制。其後明帝中元二年（57）「繼體守文」，不僅繼承光武帝之帝位，亦遵奉建武制度，無敢違逆。《漢書·禮樂志》曰：

> 顯宗即位，躬行其禮，宗祀光武皇帝于明堂，養三老五更於辟廱，威儀既盛美矣。然德化未流洽者，禮樂未具，群下無所誦說，而庠序尚未設之故也。（卷二十二，頁 1035）

明帝雖謹守光武帝之制度，躬行其禮，威儀盛美；但明帝尚未設庠序之教，以至於德化未流洽，禮樂未具，群下無所依循。

《漢書·禮樂志》總結起自西漢高祖迄至東漢明帝之禮樂制度曰：

> 孔子曰：「辟如爲山，未成一簣，止，吾止也。」今叔孫通所撰禮儀，與律令同錄，臧於理官，法家又復不傳。漢典寢而不著，民臣莫有言者。又通沒之後，河間獻王采禮樂古事，稍稍增輯，至五百餘篇。今學者不能昭見，但推士禮以及天子，說義又頗謬異，故君臣長幼交接之道寖以不章。（卷二十二，頁 1035）

漢初叔孫通所撰之禮儀，與律令同錄，法家不傳；漢代典制未能成形，以至臣民無所適從。至河間獻王采禮樂古事，稍稍增輯至五百餘篇，推士禮以及天子，然學者不能昭見，其說義又頗謬異，至今君臣長幼交接之禮制，依然未能完備。漢代之禮制，可謂殘缺不全。清人王鳴盛（1722～1797）《十七史商榷》言：

> 〈禮樂志〉本當禮詳樂略，今乃禮略樂詳。全篇共分兩大截，後一截論樂之文較之前論禮，其詳幾三倍之；而究之於樂，亦不過詳載郊廟歌詩，無預樂事。蓋漢實無所爲禮樂，故兩截之首，各用泛論義理，全掇《樂記》之文。入漢事則云：……總結之云：大漢繼周，久曠大儀，未有立禮成樂，此賈誼、仲舒、王吉、劉向之徒，所爲發憤而增嘆也。足明此志，總見漢實無所爲禮樂，實無可志。〔註30〕

正因爲漢代實無所謂禮樂制度，無實可志，故《漢書·禮樂志》每云漢代禮制者，泛論義理，總結之云，漢仍未有立禮成樂。

　　從政治思想之角度思考，無論是自然原始之群聚部落，或者是幅員遼闊之專制帝國，任何一個具有政治實體之社群，其本身內部必然有一套對內求穩定、向外求發展之政治制度。漢代亦然。以漢代龐大帝國之規模，若無

〔註30〕《十七史商榷》，卷九，頁 5～6。

禮樂制度以治天下，乃是無可思議之事。雖然《漢書‧禮樂志》以爲大漢久
曠大儀，未有立禮成樂，但此說並不代表漢代實無禮樂可言。觀《漢書》之
〈百官公卿表〉、〈律曆志〉、〈刑法志〉、〈郊祀志〉，甚至是〈食貨志〉中所載
之內容，皆可謂之禮制；即使〈禮樂志〉所述之歷代天子，或多或少對於不
合時宜之禮制，亦有所損益，此豈可說漢無所爲禮制？《漢書》當不至如此
矛盾。事實上，自漢高祖統一天下以來，歷代天子便不斷增補損益當時禮
制，只是這些增補損益之禮制，乃是出於臨時隨機而作，並未能對禮樂制度
做全面性之檢討與制定，而此一現象，正是〈禮樂志〉中所強調之重點。〈禮
樂志〉理想之禮制：乃是王者之禮必要能順時施宜，即民之心，更重要者，
在於禮必須逐次漸進制作，始能至太平而大備。因此，〈禮樂志〉對於禮制之
要求有二：其一，禮制必須完備；其二，禮制必要訴諸文字。禮制所以必須
完備，乃在於避免制度面之闕遺，防止制度間之扞格。禮制所以必要訴諸文
字，其用意有三：其一，成文法典猶如定型化之契約，天子以至臣民，皆有
一套可供依循之客觀參考；其二，成文法典可以教育天下，普及禮制思想；
其三，成文法典可以傳之久遠，避免口耳相傳所產生之謬誤。例如周代之禮
制，其禮文完備，且能具體訴諸於文字，故稱「禮經三百，威儀三千」；亦由
於周之禮制是成文法典，「於是教化浹洽，民用和睦，災害不生，禍亂不作，
囹圄空虛」。反觀〈禮樂志〉所陳之漢代禮制：高祖命叔孫通制禮儀，遂定
儀法，然「未盡備而通終」；賈誼乃草具其儀，而大臣害之，「故其議遂寢」；
武帝議立明堂，制禮服，會竇太后不說儒術，「其事又廢」；董仲舒對策立
大學、設庠序，是時上方銳志武功，「不暇留意禮文之事」；王吉疏願與大臣
儒生，述舊禮，明王制，而「上不納其言，吉以病去」；劉向說上「宜興辟
雍，設庠序，陳禮樂」，成帝以向之言下議公卿，會向病卒。〈禮樂志〉所
述，自叔孫通以來至於劉向，皆未能成就一部完整之禮制，「此賈誼、仲舒、
王吉、劉向之徒所爲發憤而增嘆」，〔註31〕亦〈禮樂志〉論漢代禮制發展之闕
失也。

　　繼漢初叔孫通之後，建立一部建全禮制之呼聲，日益高漲，雖歷經數代
天子之努力創建，與大臣名儒之極力諫言，〔註32〕至於東漢明帝，雖然躬行

〔註31〕《十七史商榷》，卷九，頁6。
〔註32〕杜佑《通典》曰：「按秦蕩滅遺文，自漢興以來，收而存之，朝有典制可酌而
　　　　求者：」西漢有：高堂生、徐生、河間獻王、董仲舒、王吉、蕭奮、孟卿、

禮樂，威儀既盛美，「宗祀光武皇帝于明堂，養三老五更於辟雍」；但是，終究因爲禮樂制度尚未具體完成，庠序之教未能施行，故德化未能流洽，臣民無所適從，「君臣長幼交接之道寖以不章」。自叔孫通終於東漢明帝「禮樂未具」之缺憾，交由章帝設法彌補。

第二節　章帝改定禮制

　　章帝自建初元年（76）至章和二年（88）在位十三年間，有二詔書與《白虎通》文本關係密切：其一，建初四年（79）詔開白虎觀會議；其次，元和三年（86）下詔改定禮制。前者乃是詔太常以下及諸生、諸儒會白虎觀，目的在「講議《五經》同異」，相傳會後有「作白虎議奏」，「顧命史臣，著爲通義」，或「令固撰集其事」「作白虎通德論」。然而史書記其事者詳，而述其書者略，白虎觀會議後之資料是否彙編成冊，頗令人質疑；甚至比對史書描述之「白虎通」與現存之《白虎通》文本，兩者扞格之處，比比皆是。至於後者，則因學者普遍認爲《白虎通》其書內容爲漢制作漢禮之意圖十分明確，故本文試圖從章帝制作禮樂之過程中，逐步探索《白虎通》文本之真實身分。

　　《後漢書‧曹褒列傳》載章帝元和二年（85）下詔曰：

> 《河圖》稱「赤九會昌，十世以光，十一以興」。《尚書琁機鈐》曰：「述堯理世，平制禮樂，放唐之文。」予末小子，託于數終，曷以纘興，崇弘祖宗，仁濟元元？《帝命驗》曰：「順堯考德，題期立象。」且三五步驟，優劣殊軌，況予頑陋，無以克堪，雖欲從之，末由也已。每見圖書，中心恧焉。（卷三十五，頁 1202）

章帝詔書中引《河圖》、《尚書琁機鈐》與《帝命驗》皆圖讖之文。自東漢光武帝於建武中元元年（56）十一月「宣布圖讖於天下」後，〔註33〕圖讖乃成官方核准之學術資源，其重要性足以與經學博士之《五經》抗衡。《後漢書‧方術列傳》曰：

后蒼、聞人通漢、夏侯敬、劉向、戴德、戴聖、慶普、劉歆；東漢有：曹充、曹褒、鄭興、鄭眾、賈逵、許慎、杜子春、馬融、鄭玄、衛宏、何休、盧植、蔡邕。

〔註33〕《後漢書‧光武帝紀》卷一下：「是歲，初起明堂、靈臺、辟雍，及北郊兆域。宣布圖讖於天下」，頁 84。

後王莽矯用符命，及光武尤信讖言，士之赴趣時宜者，皆騁馳穿鑿，
爭談之也。故王梁、孫咸名應圖錄，越登槐鼎之任，鄭興、賈逵以
附同稱顯，桓譚、尹敏以乖忤淪敗，自是習爲內學，尚奇文，貴異
數，不乏於時矣。（卷八十二上，頁 2705）

自王莽「矯用符命」〔註34〕篡得王位，及光武帝以圖讖復興漢室，〔註35〕皆
用圖讖；當時圖讖之術謂之「內學」，〔註36〕學者爭相學習，趨之若鶩，儼然
成爲一時顯學。黃復山言：

光武帝宣布圖讖八十一卷，其後明、章以下諸帝所極力倡導，迄至
漢末鄭玄所注群緯，皆此八十一卷也。是以今日讖緯學者所引據含
鄭玄注文之緯書輯本，亦即光武之官定圖讖也。〔註37〕

光武帝宣布之圖讖有八十一篇，明、章以下東漢諸帝皆崇奉信守，甚至鄭
玄所注之緯書，皆用此八十一篇。至東漢末，圖讖緯書遂遭後世帝王禁絕；
〔註38〕而章帝詔書中引《河圖》、《尚書琁機鈐》與《帝命驗》等圖讖之文，
即是反映此一時代風尚。章帝有感於圖書殘破，禮樂未具，詔書中引圖讖之
文，旨在闡述堯舜聖王之「平制禮樂」事蹟，故欲制定禮樂，以續興王業，
崇弘祖宗。

曹褒知章帝詔書欲有所興作，乃上疏曰：

昔者聖人受命而王，莫不制禮作樂，以著功德。功成作樂，化定制
禮，所以救世俗，致禎祥，爲萬姓獲福於皇天者也。今皇天降祉，
嘉瑞並臻，制作之符，甚於言語。宜定文制，著成漢禮，丕顯祖宗

〔註34〕《漢書‧王莽傳》載：「是月，前煇光謝囂奏武功長孟通浚井得白石，上圓下
方，有丹書著名，文曰『告安漢公莽爲皇帝』。符命之起，自此始矣。」卷九
十九上，頁 4078～4079。

〔註35〕《後漢書‧光武帝紀》曰：「光武先在長安時同舍生彊華自關中奉《赤伏符》，
曰：『劉秀發兵捕不道，四夷雲集龍鬥野，四七之際火爲主』。群臣因復奏曰：
『受命之符，人應爲大，萬里合信，不議同情，周之白魚，曷足比焉？今上
無天子，海內淆亂，符瑞之應，昭然著聞，宜荅天神，以塞群望。』光武於
是命有司設壇於鄗南千秋亭五成陌。」卷一上，頁 2705。

〔註36〕《後漢書‧方術列傳》注曰：「內學謂圖讖之書也。其事祕密，故稱內。」卷
八十二上，頁 2705。

〔註37〕黃復山：《漢代《尚書》讖緯學述》（臺北：輔仁大學中文研究所博士論文，
1996 年 6 月），頁 73。

〔註38〕《隋書‧經籍志》曰：「至宋大明中，始禁圖讖，梁天監已後，又重其制。及
高祖受禪，禁之踰切。煬帝即位，乃發使四出，搜天下書籍與讖緯相涉者，皆
焚之，爲吏所糾者至死。自是無復其學，祕府之內，亦多散亡。」頁 941。

盛德之美。(《後漢書‧曹褒列傳》卷三十五，頁 1202)

曹褒疏中強調，受命之王者必要「制禮作樂」以顯其功德，「功成作樂，化定制禮」，此乃是經世濟民之舉，亦是漢初以來諸帝所致力之目標，故建議章帝「宜定文制，著成漢禮」。曹褒上疏頗有毛遂自薦意味，章帝以其疏議於太常，巢堪「以爲一世大典，非褒所定，不可許」，曹褒之用心，遭太常反對而暫時作罷。然而，章帝深刻體會「群僚拘攣，難與圖始」，制禮作樂之事，顯然無法從太常集團之共識中得到支持，而「朝廷禮憲，宜時刊立」，〔註39〕故復有元和三年（86）之詔。

《後漢書‧曹褒列傳》曰：

> 朕以不德，臣祖宗弘烈。乃者鸞鳳仍集，麟龍並臻，甘露宵降，嘉
> 穀滋生，赤草之類，紀于史官。朕夙夜祗畏，上無以彰于先功，下
> 無以克稱靈物。漢遭秦餘，禮壞樂崩，且因循故事，未可觀省，有
> 知其說者，各盡所能。(卷三十五，頁 1202～1203)

章帝承認漢代之禮制，因循故事，無可觀省，故於詔書中公開徵求能有改進者。曹褒再次面對元和三年之詔，乃歎息謂諸生曰：「昔奚斯頌魯，考甫詠殷。夫人臣依義顯君，竭忠彰主，行之美也。當仁不讓，吾何辭哉！」遂復上疏「具陳禮樂之本，制改之意」。〔註40〕此疏尚未定案之前，章帝召班固詢問改定禮制之事宜。《後漢書‧曹褒列傳》載班固回答章帝之問，曰：

> 京師諸儒，多能說禮，宜廣招集，共議得失。(卷三十五，頁 1203)

班固認爲改定禮制之事乃國家之大事，此事應廣招集京師能說禮之儒，共議其體制。章帝反對班固之說，並反駁曰：

> 諺言「作舍道邊，三年不成」。會禮之家，名爲聚訟，互生疑異，筆
> 不得下。昔堯作《大章》，一夔足矣。(卷三十五，頁 1203)

章帝與班固之看法恰成兩極。章帝立場相當明確，若以召諸儒共議禮制得失之方式，終必引發更多糾紛，成事不足，治絲益棼；故改定禮制之事，應由少數人，甚至只需一人負責完成足矣。故章帝雖急於改定禮制，但其做法絕非採集眾人意見而成，而是一貫主張應由一人制定；而章帝心目中之理想人選，便是上疏「具陳禮樂之本，制改之意」之曹褒。

就改定禮制一事而言，章帝之態度非常明確。有學者宣稱，「白虎通」乃

〔註39〕《後漢書‧曹褒列傳》，卷三十五，頁 1202。
〔註40〕《後漢書‧曹褒列傳》，卷三十五，頁 1203。

是章帝有意透過統一經義之結果，提供漢帝國指導思想之根源，以期達到有效論證整個體制之合理性，此種說法並不恰當。首先，章帝以爲「群僚拘攣，難與圖始」，改定禮制之事主張應委由少數人，甚至一人完成便可；然而，白虎觀會議召集「太常、將、大夫、博士、議郎、及諸生、諸儒」，如此龐大陣容之會議，豈是章帝欲藉此會議以達到制憲目的之手段？其次，自叔孫通以來，漢世歷二百餘年尚未有完備之禮制，若「白虎通」已然成形，且具禮憲性質，則章帝於八年之內何必改制？此不啻「疊床架屋」。再者，設若「白虎通」已然成形，且章帝有意以「白虎通」爲漢帝國之指導思想之理論基礎，則章和元年（87）之改制事宜，當以「白虎通」之內容爲藍本；但實際上，章和元年之改制漢禮，乃是依西漢叔孫通之《漢儀》十二篇爲底本，依禮條正，改制過程從未提及「白虎通」之事，「白虎通」如何指導曹褒制作《漢禮》？因此可以確定，史書所稱述之白虎觀會議及其「白虎通」，斷然與章帝改定禮制之事與曹褒之《漢禮》無關。

第三節　曹褒學術與《漢禮》

《後漢書·曹褒列傳》載：

> 曹褒字叔通，魯國薛人也。父充，持《慶氏禮》，建武中爲博士，從巡狩岱宗，定封禪禮，還，受詔議立七郊、三雍、大射、養老禮儀。顯宗即位，充上言：『漢再受命，仍有封禪之事，而禮樂崩闕，不可爲後嗣法。五帝不相沿樂，三王不相襲禮，大漢（當）自制禮，以示百世。』帝問：『制禮樂云何？』充對曰：『《河圖·括地象》曰：「有漢世禮樂文雅出。」《尚書·琁機鈐》曰：「有帝漢出，德洽作樂，名予。」』帝善之，下詔曰：『今且改太樂官曰太予樂，歌詩曲操，以俟君子。』拜充侍中。作章句辯難，於是遂有慶氏學。（卷三十五，頁 1201）

曹褒字叔通，魯國薛人。其父曹充於光武帝建武中爲《禮經》博士，定封禪禮，受詔議立七郊、三雍、大射、養老等禮儀，頗得光武帝重用。至明帝即位，曹充上疏言，自漢立國以來，禮樂崩闕，不足爲後世效法，因此建議明帝當自制漢禮，永爲後世則。明帝問制禮樂之理，曹充引《河圖·括地象》與《尚書·琁機鈐》圖讖二句，說明漢世當有禮樂制度，顯示曹充對圖讖頗爲熟稔。明帝雖善其說，但未能全面改制漢禮，僅以改太樂官爲太予樂，並

升曹充爲侍中。曹充學慶普之禮，又作《士禮》章句，慶普禮學復流行於當時。〔註41〕曹充因作《士禮》章句，促使慶普禮學復興，至於大、小戴《禮》，至東漢以後，依舊保有博士學官地位，仍然是《禮》學主流，「雖相傳不絕，然未有顯於儒林者」。〔註42〕

　　曹充爲《禮經》博士，又習慶氏禮學；曹襃既傳其父業，章帝時亦徵拜爲博士，故其學術必深受其父影響。《後漢書·曹襃列傳》曰：

　　　　襃少篤志，有大度，結髮傳充業，博雅疏通，尤好禮事。常感朝廷
　　　　制度未備，慕叔孫通爲漢禮儀，晝夜研精，沈吟專思，寢則懷抱筆
　　　　札，行則誦習文書，當其念至，忘所之適。（卷三十五，頁 1201～
　　　　1202）

自叔孫通以來，漢代禮制從未曾健全，此乃漢代帝王極力彌補之事，亦是歷史之沈痾。曹襃既傳父業，尤好禮事，感歎朝廷制度未備，又孺慕叔孫通爲漢制作禮儀，經常思索如何繼叔孫通之後，完成此一兼具歷史任務與時代使命之艱鉅工程。

　　《後漢書·曹襃列傳》載：

　　　　章和元年正月，乃召襃詣嘉德門，令小黃門持班固所上叔孫通《漢
　　　　儀》十二篇，敕襃曰：「此制散略，多不合經，今宜依禮條正，使可
　　　　施行。於南宮、東觀盡心集作。」（卷三十五，頁 1203）

章和元年（87）正月，章帝正式敕命曹襃依班固所上叔孫通之《漢儀》十二篇，於南宮、東觀盡心集作改定禮制之宜。章帝旨示曹襃盡心集作之要點有二：其一，叔孫通之《漢儀》散略，不僅不合經義，更不敷當時政情需要，其實已形同具文，故章帝要求曹襃以《漢儀》十二篇爲底本，重新翻修；其次，曹襃翻修《漢儀》之作業程序，需「依禮條正」，使其集作能施行於當時。章帝所謂「依禮條正」之「禮」，概有三義：其一，指叔孫通之《漢儀》；其

〔註41〕后倉之《士禮》十七篇傳戴德、戴聖與慶普三人，戴德、戴聖之《禮》皆列
　　　　於學官，只有戴聖一人具博士職，慶普之學只有在王莽時期短暫納入學官，
　　　　其餘皆在民間講習；故曹充之《禮經》博士頭銜所傳仍是大、小戴之《禮》，
　　　　而非慶氏之禮學。

〔註42〕《後漢書·儒林列傳》曰：「前書魯高堂生，漢興傳《禮》十七篇。後瑕丘蕭
　　　　奮以授同郡后蒼，蒼授梁人戴德及德兄子聖、沛人慶普。於是德爲《大戴禮》，
　　　　聖爲《小戴禮》，普爲《慶氏禮》，三家皆立博士。孔安國所獻《禮》古經五十
　　　　六篇及《周官經》六篇，前世傳其書，未有名家。中興已後，亦有《大》、《小
　　　　戴》博士，雖相傳不絕，然未有顯於儒林者。」卷七十九下，頁 2576。

二，泛指當時通用施行之禮儀；其三，是指當時博士學官所治之《禮經》。此三義皆有可說；然而，叔孫通之《漢儀》與當時通用之禮儀皆屬雜散零碎，已不合時宜，而《儀禮》所載又屬先秦舊典，凡此三義之禮，皆不敷實際需要，故章帝乃有改定禮制之意。換言之，曹褒集作之基礎，乃是以叔孫通之《漢儀》爲底本，參酌《禮經》博士所治之《儀禮》，與當時通用施行之禮儀，並以其父所傳及自己所治之禮學而成。

　　《後漢書・曹褒列傳》載：

> 褒既受命，乃次序禮事，依準舊典，雜以《五經》讖記之文，撰次天子至於庶人冠婚吉凶終始制度，以爲百五十篇，寫以二尺四寸簡。其年十二月奏上。帝以眾論難一，故但納之，不復令有司平奏。（卷三十五，頁 1203）

曹褒既受命集作，其制作之程序，乃是依禮之內容性質，並舊典之所陳爲秩序準則，其中摻雜《五經》與讖記之文句，撰次之對象及於「天子至於庶人」，範圍涵蓋冠、婚、吉、凶之終始等制度。其成果「寫以二尺四寸簡」，共「百五十篇」。曹褒於章和元年正月受命，費時整年獨自完成《漢禮》一書，〔註 43〕於同年十二月奏上，完成章帝所交付之使命。章帝採納曹褒所奏，宣布《漢禮》之事，眼見水到渠成，成功近在咫尺，然而當時群臣意見分歧，章帝爲平息紛爭，乃暫時擱置《漢禮》，章帝欲重建漢禮之事，再度遭遇群臣阻撓而功敗垂成。

　　《後漢書・曹褒列傳》載：

> 會帝崩，和帝即位，褒乃爲作章句，帝遂以《新禮》二篇冠。擢褒監羽林左騎。永元四年，遷射聲校尉。後太尉張酺、尚書張敏等奏褒擅制《漢禮》，破亂聖術，宜加刑誅。帝雖寢其奏，而《漢禮》遂不行。（卷三十五，頁 1203）

章帝雖有意興作禮制，而曹褒亦盡心集作；然而終章帝之世，（章和二年（88）二月）《漢禮》始終未能公諸於世，施行於當時。至和帝即位，擢曹褒爲監羽林左騎，永元四年（92），遷射聲校尉。至永元五年（93）之後，太尉張酺、尚書張敏等奏和帝，〔註 44〕指控曹褒擅制《漢禮》，乃是破亂聖術之事，宜加

〔註 43〕　《後漢書・儒林列傳》曰：「建武中，曹充習慶氏學，傳其子褒，遂撰《漢禮》，事在〈褒傳〉。」卷七十九下，頁 2576。
〔註 44〕　《後漢書・張敏列傳》載張敏建初「五年，爲尚書」，至和帝永元九年（97）

刑誅，曹褒雖未因此而受罰，然《漢禮》始終未能實行而束之高閣。

事實上，《漢禮》並未因張酺等人之控訴而消聲匿跡，事隔八年之後，此書被張奮提起。張奮官職經歷頗為豐富，〔註 45〕要皆光祿勳之屬官一系。張奮於和帝永元九年（97）因病罷官，在家上疏建議應制作禮樂大典，〔註 46〕其疏不見納。越四年，永元十三年（101），更召拜為太常，復上疏曰：

> 「漢當改作禮樂，圖書著明。王者化定制禮，功成作樂。謹條禮樂
> 異議三事，願下有司，以時考定。昔孝武皇帝、光武皇帝封禪告成，
> 而禮樂不定，事不相副。先帝已詔曹褒，今陛下但奉而成之，猶周
> 公斟酌文武之道，非自為制，誠無所疑。久執謙謙，令大漢之業不
> 以時成，非所以章顯祖宗功德，建太平之基，為後世法。」帝雖善
> 之，猶未施行。（卷三十五，頁 1199～1200）

張奮疏中言依舊倡言漢當改作禮樂。東漢自光武帝以來，禮樂未定，現行禮儀與典籍所載不盡相符，而章帝時已詔曹褒集作《漢禮》；因此，張奮建議和帝將《漢禮》公諸於世，並以此為國憲禮制，此做法猶如周公制禮作樂乃斟酌文武之道而成，非擅自制作，如此可以排除反對勢力之疑慮，並且可以彰顯祖宗功德，建太平之基，成為後世法則。《漢禮》至此似有復興機會，然而，和帝雖同意張奮意見，但仍未施行，漢代禮制依舊付之闕如。由此可知，《漢禮》雖然無法施行於當時，然而其文本一直存在於東觀，成為舊典，以待後世。

《後漢書·曹褒列傳》載曹褒之著作，除《漢禮》遭擱置外，尚有「作《通義》十二篇，《演經雜論》百二十篇，又傳《禮記》四十九篇」，（卷三十

拜司隸校尉；（卷四十四，頁 1502～1504）而《後漢書·張敏列傳》言張酺至
和帝「永元五年，遷酺為太僕。數月，代尹睦為太尉。」（卷四十五，頁 1532）
〈曹褒列傳〉言「太尉張酺、尚書張敏」，故其事當在永元五年之後，永元九
年之前。

〔註45〕《後漢書·張純列傳》卷三十五曰：「建初元年，拜左中郎將，轉五官中郎
將，遷長水校尉。七年，為將作大匠，章和元年，免。永元元年，復拜城門
校尉。四年，遷長樂衛尉。明年，代桓郁為太常。六年，代劉方為司空。」
頁 1198。

〔註46〕《後漢書·張純列傳》卷三十五曰：「（張）奮在位清白，無它異績。九年，
以病罷。在家上疏曰：『聖人所美，政道至要，本在禮樂。《五經》同歸，而
禮樂之用尤急。……臣以為漢當制作禮樂，是以先帝聖德，數下詔書，恐傷
崩缺，而眾儒不達，議多駁異。臣累世台輔，而大典未定，私竊惟憂，不忘
寢食。臣犬馬齒盡，誠冀先死見禮樂之定。』」頁 1199。

五，頁 1205）並論之曰：

> 漢初天下創定，朝制無文，叔孫通頗採經禮，參酌秦法，雖適物觀時，有救崩敝，然先王之容典蓋多闕矣。是以賈誼、仲舒、王吉、劉向之徒，懷憤歎息所不能已也。資文、宣之遠圖明懿，而終莫或用，故知自燕而觀，有不盡矣。孝章永言前王，明發興作，專命禮臣，撰定國憲，洋洋乎盛德之事焉。而業絕天筭，議黜異端，斯道竟復墜矣。夫三王不相襲禮，五帝不相沿樂，所以咸、莖異調，中都殊絕。況物運遷回，情數萬化，制則不能隨其流變，品度未足定其滋章，斯固世主所當損益者也。且樂非夔、襄，而新音代起，律謝皋、蘇，而制令亟易，修補舊文，獨何猜焉？禮云禮云，曷其然哉！（卷三十五，頁 1205）

此乃《後漢書》對曹褒終生成就極為崇高之禮讚。漢初以來，唯叔孫通定朝儀，餘則朝制無文、容典多闕；是以如賈誼、董仲舒、王吉、劉向等有識之士，有志難伸；至章帝命禮臣曹褒撰定「國憲」《漢禮》，此事在整個漢代禮制發展過程中，意義格外重大，理應可以解決漢初以來禮制未備之歷史缺憾，只是此事遭遇群臣反對而「胎死腹中」，令人扼腕。曹褒與叔孫通同為魯國薛人，曹褒字「叔通」，顯示其對叔孫通充滿孺慕之情，有意之思齊。叔孫通受高祖命制禮儀，又定儀法，然未盡備而通終；曹褒受章帝敕制《漢禮》，《漢禮》雖成，猶未及施行而章帝崩；此豈非歷史之宿命哉！終曹褒一生對漢代禮學之貢獻，不僅繼承曹充之志業，並且教授諸生千餘人，使慶氏學流行於當時，最重要者，乃在漢代重建禮制之過程中，集作《漢禮》，留下未及施行卻又不可磨滅之「國憲」。

第四節 《漢禮》與《白虎通》

現存之《白虎通》文本並非史書傳說中所謂之「白虎通」，此一假設延伸另一個問題，即：現存之《白虎通》文本為何物？若《白虎通》與白虎觀會議無關，則此書必另有其名，另有其主。

曹褒受詔所制之《漢禮》，目前雖已「亡佚」，無從獲悉其文本內容，但依《後漢書》記述之《漢禮》，與《白虎通》文本有諸多吻合之處：

（一）比較兩者之內容本質。學者一致肯定《白虎通》是部具有法典性質之「國憲」，「它的內容規定了國家制度和社會制度的基本原則，確立了各

種行爲准則」（侯外盧語），爲漢制作之意圖十分明顯。而曹褒受命制作之《漢禮》，乃「依禮條正，使可施行」，撰次「乃次序禮事，依準舊典」，故其書具備「國憲」之性質亦無庸置疑。《後漢書·曹褒傳》論曰：

> 論曰：漢初天下創定，朝制無文，叔孫通頗採經禮，參酌秦法，雖適物觀時，有救崩敝，然先王之容典蓋多闕矣。……孝章永言前王，明發興作，專命禮臣，撰定國憲，洋洋乎盛德之事焉。而業絕天筹，議黜異端，斯道竟復墜矣。（卷三十五，頁 1205）

由於叔孫通之《漢儀》年久失修，故〈曹褒傳〉載章帝所專命之禮臣，當屬曹褒，而依《漢儀》條正撰定之「國憲」，無疑是指曹褒所制作之《漢禮》。

然而《後漢書》這段對曹褒之讚論，卻引來不必要之聯想與引申。侯外盧等人以爲〈曹褒傳〉所言之「國憲」即是指《白虎通》；〔註47〕章權才則以爲：

> 班固在《曹褒傳論》中所說的「國憲」，主要就是由「白虎通」和「漢禮」所構成的。稱作「國憲」，可見《白虎通》在當時被重視的程度。〔註48〕

此一「國憲」兼指兩書。《後漢書》於曹褒論中所稱「國憲」，是否兼含「白虎通」和《漢禮》二書，其意未明；然而，白虎觀會議與曹褒完成《漢禮》，兩者時間相距不過八年，況且章帝命曹褒制禮之過程中，從未提及「白虎通」，若俱稱〈曹褒傳〉所論之「國憲」兼指「白虎通」和《漢禮》兩書，並不合理。不過，章權才所論，恰巧說明：《漢禮》與《白虎通》同具國憲性質。

尤有甚者，有學者認爲「《白虎通》的重要性甚至遠超過本想作爲『國憲』的漢禮百五十篇」（林聰舜語），此說亦恰巧印證《白虎通》與《漢禮》之同

〔註47〕《中國思想通史》言：「上面講的章帝和曹褒的話，和《白虎通義》的年代相次，兩相印證，就可以了解漢章帝的法典內容。〈曹褒傳〉論更指出漢代法典制作的演變，最后說到章帝的"國憲"："孝章永言前王，明發興作。專命禮臣，撰定'國憲'，洋洋乎盛德之事焉！"我們認爲白虎觀所欽定的奏議，也就是賦了這樣的"國憲"神學的理論根據的讖緯國教化的法典。」侯外盧、趙紀彬、杜國庠、邱漢生著（北京：人民出版社，1992 年 10 月），第二卷〈兩漢思想〉，頁 224～225。曹褒之《漢禮》雖與《白虎通》年代相近，但是〈曹褒傳〉所言章帝制作法典時，並不涉及《白虎通》；〈曹褒傳〉所言章帝之「國憲」，並非指《白虎通》，亦與《白虎通》無關。

〔註48〕《兩漢經學史》，頁 246～247。

質性。但是，曹褒之《漢禮》乃依準叔孫通之《漢儀》而成，「以爲百五十篇，
寫以二尺四寸簡」，其事雖遭群臣反對而告中輟，無法實踐於當時，但仍有簡
冊保存，甚至八年之後，此書仍被張奮提起，顯示該書依然存在東觀之內；
反觀「白虎通」，於其書名未有定稱，篇目未有定數，作者未有定論，皆不如
《漢禮》記載之翔實。史書記其事者詳，而記其書者略，若將《白虎通》視
爲白虎觀會議之資料，而逕自將「講議《五經》同異」之會議視爲「制定『國
憲』的努力的一部分」，恐有附會之虞。

（二）比較兩者之篇目名稱與篇目內容。《白虎通》之〈爵〉、〈號〉以至
〈喪服〉、〈崩薨〉等四十三篇，雖是後人編類，非其本真，然其篇目名稱與
分篇內容頗爲相應，仍具參考價值。夏長樸稱《白虎通》「是一部粗具規模的
組織法」。李申更清楚說明：

> 其順序是從"天子爲爵稱"講到帝王、謚號及天子應祭祀的五祀、
> 社稷，以及天子祭祀所用的禮樂；接著是公卿、諸侯以及與公侯有
> 關的誅伐、諫諍制度。……再后則是從嫁娶到死喪人人都存在的普
> 遍問題。最後一篇〈闕文〉講郊祀、宗廟。原本是否如此排列？不
> 得而知。但大體可以看出，《白虎通義》的順序，可說是從人事講到
> 天道，人事中又是先天子、次公侯、最后是庶民，人事中那共同的
> 問題則是從生講到死。這樣，《白虎通義》就涉及了當時所關心的天
> 道、人事的全過程與方方面面。〔註49〕

正因爲《白虎通》具有「國憲」之性質，因此全書通篇無所不包，展現其宏
大之規模。由《白虎通》所規範之對象而言，不僅包括天子與諸侯之王者，
及公、卿、大夫及士等之貴族，庶人、婦女亦在制度之內。〔註50〕《白虎
通》乃是以禮爲核心，透過以禮「正名」之方法，闡明天子以至庶人之權利
與義務，由此過程中：鞏固天子政權之合法性，建立中央行政組織與地方
政治制度，確定血緣宗族之社會與家庭結構，以及制定各種典禮儀式之進行

〔註49〕 李申：《中國儒教史》（上海：上海人民出版社，1999年12月）上卷，頁506。
〔註50〕 《白虎通》規範對象涉及庶人部分有：卷一〈爵·庶人稱匹夫〉、卷三〈禮樂·
侑食之樂〉、卷四〈京師·制祿〉、卷六〈災變·日月食水旱〉、卷七〈考黜·
九錫〉、〈蓍龜·總論筮龜〉、卷八〈瑞贄·見君之贄〉、卷九〈五刑·刑不上
大夫〉、〈五經·孝經論語〉、卷十〈嫁娶·妻妾〉、卷十一〈喪服·庶人爲君〉、
〈崩薨·崩薨異稱〉〈崩薨·天子至庶人皆言喪〉、〈崩薨·墳墓〉等。（闕文
不列）

程序，乃至於規定每一個人由生到死，在冠、婚、喪、葬與各種不同典禮中應有之言行舉止，以期達到有效規範天下人之政治目的。此外，《白虎通》文本所引十一類典籍五百九十五則條文之中，引《禮》類二百三十一則佔總數近四成（38.82%），亦可知此書乃是次序禮事爲主要內容。因此，《白虎通》可以說是一部政治制度之書，亦可稱爲禮儀百科全書，質言之，《白虎通》正是一部具體而微之禮制之書。反觀曹褒之《漢禮》，「乃次序禮事」，「撰次天子至於庶人冠婚吉凶終始制度」，其書乃「依禮條正」，目的在爲漢代建立使可施行之禮樂制度；對照《後漢書・曹褒傳》記載之《漢禮》，其實與《白虎通》之篇目名稱與內容性質若合符節，兩者相似之處，豈是單純巧合而已。

（三）就「讖記之文」而論。白虎觀會議乃爲「講議《五經》同異」，其中摻雜讖記之文三十一條，不僅違反章帝詔開會議之宗旨，更爲後世所詬病。至於《白虎通》所以引述讖記之文，後世學者有不同見解。莊述祖曰：

> 《白虎通義》雜論經傳。……《論語》、《孝經》、六藝並錄。傳以讖記，援緯證經，自光武以《赤伏符》即位，其後靈台郊祀，皆以讖決之，風尚所趨然也。故是書論郊祀、社稷、靈臺、明堂、封禪，悉橐括緯候，兼綜圖書，附世主之好，以繩道眞，違失六藝之本，視石渠爲駁矣。〔註51〕

莊述祖認爲，《白虎通》引述讖記之文雖是風尚所趨，附世主之所好，但卻違失六藝之本，較石渠禮論爲駁雜。林麗雪則言：

> 尤其遺憾的是，儘管白虎通全書處處透露出漢儒企圖賦予大一統專制政體新的政治理想和內容的苦心，譬如它主張「崇禮樂教化」（禮樂篇）、「刑以佐德助治」（五刑篇）以及富團結而非壓制意義的「三綱六紀」之倫理觀等，但往往因全篇累牘援引讖緯而遭到後世學者的詬病。〔註52〕

雖然《白虎通》書中摻雜讖記之文，引發後世之批評，但林麗雪仍然肯定「漢儒企圖賦予大一統專制政體新的政治理想和內容的苦心」，甚至認爲《白虎通》所以引用讖記之文，其目的乃是「爲漢立制」。

〔註51〕〈白虎通義攷〉，頁6～7。

〔註52〕林麗雪：〈白虎通與讖緯〉，《孔孟月刊》第二十二卷第三期（1983年11月），頁25

　　相隨著學術地位的提升，讖緯在政治的措施上也起了相當大的作
　　用。……後來，章帝制漢儀，亦依讖緯立制：『元和二年下詔曰：……
　　章和元年正月迺召褒詣嘉德門，……』白虎集議的目的既在爲漢立
　　制，豈有不引用讖緯的道理？〔註53〕

因爲讖緯在學術地位漸次提升，同時在政治上亦起相當作用，故不僅《白虎
通》引述讖緯之目的在「爲漢立制」，甚且稍後章帝召曹褒作《漢禮》，亦「依
讖緯立制」，可知，《白虎通》與《漢禮》，兩者皆是章帝意圖制憲之大典，皆
「依讖緯立制」。而黃復山理解《白虎通》引述讖緯用意，亦有類似見解。

　　讖緯所以受帝王重視，並將之融入經義中，肇因殆與經學之世俗化
　　有密切關係。……亦因其世俗化，始有樊儵、沛獻王劉輔、東平王
　　蒼、曹褒等雜取五經、讖記以訂禮制、作《通論》等事，此亦欲用
　　便宜行事，以達世俗致用之目的也。錢穆〈兩漢經學今古文平議〉
　　謂：「白虎會議後，章句俗學積習如故，亦未見有以摧陷而廓清之」，
　　經學所以如故，帝王之經學世俗化用心，當有以致之也。〔註54〕

黃復山以爲《白虎通》所以引述讖緯之用意，其目的乃在使經學世俗化，並
且擴大當時如樊儵、劉輔、王蒼、曹褒等人雜取《五經》、讖記之文，乃爲制
訂禮樂制度之世俗致用之目的。雖然黃復山亦認同《白虎通》是「白虎觀議
論所集結之成果」，但是由此道出《白虎通》引述讖緯之作意，目的在於世俗
致用。反觀曹褒之《漢禮》，內容「乃次序禮事，依準舊典，雜以《五經》讖
記之文」，恰巧吻合《白虎通》之內容；而《漢禮》欲成一世法典，使可施行，
引述讖記之文之目的，亦是「以達世俗致用之目的」。黃復山所論雖指《白虎
通》，卻與曹褒《漢禮》之宗旨不謀而合。

　　此外，章帝元和二年詔書之中引述《河圖》、《尚書璇機鈐》、《帝命驗》
等，皆讖記之文，曹褒於《漢禮》之中引述讖記之文，無非是呼應章帝詔書
之旨趣。況且，章帝即位之初，問「制禮樂云何」一事，曹充以《河圖括地
象》、《尚書璇機鈐》等讖記之文應對之，顯示曹充對讖緯之熟稔；曹褒既傳
父業，對讖緯內學應不陌生，故於《漢禮》之中雜以「讖記之文」，乃是極其
合理之事。

　　相較於《白虎通》文本與史書所載之《漢禮》，兩者確實存在若干內在關

〔註53〕〈白虎通與讖緯〉，頁22。
〔註54〕黃復山：《東漢讖緯學新探》（臺北：臺灣學生書局，2000年2月），頁17。

聯性。故本文推論：目前所見之《白虎通》文本，應是曹褒所制之《漢禮》，而與白虎觀會議無關；意即，《白虎通》文本即是曹褒集作《漢禮》之內容，而史書所載白虎觀會議之「白虎通」，其實並未能及時公諸於世，或者未能完成其書冊形式以供流傳。唯有如此，始能合理解釋：為何白虎觀會議乃為「講議《五經》同異」而詔開，《白虎通》卻只講名物度數；經學會議不論經義，卻淪為制憲工程；史書楬櫫「如孝宣甘露石渠故事」，《白虎通》卻與石渠佚文迥然不同；白虎觀會議「欲使諸儒共正經義，頗令學者得以自助」，冀望「永為後世則」，然而《白虎通》於後世史書之記載，書名、篇數與作者，互為齟齬，甚且「不僅許慎馬融不能得其書而讀之，且蔡邕鄭玄並不曾舉引」？而環繞於《白虎通》文本之諸問題，且因此困擾中國學術一千八百年，可能來自於人為誤會所造成。

第五節　蔡邕與《白虎通》

自白虎觀會議結束之後近百年內，世人只知有其事，但不知有其書，至蔡邕（133～192）時突然出現有關白虎觀會議之資料。《後漢書‧蔡邕列傳》曰：

> 蔡邕字伯喈，陳留圉人也。……少博學，師事太傅胡廣。好辭章、數術、天文、妙操音律。……建寧三年，辟司徒橋玄府，玄甚敬待之。出補河平長。召拜郎中，校書東觀。遷議郎。邕以經籍去聖久遠，文字多謬，俗儒穿鑿，疑誤後學，熹平四年，乃與五官中郎將堂谿典、光祿大夫楊賜，諫議大夫馬日磾、議郎張馴、韓說、太史令單颺等，奏求正定《六經》文字。靈帝許之，邕乃自書冊於碑，使工鐫刻立於太學門外。於是後儒晚學，咸取正焉。及碑始立，其觀視及摹寫者，車乘日千餘兩，填塞街陌。（卷六十下，頁 1979～1990）

蔡邕字伯喈，陳留圉人。少時師事胡廣（90～172）。〔註55〕胡廣歷事安、順、沖、質、桓、靈六帝，凡其所辟命，皆天下名士。蔡邕得業師提拔，於靈帝建寧三年（170），「召拜郎中，校書東觀」。靈帝熹平四年（175），與五官中

〔註55〕《後漢書‧胡廣列傳》載胡廣「年八十二，熹平元年薨。」卷四十四，頁1510。

郎將堂谿典等人，奏求正定《六經》文字，經靈帝同意，蔡邕乃自書於碑，使工鐫刻立於太學門外，以為後儒晚學定正經文之用，此即經學史上著名之「熹平石經」，蔡邕受靈帝之重用，可見一斑。至靈帝熹平六年（177），與諫議大夫馬日磾、議郎盧植、楊彪、韓說等人並在東觀，校中書《五經》記傳，補續《漢記》。〔註56〕同年七月，蔡邕「上封事七條」，靈帝乃親迎氣北郊，及行辟雍之禮。其第五事曰：

> 臣每受詔於盛化門，差次錄第，其未及者，亦復隨輩皆見拜擢。……
> 昔孝宣會諸儒於石渠，章帝集學士於白虎，通經釋義，其事優大，
> 文武之道，所宜從之。（《後漢書・蔡邕列傳》卷六十下，頁1996～
> 1997）

蔡邕文中並舉宣帝石渠閣議與章帝白虎觀會議，顯見此時，石渠、白虎二事已成佳話，然文中尚未提及「白虎通」。至中平六年（189）靈帝崩，董卓為司空，欲辟蔡邕。《後漢書・蔡邕列傳》曰：

> ……邕不得已，到，署祭酒，甚見敬重。舉高第，補侍御史，又轉
> 持書御史，遷尚書。三日之閒，周歷三臺。遷巴郡太守，復留為侍
> 中。（卷六十下，頁2005）

蔡邕「三日之閒，周歷三臺」，後遷巴郡太守。在此之際，蔡邕作〈巴郡太守謝版〉曰：〔註57〕

> 詔書前後，賜石鏡奩《禮經素字》、《尚書章句》、《白虎議奏》合成
> 二百一十二卷。〔註58〕

蔡邕稱受賜之《白虎議奏》與《禮經素字》、《尚書章句》三書，合成二百一十二卷。此乃自白虎觀會議百餘年之後，首次有文獻提到與該會議有關之資料。

莊述祖依蔡邕〈巴郡太守謝版〉所載推論：「案《禮古經》五十六卷，今《禮》十七卷，《尚書章句》歐陽、大小夏侯三家，多者不過三十一卷，二書卷不盈百，則奏議無慮百餘篇，非今之通義明矣。」《白虎議奏》在蔡邕〈謝版〉時必有百篇以上，而現存之《白虎通》文本只四十三篇，故《白虎通》與《白虎議奏》兩者不同。並且，「案〈儒林傳〉云命史臣，著為通義，即今

〔註56〕《後漢書・盧植列傳》卷六十四，頁2117。
〔註57〕王昶考證蔡邕作〈巴郡太守謝版〉當於中平六年。
〔註58〕《蔡中郎文集》，卷八，頁3。

白虎通義也；議奏隋唐時已亡佚，注以爲今白虎通，非是。」〔註59〕故《白虎通》四十三篇乃是章帝命史臣所著之「通義」，且是《白虎議奏》百篇以上經過刪修整理之略本。因此，莊述祖主張：現存之《白虎通》四十三篇，應正名爲「白虎通義」，而百篇以上之《白虎議奏》稱爲「白虎通」；只是《白虎議奏》已無可考，故歷史傳說中之「白虎通」，「當然」亦隨之不見。莊述祖考證蔡邕所謂之《白虎議奏》必在百篇以上，此說仍具有參考價值；〔註60〕但是推論必在百篇以上之《白虎議奏》與現存之《白虎通》四十三篇兩者必不相同，此說則需再考證。

在西漢至東漢前期，記錄著作之載體主要有二種工具材料：一是竹簡，一是縑帛；前者之計量單位稱「篇」，而後者稱「卷」。《說文》曰：「卷，膝曲也。」（頁435）；「簡，牒也。」；「篇，書也。」（頁192）；段玉裁注曰：「書，著也。箸於簡牘者也，亦謂之篇。古曰篇，漢人亦曰卷。卷者，縑帛可捲也。」（同上）故「篇」或「卷」，皆是漢人計量著作材料之單位名稱，名稱之差別只在於載體材料之不同。以《漢書、藝文志》所載書籍爲例。《易》類十三家全以篇計，合爲「二百九十四篇」；《書》類九家有篇有卷，亦合爲「四百一十二篇」；《詩》類六家全以卷計，合爲「四百一十六卷」；凡「六藝」類一百三家多以篇計，故合爲「三千一百二十三篇」。此外，「諸子」類百八十九家，四千三百二十四篇；〔註61〕「詩賦」類百六家，千三百一十八篇，悉以篇計。而「數術」類百九十家，二千五百二十八卷，悉以卷計。〔註62〕以上所載圖書有篇有卷，而〈藝文志〉則總計「大凡書，六略三十八種，五百九

〔註59〕〈白虎通義敍〉，頁4。
〔註60〕莊述祖稱：「《禮古經》五十六卷，今《禮》十七卷，《尚書章句》歐陽、大小夏侯三家，多者不過三十一卷」，二書卷不盈百。然而，曾與蔡邕並在東觀校書之盧植，亦有作《尚書章句》、《三禮解詁》，《後漢書‧盧植列傳》載盧植曾上書靈帝：「願得將能書生二人，共詣東觀，就官財糧，專心研精，合《尚書》章句，考《禮記》失得，庶裁定聖典，刊正碑文。」（卷六十四，頁2116）〈巴郡太守謝版〉中所言之《禮經素字》、《尚書章句》二書，是否與盧植著作有關，無法證實；且盧植之二書，未載篇數，其書又亡，亦無可考。今且暫依莊述祖考證所得。
〔註61〕《漢書、藝文志》卷三十，「小說」類只「《百家》百三十九卷」以卷計。
〔註62〕《漢書、藝文志》卷三十，「天文」類「《黃帝雜子氣》三十三篇」、「《金度玉衡漢五星客流出入》八篇」、「《圖書秘記》十七篇」，「形法」類「《山海經》十三篇」，「蓍龜」類《易卦八具》，則不載篇卷；除以上五書外，「數術」類百九十家，悉以卷計。

十六家，萬三千二百六十九卷。」可知在當時，「篇」「卷」兩種名稱可以
相通，皆是圖書之計量單位。然而竹簡修長，易於寫字；縑帛寬廣，利於
繪圖，兩者利弊相摻，故在使用上，撰述者因著作之性質而有不同選擇。例
如「陰陽」類：「《黃帝》十六篇。圖三卷」、「《風后》十三篇。圖二卷」、「《鵊
冶子》一篇。圖一卷」、「《鬼容區》三篇。圖一卷」、「《別成子望軍氣》六
篇。圖三卷」，〈藝文志〉分計爲：「陰陽十六家，二百四十九篇，圖十卷。」
（頁 1760）因此，「篇」適用於竹簡，而「卷」則指縑帛，兩者只是記錄著作
之材料有異，於數量統計則無所差別。此外，須稍加區分說明，竹簡之「篇」，
每「篇」可成一捲（卷），其形式與「卷」同類，故亦可以稱「卷」，但是縑
帛之「卷」，則不適於稱「篇」；此亦是〈藝文志〉總計六藝圖書時，捨「篇」
而用「卷」之可能初衷。

　　東漢前期，「篇」「卷」兩名可以互稱，至蔡倫造紙以後，情況則稍有改
變。《後漢書・蔡倫列傳》曰：

> 自古書契多編以竹簡，其用縑帛者謂之爲紙。縑貴而簡重，並不便
> 於人。倫乃造意，用樹膚、麻頭及敝布、魚網以爲紙。元興元年奏
> 上之，帝善其能，自是莫不從用焉，故天下咸稱「蔡侯紙」。（卷七
> 十八，頁 2513）

蔡倫造紙之前，時人記錄著作時，仍是流行使用竹簡與縑帛兩種材料，然而
「縑貴而簡重」，既不便於使用，且使用者又限於少數人；至元興元年（105），
蔡倫「用樹膚、麻頭及敝布、魚網以爲紙」，天下「自是莫不從用焉」。「蔡侯
紙」乃是中國記錄著作材料之一大革命，不僅使圖書更爲普及，亦影響中國
文獻分類深遠。例如《隋書・經籍志》所載圖書，「大凡經傳存亡及道佛，六
千五百二十部，五萬六千八百八十一卷」（卷三十二～卷三十五，頁 468～
539），全部悉以「卷」數，不復稱「篇」。

　　隨著書寫材料不斷研發創新，記錄著作之載體亦隨之簡化與便利。故蔡
邕時《白虎議奏》百篇以上，至《隋書・經籍志》載「《白虎通》六卷」，乃
是必然之趨勢，「六卷」依然是計量載體之單位。至《崇文總目》始稱「《白
虎通德論》十卷，四十篇」，其十「卷」指載體之計量單位，四十「篇」則指
著作意義之計量單位，殆無疑義。至元大德本之《白虎通》則有四十三篇，
莊述祖即稱：「《崇文》目四十篇，而今本則有四十三篇，文雖減於舊，而篇
目反增於前，是〈爵〉、〈號〉以至〈嫁娶〉，皆後人編類，非其本眞矣。」莊

述祖既知《白虎通》四十三篇乃是著作意義之單位，卻又將蔡邕〈巴郡太守謝版〉所言之《白虎議奏》百「卷」以上改稱「篇」，進而混淆東漢計量單位之「篇」與後世區分著作意義單位之「篇」，而由此得出：百篇以上之《白虎議奏》與《白虎通》四十三篇兩者必不相同之推論，故此說不可從。尤有甚者，莊述祖由此錯誤之推論，臆測白虎觀會議有百篇以上之「白虎議奏」與「白虎通義」四十三篇兩書，而「通義固議奏之略也」，此說尤不可信。莊述祖之說固屬謬誤，然其考證所得卻左右現代學者之思維方向，徒令在研究《白虎通》之過程中節外生枝，如孫詒讓〈白虎通義考〉言「議奏與通義本屬兩書，特同出於白虎觀耳。今考議奏、通義卷數，多寡懸殊，莊氏謂非一書，其說是矣」，即是一例；遂後從此一說者，不計其數。

莊述祖不僅憑空將「白虎通」分裂為二，以為「白虎議奏」乃是白虎觀會議之全文，即「白虎通」，而今之《白虎通》應為「白虎通義」，「夫通義固議奏之略也」。至於《後漢書》記載「白虎通」語焉不詳，與當時「所以不僅許慎馬融不能得其書而讀之，且蔡邕鄭玄並不曾舉引」之部分，莊述祖並解釋曰：

> 石渠既亡逸，而白虎議奏當時已頗珍秘，晉以來學者罕能言之，使
> 後之人，概無以見兩代正經義、屬學官之故事。〔註63〕

莊述祖以為白虎觀會議之後百年內，世人所以不知有「白虎議奏」者，乃是「白虎議奏」並未對外公開，僅止於觀內收藏，故不僅當時不知有其書，甚至「晉以來學者罕能言之，使後之人，概無以見兩代正經義、屬學官之故事」，此說頗為矛盾。若「白虎議奏」是「正經義、屬學官之故事」，則應即時公諸於世，豈是「珍秘」其書，以致當時「所以不僅許慎馬融不能得其書而讀之，且蔡邕鄭玄並不曾舉引」，以及「晉以來學者罕能言之」？且章帝詔開白虎觀會議之目的，「欲使諸儒共正經義，頗令學者得以自助」，「永為後世則」，若會議之後有如「白虎議奏」或「白虎通義」等文書資料，即時刊立猶稱未及，豈會如此「珍秘」？矛盾之言，亦不可信。然于首奎亦以為：

> 本來，白虎觀會議的材料，是作為國家的"機密"，由國家保管著。
> 再加上當時全是用手抄寫，所以數量一定不會很多，讀者更是有限
> 的。另外，白虎觀會議的材料，絕大部分來源于讖緯，因之，它與
> 讖緯神學的命運是息息相關的。讖緯是一些政治野心家用來篡奪政

〔註63〕〈白虎通義攷〉，頁7。

權的一種工具。東漢后，魏、晉的迭起，都是利用讖緯、符命，南北朝的宋劉裕，齊肖道成也是假借圖讖上台的。正因爲如此，一些封建統治者，爲了防止別人利用讖緯再趕他們下台，往往也都嚴禁圖讖。〔註64〕

于首奎在莊述祖論述之下，變本加厲，直視此一會議資料爲國家「機密」；甚至將「白虎觀會議的材料」未即時公開，歸咎於手抄本數量不多、讀者有限，甚至牽連與讖緯神學之命運息息相關。手抄本是當時普遍之書寫工具，不屬於特殊原因；讀者固然有限，但不至百年之內無人知之，無人言及；至於《白虎通》內容有「絕大部分來源于讖緯」，讖緯學說乃在會議當時，猶稱「內學」，方興未艾，至三國以後始遭禁絕，實與當時不見《白虎通》之消息無甚關聯。莊述祖雖然開考證《白虎通》風氣之先，厥功甚偉，然其誤判之處，亦影響後世學者深遠，由此可見一斑。

《後漢書》記載非常清楚，曹褒之《漢禮》，乃「以爲百五十篇，寫以二尺四寸簡」，故《漢禮》是以竹簡之材料記錄而成之著作，有百五十篇，此「篇」依然是計量載體材料之單位。蔡邕〈巴郡太守謝版〉所言之《白虎議奏》百卷以上，亦是指計量載體之單位，實與曹褒《漢禮》百五十篇之數相當。從〈藝文志〉所載五百九十六家圖書觀察，除《虞初周說》九百四十三篇外，具有百篇以上之長篇鉅構，不過《軍禮司馬法》百五十五篇、《太史公》百三十篇、《漢著記》百九十卷、《董仲舒》百二十三篇、《太公》二百三十七篇、《百家》百三十九卷、《枚皋賦》百二十篇等七書而已；此一數據意味著曹褒之《漢禮》被誤認爲是《白虎議奏》之可能性大爲提高，意即：蔡邕〈巴郡太守謝版〉所言之《白虎議奏》百卷以上，實指曹褒之《漢禮》。因此，據此推論：曹褒之《漢禮》被誤植爲白虎觀會議之《白虎通》之時機，應在蔡邕作〈巴郡太守謝版〉之際。

蔡邕於靈帝建寧三年「召拜郎中，校書東觀」；至熹平四年，又與五官中郎將堂谿典等人，奏求正定《五經》文字；熹平六年，又與諫議大夫馬日磾、議郎盧植、楊彪、韓說等人並在東觀，校《五經》記傳，補續《漢記》，尋轉侍中遷尚書。蔡邕既拜郎中，又遷尚書，長年校書於東觀，而東觀正是曹褒受敕盡心集作《漢禮》之所，亦是《漢禮》不行之後之藏書之處，因此，若當時《漢禮》尚存，則蔡邕理應曾經校閱此書。至中平六年，蔡邕周

〔註64〕 《兩漢哲學新探》，頁 227～228。

歷三臺，遷巴郡太守，作〈巴郡太守謝表〉時，獲賜《漢禮》百餘卷，但卻己被冠上《白虎議奏》之名。蔡邕獲賜之《漢禮》，此書極可能是《漢禮》在東觀以外之「孤本」，至於東觀之內是否仍存有《漢禮》正本，不得而知；此書又歸蔡邕所有，屬私人藏書，故當時知之者寡。易言之，曹褒之《漢禮》極可能在此之時，或者更早被誤植爲《白虎議奏》，自此而後，曹褒之《漢禮》遂以《白虎議奏》之名而行於世，「白虎通」乃《白虎議奏》之流俗省稱，魏時繆襲（186～245）引《白虎通》文句，〔註65〕遂爲後世所徵引，《白虎通》復行於世。

　　總而言之：東漢章帝詔太常以下諸儒集於白虎觀，會議之目的「欲使諸儒共正經義，頗令學者得以自助」，主旨在「講議《五經》同異」，會議進行連月乃罷，會後資料作成「白虎議奏」。《後漢書》記其事者詳，載其書者略，或稱「通義」，或曰「白虎通德論」，亦從未記載其書之篇數與內容，故所謂「白虎議奏」僅止於傳說之中，應未撰集成冊；即使撰集成冊，亦未即時公諸於世，以致於「不僅許慎馬融不能得其書而讀之，且蔡邕鄭玄並不曾舉引也」。且章帝於會後四年，依然公開批評「《五經》剖判，去聖彌遠，章句遺辭，乖疑難正」，證明白虎觀會議並未留下任何資料可供當時學者「正經義」。至章和元年，章帝詔曹褒制作《漢禮》時，仍從未提及「白虎通」或者白虎觀會議。曹褒制作《漢禮》百五十篇奏上，章帝因太尉、尚書等大臣之極力反對而作罷，章帝寢其奏，「而《漢禮》遂不行」。正因爲《漢禮》「不行」於當時，留置東觀，而白虎觀會議之「白虎通」又尙未問世，在此百年之間，《漢禮》被誤植爲《白虎議奏》。至中平六年，蔡邕獲賜百篇以上之《白虎議奏》，即是曹褒之《漢禮》；此亦是現存之《白虎通》文本與史書描述曹褒之《漢禮》若合符節，而不類經學會議之資料，亦不與《石渠禮論》同調之癥結所在。至此而後，《漢禮》文本便以《白虎通》之名而行於世，其文本遂爲後世所徵引。陳立感歎疏證《白虎通》有四難，此豈非誤植《漢禮》以爲《白虎通》所致，亦從此困惑後世學者研究《白虎通》一千八百年矣。

〔註65〕例如《南齊書‧禮志》載繆襲（186～245）引《白虎通》之例曰：「又郊日及牲色，異議紛然。……繆襲據〈祭法〉，云天地騂犢，周家所尚，魏以建丑爲正，牲宜尚白。《白虎通》云：『三王祭天，一用夏正』，所以然者，夏正得天之數也。」（梁）蕭子顯撰：《南齊書》（北京：中華書局，1972年），卷九〈禮上〉，頁120。

第捌章　結　論

　　自元大德九年《白虎通》重出問世以來，一直是研究東漢思想之重要文獻。《白虎通》全書以「自設問答」爲體例，書中共四十三篇，三百零八章，提問凡六百五十七問題，體例明確且一致。由「問答」之內容判斷，《白虎通》乃是透過「問答」之形式，以確立名物度數之實質內容與意義，並推究問名物度數之由來與道理，以達到「正名」之目的。全書「正名」之範疇，就人而言，上自天子、諸侯，至公、侯、伯、子、男，卿、大夫與士等貴族，下至庶人，規範人在政治上之權利與義務；就事而言，《白虎通》重視依然是「人事」，從政治制度上之職稱及其相互間運作，人我群己間之關係，乃至個人之性情、壽命，至嫁娶、喪葬等人事禮制，皆是《白虎通》論述之重點。因此，無論是就篇章名目，或是「問答」之內容，《白虎通》之內容是規範天子以至庶人之權利與義務，是部組織縝密之政治制度之書；而其本質則是具有「國憲」意義之成文法典，實非會議資料彙編所能比擬。

　　《白虎通》以「問題」形式舖排名物度數，由「回答」之內容可以反映全書之思想理論。《白虎通》之思想理論，在宇宙論方面，乃以陰陽五行學說爲基礎，天地萬物皆由陰陽變化而來，陰陽生五行，五行生化萬物，萬物皆含陰陽五行之性。因此，陰陽、五行既是萬物之本原，亦是各種自然現象變化發展之根源，天地萬物與自然現象，皆是陰陽、五行之排列組合，陰陽五行是構成天地萬物與變化現象之元素。陰陽五行之性可以分判天地萬物，天地萬物皆含陰陽之氣，天地萬物之生死流變，不過是陰陽之氣化流行；宇宙間一切現象變化，只是陰陽五行作用之結果。相對於陰陽五行學說之發展過程，《白虎通》之陰陽五行說更具有系統性與完整性，並且充分運用在人道倫

常之中，顯示以陰陽五行建構之宇宙論已相當完熟。《白虎通》提倡陰陽五行說之用意，其一，合理解釋宇宙萬物之生化原則及其變化過程；其二，陰陽五行說為天人之間提供一道橋樑，成為天人感應學說之理論間架，使天人感應之天命觀成為可能。

《白虎通》在論述天人感應之過程中，天以天下之太平或亂世判斷天子執政之德與失，以「賞善罰惡」之原則降命於天子。天命之形態分二項，一項象徵政權，是以「符命」保證帝王政權之正當性，另一項象徵政治得失，以「祥瑞」褒帝王之德，以「災異」貶帝王之失。無論是人所感應之內容或感應之對象，皆是指當政之天子，天以「符命」與「祥瑞」、「災異」等媒介傳遞天命，「天子」乃「天」之「子」，實質作用乃是「天」委命於人世執行天意之職務代理人，故所謂「天人感應」之「天」與「人」，其實指為天命與天子。《白虎通》之「天人感應」特別強調政治上之作用，而其關懷之主題，乃是有關國家政治與君王之政治議題；因此，《白虎通》之天人感應，不過是天命與天子間之溝通過程，不僅使天子之政權得到充分合理之正當性，而「特別著重在譴告君主的災異」，乃是為臣子提供制約君權之憑證。

《白虎通》所以引陰陽五行與天人感應之說，乃是透過兩學說以建立禮樂制度，證明禮樂制度具有正當性與必然性。禮既是依循陰陽五行運行之規律，與天人感應之天命觀而設置，故禮必然能有效維護政治、社會與宗族之和諧。禮是介於陰陽之際，匯集百事之儀式，必以禮為方法，始能達到溝通天人相與之際，與建立人倫秩序之目的；故禮具有建立人倫秩序之功能，是王者治天下之具。

就《白虎通》之篇章結構而言，主要論述之對象，乃是以王者為核心之政治組織，以及環繞自王者以下至士、大夫之貴族之禮法制度；而所論述之範圍，上起爵、號，終於嫁娶、喪服之禮儀秩序，內容呈現出縝密且具體之組織結構。無論是就篇章構結，或是引述典籍次數比例，《白虎通》文本既有論禮之義，亦有禮之儀，更多篇幅是在討論以禮所建構之政治制度與人倫秩序之禮制，是集「三禮」之所長，而無「三禮」之所短，甚至是適應於當時政治環境，足以落實為具體政策之建國藍圖。因此，《白虎通》「是一部粗具規模的組織法，也是自天子以至於庶人，立身行世的根本」，「它的內容規定了國家制度和社會制度的基本原則，確立了各種行為准則，直接為鞏固

統治階級的專政服務，所以它是一種制度化了的思想，起著法典的作用」，甚至「就是賦予這樣的“國憲”以神學的理論根據的讖緯國教化的法典」。學者論述《白虎通》文本，由粗具規模之組織法，逐次提升爲具有國教法典性質之「國憲」，充分說明《白虎通》論述之重點，亦是《白虎通》文本之本質所在。

　　白虎觀會議是講議經學之會議，而《白虎通》是具有組織格局之國教法典，白虎觀會議之精神與《白虎通》文本之內容性質並不一致。雖然有學者爲化解此一矛盾衝突，而將白虎觀會議理解爲以統一經義，進而使往後制作「國憲」合理化之過渡橋樑；但是《白虎通》具有國教法典之性質，其實與章帝欲制定禮憲，在時間與做法皆有矛盾。就時間而言，自西漢高祖至東漢章帝近二百八十年，歷代帝王與群臣莫不以缺乏健全之禮制爲憾，若《白虎通》成於建初四年，則章帝何需於八年之內詔示改制？且若章帝有意以《白虎通》做爲指導後往制憲之思想原則，則爲何章和元年詔曹褒制作《漢禮》時，卻依西漢叔孫通之《漢儀》爲底本，依禮條正，絕口不提「白虎通」？就做法而言，章帝雖欲制定禮憲，卻一貫主張由一人主持負責，堅持反對以諸儒共議得失之方式完成，故以白虎觀會議之龐大員額編制進行制憲，斷非章帝所樂見。因此，白虎觀會議既與制定禮憲之事無關，《白虎通》文本亦非會議之資料。

　　《白虎通》文本與曹褒之《漢禮》兩相對照，就性質而言：學者普遍認爲《白虎通》具有禮法制度之性質；而《漢禮》「乃次序禮事」，《後漢書》譽爲「國憲」。就篇目順序而言：《白虎通》先天子、次公侯、最後庶民，從生講到死，天道、人事之全部過程；《漢禮》則「撰次天子至於庶人冠婚吉凶終始制度」。就「讖記之文」部分而言：白虎觀會議以「講議《五經》同異」爲目的，《白虎通》卻摻引讖記之文三十一條；《漢禮》亦「雜以《五經》讖記之文」。《白虎通》文本與曹褒之《漢禮》，兩者如出一轍，若合符節。因此，本文大膽推論，目前所見之《白虎通》文本，實非白虎觀會議之記錄彙編，而是曹褒受命制作之《漢禮》。

　　文末附白虎觀會議與曹褒作《漢禮》二事之時間簡表，以清事件發展之眉目。

時　間	「白虎通」	《漢禮》
東漢 建初元年 （76）	《後漢書·楊終傳》：「終又言：『宣帝博徵群儒，論定《五經》於石渠閣。方今天下少事，學者得成其業，而章句之徒，破壞大體。宜如石渠故事，永爲後世則。』於是詔諸儒於白虎觀論考同異焉。」	
東漢 建初四年 （79）	《後漢書·章帝紀》：「於是下太常，將、大夫、博士、議郎、及諸生、諸儒會白虎觀，講議《五經》同異，使五官中郎將魏應承制問，侍中淳于恭奏，帝親稱制臨決，如孝宣甘露石渠故事，作白虎議奏。」 《後漢書·儒林列傳》：「建初中，大會諸儒於白虎觀，考詳同異，連月乃罷。肅宗親臨稱制，如石渠故事，顧命史臣，著爲通義。」	
	《後漢書·班固列傳》：「天子會諸儒講論《五經》，作《白虎通德論》，令固撰集其事。」	
東漢 章和元年 （87）		《後漢書·曹褒列傳》：「正月，乃召褒詣嘉德門，令小黃門持班固所上叔孫通《漢儀》十二篇，敕褒曰：『此制散略，多不合經，今宜依禮條正，使可施行。於南宮、東觀盡心集作。』褒既受命，乃次序禮事，依準舊典，雜以《五經》讖記之文，撰次天子至於庶人冠婚吉凶終始制度，以爲百五十篇，寫以二尺四寸簡。其年十二月奏上。帝以眾論難一，故但納之，不復令有司平奏。」
東漢 永元四年 （92）		《後漢書·曹褒列傳》：「太尉張酺、尙書張敏等奏褒擅制《漢禮》，破亂聖術，宜加刑誅。帝雖寢其奏，而《漢禮》遂不行。」
東漢 永元十三年 （101）		《後漢書·張奮列傳》：「十三年，更召拜太常。復上疏曰：『漢當改作禮樂，圖書著明。……先帝已詔曹褒，今陛下但奉而成之，猶同公酌文武之道，非自爲制，誠無所疑。』」
東漢 建寧三年 （170）	《後漢書·蔡邕列傳》：「建寧三年，辟司徒橋玄府，玄甚敬待之。出補河平長。召拜郎中，校書東觀。」	

東漢 中平六年 光熹元年 （189）	蔡邕〈巴郡太守謝版〉：「詔書前後，賜石鏡奩《禮經素字》、《尚書章句》、《白虎議奏》合成二百一十二卷。」	
魏 正始六年 （245）	魏繆襲引《白虎通》云：「三王祭天，一用夏正。所以然者，夏正得天之數也。」（《南齊書・禮志》）	
	《白虎通》六卷。（《隋書・經籍志》）	
	《白虎通》六卷，漢章帝撰。（《舊唐書・經籍志》）	
	《白虎通義》六卷，班固等。（《唐書・藝文志》）	
	《白虎通德論》十卷，四十篇，班固撰。（《崇文總目》）	
	《白虎通》十卷，班固。（《宋史・藝文志》）	
元 大德九年 （1305）	李顯翁持劉平父家所藏是書善本見張楷，東平郡守並允然以此書鏤板重印。（張楷《白虎通》序） 今錫學得劉守平父家藏《白虎通》善本，繡梓以廣其傳。（嚴度《白虎通》序）	
清	盧文弨所校刻之《白虎通》，乃就何允中之《漢魏叢書》元大德本之重印本。（盧文弨「校刻《白虎通》序」）	
清	《白虎通義》乃「白虎議奏」之略本，故《白虎通義》與「白虎通」實指二事。（莊述祖〈白虎通義攷〉）	
清 光緒元年 （1875）	《白虎通》十二卷，五十篇。（陳立《白虎通疏證》）	
民國 二十年 （1931）	《白虎通》為「偽作」，「疑其為三國時作品」。（洪業〈《白虎通》引得序〉）	

附錄一：
《白虎通》各篇章所引之「問題」

卷一：〈爵〉

「天子為爵稱」章：

「爵所以稱天子何？」、「帝王之德有優劣，所以俱稱天子者何？」、「何以知帝亦稱天子？」、「何以皇亦稱天子也？」

「制爵三等五等之異」章：

「爵有五等，以法五行也。或三等者，法三光也。或法三光，或法五行何？」、「所以名之爲公侯者何？」、「百里兩爵，公侯共之。七十里一爵。五十里復兩爵何？」、「殷爵三等，謂公侯伯也，所以合子男從伯者何？」、「地有三等不變，至爵獨變者何？」、「殷家所以令公居百里，侯居七十里，何也？」、「何以知殷家侯不過七十里？」

「天子諸侯爵稱之異」章：

「公卿大夫何謂也？」、「內爵稱公卿大夫何？」、「何以知士非爵？」、「何以知卿爲爵也？」、「何以知公爲爵也？」、「內爵所以三等何？」、「所以不變質文何？」、「大夫但有上、下，士有上、中、下何？」、「爵皆一字也，大夫獨兩字何？」、「天子之子獨稱元士何？」、「天子爵連言天子，諸侯爵不連言王侯何？」

「王者太子稱士」章：

「王者太子亦稱士何？」

「婦人無爵」章：

「婦人無爵何？」、「《春秋》錄夫人皆有諡，何以知夫人非爵也？」

「追賜爵」章：

「葬從死者何？」

「諸侯襲爵」章：

「父在稱世子何？」、「父歿稱子某者何？」、「所以名之爲世子何？」、「何以知天子之子亦稱世子也？」、「世子三年喪畢，上受爵命于天子何？」、「世子上受爵命，衣士服何？」

「天子即位改元」章：

「何以知不從死後加王也？」、「王者既殯而即繼體之位何？」、「何以知踰年即位改元也？」、「所以聽于冢宰三年者何？」、「所以名之爲冢宰何？」

卷二：〈號〉

「皇帝王之號」章：

「帝王者何？」、「皇者，何謂也？」、「號言爲帝何？」

「王者接上下之稱」章：

「或稱天子，或稱帝王何？」、「臣下謂之一人何？」、「或稱朕何？」

「君子為通稱」章：

「或稱君子者何？」、「何以知其通稱也？」

「三皇五帝三王五伯」章：

「三皇者，何謂也？」、「謂之神農何？」、「謂之燧人何？」、「謂之祝融何？」、「五帝者，何謂也？」、「謂之顓頊何？」、「謂之帝嚳何」、「謂之堯者何？」、「謂之舜者何？」、「三王者，何謂也？」、「所以有夏、殷、周號何？」、「不以姓爲號何？」、「何以知即政立號也？」、「五帝無有天下之號何？」、「五霸者，何謂也？」

「伯子男於國中得稱公」章：

「王者臣子，獨不得襃其君謂之爲帝何？」、「何以知諸侯得稱公？」

〈謚〉

「總論謚」章：

「謚者，何也？」、「死乃謚之何？」、「所以臨葬而謚之何？」

「帝王制謚之義」章：

「黃帝先黃後帝者何？」、「謚或一言，或兩言何？」、「號無質文，謚有質文何？」、「所以謚之為堯何？」

「謚天子於南郊」章：

「天子崩，大臣至南郊謚之者何？」

「天子謚諸侯」章：

「諸侯薨，世子赴告於天子，天子遣大夫會其葬而謚之何？」

「卿大夫老有謚」章：

「卿大夫老歸死者有謚何？」

「無爵無謚」章：

「夫人無謚者何？」、「卿大夫妻，命婦也。無謚者何？」、「八妾所以無謚何？」、「太子夫人無謚何？」、「附庸所以無謚何？」

「謚后夫人」章：

「后夫人于何所謚之？」、「婦人天夫，故但白君而已。何以不之南郊也？」

「號謚取法」章：

「顯號謚何法？」

〈五祀〉

「總論五祀」章：

「五祀者，何謂也？」、「所以祭何？」、「何以知五祀謂門、戶、井、灶、中霤也？」

「大夫已上得祭」章：

「獨大夫已上得祭之何？」

「五祀順法五行」章：

「祭五祀所以歲一遍何？」、「春祀戶，祭所以特先脾者何？」、「是冬腎六月心，非所勝也，以祭何？」

卷三：〈社稷〉

「總論社稷」章：

「王者所以有社稷何？」

「歲再祭」章：

「歲再祭之何？」

「祭社稷所用牲」章：

「祭社稷以三牲何？」、「宗廟俱太牢，社稷獨少牢何？」

「王者諸侯兩社」章：

「王者諸侯所以有兩社何？」

「誡社」章：

「王者諸侯必有誡社者何？」

「社稷之位」章：

「社稷在中門之外，外門之內何？」、「不置中門內何？」

「名社稷之義」章：

「不謂之土何？」、「不正月祭稷何？」

「社無屋有樹」章：

「社無屋何？」、「社稷所以有樹何？」

「王者親祭」章：

「王者自親祭社稷何？」

「社稷之壇」章：

「其壇大如何？」、「其色如何？」

「祭社稷有樂」章：

「祭社稷有樂乎？」

「祭社稷廢禮」章：

「〈曾子問〉曰：『諸侯之祭社稷，俎豆既陳，聞天子崩如之何？……」

〈禮樂〉

「總論禮樂」章：

「禮樂者，何謂也？」、「王者所以盛禮樂何？」、「禮所揖讓何？」、

「樂所以必歌者何？」、「禮貴忠何？」、「樂尚雅何？」

「太平乃制禮樂」章：

「太平乃制禮作樂何？」、「樂言作，禮言制何？」

「帝王禮樂」章：

「王者始起，何用正民？」、「周室中制象樂何？」

「四夷之樂」章：

「所以作四夷之樂何？」、「誰制夷狄之樂？」、「王者制夷狄樂，不制夷狄禮何？」、「誰為舞者？以為使中國之人，何以言之？」、「作之門外者何？」、「曰四夷之樂者，何謂也？」、「何以知夷在東方？」、「東所以有九者何？」、「何以名為夷蠻？」

「歌舞異處」章：

「歌者在堂上，舞在堂下何？」

「降神之樂」章：

「降神之樂在上何？」、「所以用鳴球搏拊者何？」

「侑食之樂」章：

「王者食所以有樂何？」、「王者所以日四食何？」

「五聲八音」章：

「聲音者，何謂也？」、「所以名為角何？」、「八音者，何謂也？」、「天子所以用八音何？」、「聲五、音八何？」

「通論異說」章：

「問曰：異說並行，則弟子疑焉？」

卷四：〈封公侯〉

「三公九卿」章：

「王者所以立三公九卿何？」、「天者施生，所以主兵何？」

「封諸侯」章：

「王者立三公、九卿、二十七大夫，足以教道照幽隱，必復封諸侯何？」

「設牧伯」章：

「州伯者，何謂也？」、「唐虞謂之牧者何？」、「何知堯時十有二州

也？」、「不分南北何？」

「封諸侯制土之等」章：

「制土三等何？」

「封諸侯親賢之義」章：

「即不私封之何？」

「夏封諸侯」章：

「封諸侯以夏何？」

「諸侯繼世」章：

「何以言諸侯繼世？」、「大夫不世位何？」、「諸侯世位，大夫不世，安法？」

「立太子」章：

「君薨，適夫人無子，有育遺腹，必待其產立之何？」

「昆弟相繼」章：

「始封諸侯無子，死不得與兄弟何？」、「繼世諸侯無子，又無弟，但有諸父庶兄，當誰與？」

「為人後」章：

「《禮服傳》曰：『大宗不可絕，同宗則可以為後，為人作子何？……』」

「興滅繼絕之義」章：

「王者受命而作，興滅國，繼絕世何？」、「君見弒，其子得立何？」

「周公不之魯」章：

「周公不之魯何？」

〈京師〉

「建國」章：

「王者京師必擇土中何？」

「遷國」章：

「周家始封于何？」

「京師」章：

「京師者，何謂也？」

「諸侯入為公卿食菜」章：

「諸侯入為公卿大夫，得食兩家采不？」

〈五行〉

「總論五行」章：

「五行者，何謂也？」、「何以知東方生？」

「五行之性」章：

「五行之性，或上或下何？」、「五行所以二陽三陰何？」

「五味五臭五方」章：

「水味所以鹹何？」、「木味所以酸何？」、「火味所以苦何？」、「金味所以辛何？」、「土味所以甘何？」

「十二律」章：

「《月令》十一月律謂之黃鐘何？」、「十二月律謂之大呂何？」、「正月律謂之太簇何？」、「二月律謂之夾鐘何？」、「三月律謂之姑洗何？」、「四月謂之仲呂何？」、「五月謂之蕤賓何？」、「六月謂之林鐘何？」、「七月謂之夷則何？」、「八月謂之南呂何？」、「九月謂之無射何？」、「十月謂之應鐘何？」

「五行更王相生相勝變化之義」章：

「五行所以更王何？」、「木王火相何以知為臣？」、「火陽，君之象也。水陰，臣之義也。臣所以勝其君何？」、「曰：五行各自有陰陽。木生火，所以還燒其母何？」、「木王所以七十二日何？」、「土所以王四季何？」、「五行何以知同時起丑託義相生？」、「陽氣陰煞，火中無生物，水中反有生物何？」、「水火獨一種，金木多品何？」、「水木可食，金火土不可食何？」、「火水所以殺人何？」、「五行之性，火熱水寒，有溫水，無寒火何？」、「五行常在，火乍亡何？」、「木所以浮，金所以沈何？」、「肝所以沈，肺所以浮何？」

「人事取法五行之義」章：

「天子所以內明而外昧，人所以外明而內昧何？」、「行有五，時有四何？」、「子不肯禪何法？」、「父死子繼何法？」、「兄死弟及何法？」、「善善及子孫何法？」、「惡惡止其身何法？」、「主幼臣攝政何法？」、「子復仇何法？」、「子順父，妻順夫，臣順君，何法？」、

「男不離父母何法？」、「女離父母何法？」、「娶妻親迎何法？」、「君讓臣何法？」、「善稱君，過稱己何法？」、「臣有功，歸功於君何法？」、「臣諫君何法？」、「子諫父何法？」、「臣諫君不從則去何法？」、「君子遠子近孫何法？」、「親屬臣諫不相去何法？」、「父為子隱何法？」、「子為父隱何法？」、「君有眾民何法？」、「王者賜，先親近後疏遠何法？」、「長幼何法？」、「朋友何法？」、「父母生子養長子何法？」、「子養父母何法？」、「不以父命廢王父命何法？」、「陽舒陰急何法？」、「有分土，無分民何法？」、「君一娶九女何法？」、「不娶同姓何法？」、「子喪父母何法？」、「喪三年何法？」、「父喪子，夫喪妻何法？」、「年六十閉房何法？」、「人有五藏六府何法？」、「人目何法？」、「人目所不更照何法？」、「王者監二王之後何法？」、「明王先賞後罰何法？」

卷五：〈三軍〉

「總論三軍」章：

「國必三軍何？」、「何以言有三軍也？」、「三軍者何法？」、「諸侯所以一軍者何？」

「王者征伐所服」章：

「王者征伐，所以必皮弁素幘何？」

「告天告祖之義」章：

「獨見禰何？」、「出所以告天何？」

「商周改正誅伐先後之義」章：

「王者受命，質家先伐，文家先改正朔何？」

「遣將於廟」章：

「天子遣將軍必於廟何？」、「獨於祖廟何？」

「受兵還兵」章：

「王命法年卅受兵何？」、「年六十歸兵何？」

〈誅伐〉

「誅不避親」章：

「誅不避親戚何？」

「不伐喪」章：

「諸侯有三年之喪，有罪且不誅何？」

「父殺子」章：

「父煞其子當誅何？」

「誅佞人」章：

「佞人當誅何？」

「冬至休兵」章：

「冬至所以休兵不舉事，閉關商旅不行何？」、「夏至陰始起，反大熱何？」、「冬至陽始起，反大寒何？」

「總論誅討征伐之義」章：

「誅者何謂也？」、「討者何謂也？」、「伐者何謂也？」、「征者何謂也？」、「戰者何謂也？」、「弒者何謂也？」、「篡者何謂也？」、「襲者何謂也？」、「防并兼奈何？」

〈諫諍〉

「總論諫諍之義」章：

「臣所以有諫君之義何？」

「三諫待放之義」章：

「諸侯之臣諍不從得去何？」、「君待之以禮奈何？」、「必三諫者何？」

「子諫父」章：

「臣之諫君何法？」

「五諫」章：

「諫者何？」

「記過徹膳之義」章：

「所以謂之史何？」、「謂之宰何？」、「宰所以徹膳何？」、「人臣之義，當掩惡揚美，所以記君過何？」

「隱惡之義」章：

「所以爲君隱惡何？」、「君所以不爲臣隱何？」、「諸侯臣對天子，亦爲隱乎？」、「君不爲臣隱，父獨爲子隱何？」、「兄弟相爲隱乎？」、

「夫妻相爲隱乎？」

〈鄉射〉

「天子親射」章：

「天子所以親射何？」

「射侯」章：

「天子所以射熊何？」、「諸侯射麋何？」、「大夫射虎豹何？」、「士射鹿豕何？」、「大夫士射兩物何？」、「名之爲侯者何？」、「所以不射正身何？」

「總論射義」章：

「射正何爲乎？」、「何以知爲戒難也？」、「因射習禮樂，射於堂上何？」

「鄉飲酒」章：

「所以十月行鄉飲酒之禮何？」

「養老之義」章：

「王者父事三老，兄事五更者何？」、「即如是，不但言老言三何？」、「三老、五更幾人乎？」、「曰：各一人。曰：何以知之？」

卷六：〈致仕〉

「大夫老歸，死以大夫禮葬，車馬衣服如之何？」

〈辟雍〉

「總論入學尊師之義」章：

「古者所以年十五入大學何？」

「父不教子」章：

「父所以不自教子何？」

「辟雍泮宮」章：

「天子立辟雍何？」、「不言圓辟何？」、「又圓於辟，何以知其圓也？」、「何以知有水也？」、「不言泮雍何？」

「靈臺明堂」章：

「天子所以有靈臺者何？」

〈災變〉

「災變譴告之義」章：

　「天所以有災變何？」

「災異妖孽異名」章：

　「災異者，何謂也？」、「何以言災有哭也？」、「變者，何謂也？」、
　「妖者，何謂也？」、「孽者，何謂也？」、「堯遭洪水，湯遭大旱，
　亦有譴告乎？」、「所以或災變或異何？」

「日月食水旱」章：

　「日食必救之何？」

〈耕桑〉

　「王者所以親耕，后親桑何？」、「耕於東郊何？」、「桑於西郊何？」

〈封禪〉

「封禪之義」章：

　「王者易姓而起，必升封泰山何？」、「所以必於泰山何？」、「必於
　其上何？」、「正於梁甫何？」、「太平乃封，知告於天，必也於岱宗
　何？」

「符瑞之應」章：

　「狐九尾何？」、「必九尾者何？」、「於尾者何？」

〈巡狩〉

「總論巡狩之禮」章：

　「王者所以巡狩者何？」

「巡狩以四仲義」章：

　「巡狩所以四時出何？」

「巡狩述職行國行邑義」章：

　「所以不歲巡守何？」

「祭天告祖禰載遷主義」章：

　「巡狩必祭天何？」、「王者出，必告廟何？」、「類祭以祖配不？」、
　「造于禰，獨見禰何？」、「王者諸侯出，必將主何？」

「諸侯待於竟」章：

「王者巡守，諸侯待於竟者何？」

「巡狩舍諸侯祖廟」章：

「王者巡守，必舍諸侯祖廟何？」

「道崩歸葬」章：

「王者巡守崩於道，歸葬何？」、「即如是，舜葬蒼梧，禹葬會稽何？」

「太平乃巡狩義」章：

「王者所以太平乃巡守何？」、「何以知太平乃巡守？」

「五嶽四瀆」章：

「嶽者何謂也？」、「東方爲岱宗者何？」、「南方爲霍山者何？」、「西方爲華山者何？」、「北方爲恆山者何？」、「中央爲嵩高者何？」、「中央之嶽獨加高字者何？」、「謂之瀆何？」

卷七：〈考黜〉

「總論黜陟」章：

「諸侯所以效黜何？」

「三考黜陟義」章：

「所以三歲一效績何？」、「何以知始效輒黜之？」、「九賜習其賜者何？」、「所以至三削何？」、「先削地後絀爵者何？」、「諸侯始封，爵土相隨者何？」

「諸侯有不免黜義」章：

「君幼稚，唯考不黜者何？」、「二王後不貶黜者何？」、「妻父母不削，己昆弟削而不黜何？」、「諸侯喑聾跛躄惡疾不免黜者何？」、「世子有惡疾廢者何？」

〈王者不臣〉

「三不臣」章：

「王者所不臣者三，何也？」、「不臣妻父母何？」

「諸侯不純臣」章：

「王者不純臣諸侯何？」

「不臣諸父兄弟」章：

　　「始封之君，不臣諸父昆弟何？」

〈蓍龜〉

「決疑之義」章：

　　「所以先謀及卿士何？」、「聖人獨見先睹，必問蓍龜何？」

「龜蓍卜筮名義」章：

　　「乾草枯骨，眾多非一，獨以蓍龜何？」、「龜曰卜，蓍曰筮何？」

「筮必於廟」章：

　　「筮畫卦所以必於廟何？」

「卜筮方向」章：

　　「卜，春秋何方？」

「先筮後卜」章：

　　「不見吉凶于蓍，復以卜何？」

「灼龜」章：

　　「龜以荊火灼之何？」、「以火動龜，不以水動蓍何？」

「埋蓍龜」章：

　　「蓍龜敗則埋之何？」

〈聖人〉

「總論聖人」章：

　　「聖人者何？」

「知聖」章：

　　「聖人未歿時，寧知其聖乎？」、「聖人亦自知聖乎？」

「古聖人」章：

　　「何以知帝王聖人也？」、「何以言禹湯聖人？」、「何以言文、武、
　　周公皆聖人也？」、「何以言皋陶聖人也？」

〈八風〉

「風者何謂也？」

〈商賈〉

「商賈何謂也？」、「即如是，《尚書》曰：『肇牽車牛，遠服賈用』何？」

卷八：〈瑞贄〉

「諸侯朝會合符信」章：

「王者始立，諸侯皆見何？」

「五瑞制度名義」章：

「何謂五瑞？」、「五玉者各何施？」、「珪以爲信何？」、「璧以聘問何？」、「璜所以徵召何？」、「不象陽何？」、「璋以發兵何？」、「不象其陰何？」、「琮以起土功發眾何？」

「合符還圭之義」章：

「珪所以還何？」、「以爲珪介瑞也。璧所以留者，以財幣盡，輒更造。何以言之？」、「何以知不以玉爲四器？」

「見君之贄」章：

「臣見君有贄何？」、「卿大夫贄，古以麛鹿，今以羔雁何？」、「卿大夫贄變，君與士贄不變何？」

「私相見贄」章：

「私相見亦有贄何？」

「子無贄臣有贄」章：

「子見父無贄何？」

〈三正〉

「改朔之義」章：

「王者受命必改朔何？」、「王者改作，樂必得天應而後作何？」

「改朔征伐先後」章：

「文家先改正，質家先伐何？」

「三正之義」章：

「正朔有三何本？」、「三微者，何謂也？」

「改正右行」章：

「天道左旋，改正者右行，何也？」

「正言月不言日」章：

「日尊于月，不言正日，言正月，何也？」

「改正不隨文質」章：

「天質地文。質者據質，文者據文，周反統天正何也？」

「百王不易之道」章：

「王者受命而起，或有所不改者，何也？」

「存二王之後」章：

「王者所以存二王之後何也？」

「文質」章：

「王者必一質一文者何？」

〈三教〉

「聖王設三教之義」章：

「王者設三教者何？」

「三教」章：

「《樂稽耀嘉》曰：『顏回尚三教變，虞夏何如？』」、「高宗亦承弊，所以不改教何？」、「何以知高宗不改之？」、「三教所以先忠何？」、「何以言三教並施，不可單行也？」

「三教所法」章：

「教所以三何？」、「即法天地人各何施？」

「總論教」章：

「教者，何謂也？」

「論三代祭器明器之義」章：

「夏后氏用明器，殷人用祭器，周人兼用之何謂？」

〈三綱六紀〉

「總論綱紀」章：

「三綱者，何謂也？」、「何謂綱紀？」

「三綱之義」章：

「君臣、父子、夫婦六人也，所以稱三綱何？」

「六紀之義」章：

「君臣者，何謂也？」、「父子者，何謂也？」、「夫婦者，何謂也？」、「朋友者，何謂也？」

「詳論綱紀別名之義」章：

「男稱兄弟，女稱姊妹何？」、「男女異姓，故別其稱也。何以言之？」、「父之昆弟，不俱謂世父，父之女昆弟，俱謂之姑，何也？」、「至姊妹亦當外適人，所以別諸姊妹何？」、「謂之舅姑者何？」、「謂之姊妹何？」、「謂之兄弟何？」、「稱夫之父母謂之舅姑何？」

〈情性〉

「總論性情」章：

「性情者，何謂也？」

「五性六情」章：

「五性者何謂？」、「六情者何謂也？」、「性所以五，情所以六何？」

「五藏六府主性情」章：

「五藏者，何也？」、「肝所以仁者何？」、「目為之候何？」、「肺所以義者何？」、「鼻為之候何？」、「心所以為禮何？」、「耳為之候何？」、「腎所以智何？」、「竅之為候何？」、「脾所以信何？」、「口為之候何？」、「六府者，何謂也？」、「肝膽異趣，何以知相為府也？」

「六情所配之方」章：

「喜在西方，怒在東方，好在北方，惡在南方，哀在下，樂在上何？」

「魂魄」章：

「魂魄者，何謂也？」

「精神」章：

「精神者，何謂也？」

〈壽命〉

「命者，何謂也？」

〈宗族〉

「論五宗」章：

「宗者，何謂也？」、「古者所以必有宗，何也？」、「諸侯奪宗，明尊者宜之。大夫不得奪宗何？」

「論九族」章：

「族者，何也？」、「族所以有九何？」、「禮所以獨父族四何？」

卷九：〈姓名〉

「論姓」章：

「人所以有姓者何？」、「姓所以有百者何？」

「論氏」章：

「所以有氏者何？」、「或氏王父字者何？」

「論名」章：

「人必有名何？」、「三月名之何？」、「以桑弧蓬矢六射者，何也？」、「必桑弧何？」、「殷以生日名子何？」、「于民臣亦得以甲乙生日名子何？」、「何以知諸侯不象王者以生日名子也？」、「湯生於夏時，何以用甲乙爲名？」、「不以子丑爲名何？」、「名或兼或單何？」、「《春秋》譏二名何？」、「太古之世所不諱者何？」、「人所以十月而生者何？」、「人生所以泣何？」、「人拜所以自名何？」、「禮，拜自後，不自名何？」、「人所以相拜者何？」、「所以必再拜何？」、「必稽首何？」、「何以言首？」、「所以先拜手，後稽首何？」

「論字」章：

「人所以有字何？」、「稱號所以有四何？」、「婦人十五稱伯仲何？」、「婦人姓以配字何？」、「質家所以積于仲何？」、「不積于叔何？」、「所以或上其叔、季何也？」、「伯邑考何以獨無乎？」

〈天地〉

「釋天地之名」章：

「天者，何也？」

「論左右旋之義」章：

「天道所以左旋，地道右周何？」

「論天地何以無總名」章：

「男女總名爲人，天地所以無總名何？」

「論天行反勞於地」章：

「君舒臣疾，卑者宜勞，天所以反常行何？」

〈日月〉

「日月右行」章：

「天左旋，日月五星右行何？」

「日月行遲速分晝夜之義」章：

「日行遲，月行疾何？」、「日月所以懸晝夜者何？」

「釋日月星之名」章：

「月之爲言闕也。有滿有闕也。所以有闕何？」、「所以名之爲星何？」

「晝夜長短」章：

「所以必有晝夜何？」、「日所以有長短何？」

「月有大小」章：

「月有小大何？」

「閏月」章：

「月有閏餘何？」

〈四時〉

「論歲」章：

「所以名爲歲何？」

「四時」章：

「歲時何謂？」、「四時天異名何？」、「四時不隨正朔變何？」

「三代歲異名」章：

「或言歲，或言載，或言年何？」

「朝夕晦朔」章：

「日言夜，月言晦，月言朔，日言朝何？」

〈衣裳〉

「總論衣裳」章:

「聖人所以制衣服何?」、「所以名爲裳何?」、「何以知上爲衣,下爲裳?」、「名爲衣何?」

「裘」章:

「禽獸眾多,獨以狐羔何?」

「佩」章:

「何以知婦人亦佩玉?」

〈五刑〉

「刑罰科條」章:

「聖人治天下,必有刑罰何?」、「刑所以五何?」、「劓、墨何?」

「刑不上大夫義」章:

「刑不上大夫何?」

〈《五經》〉

「孔子定《五經》」章:

「孔子所以定《五經》者何?」、「孔子未定《五經》如何?」

「《孝經》《論語》」章:

「已作《春秋》,復作《孝經》何?」、「於《孝經》何?」、「夫制作禮樂,仁之本,聖人道德已備,弟子所以復記《論語》何?」

「文王演《易》」章:

「文王所以演《易》何?」

「伏羲作八卦」章:

「伏羲作八卦何?」

「《五經》象五常」章:

「經所以有五何?」

「《五經》之教」章:

「《五經》何謂?」

「書契所始」章:

「《春秋》何常也?」、「則黃帝以來。何以言之?」

卷十：〈嫁娶〉

「總論嫁娶」章：

「人道所以有嫁娶何？」、「禮男娶女嫁何？」

「嫁娶不自專」章：

「男不自專娶，女不自專嫁，必由父母，須媒妁何？」

「嫁娶之期」章：

「男三十而娶，女二十而嫁何？」、「男長女幼者何？」、「各加一者，明其專一繫心，所以繫心者何？」

「親迎授綏」章：

「天子下至士，必親迎授綏者何？」

「遣女戒女」章：

「父母親戒女何？」

「嫁娶以春」章：

「嫁娶必以春何？」

「天子適媵」章：

「天子諸侯一娶九女者何？」、「適九者何？」、「必一娶何？」、「不娶兩娣何？」、「娶三國女何？」、「二國來媵，誰為尊者？」、「所以不聘妾何？」、「可求人為士，不可求人為妾何？」

「卜娶妻」章：

「娶妻卜之何？」

「天子必娶大國」章：

「王者娶及庶邦何？」、「女行虧缺而去其國，如之何？」

「諸侯不娶國中」章：

「諸侯所以不得自娶國中何？」

「同姓諸侯主昏」章：

「王者嫁女，必使同姓主之何？」、「不使同姓卿主之何？」、「不使同姓諸侯就京師主之何？」、「所以必更築觀者何？」

「卿大夫士妻妾之制」章：

「卿大夫一妻二妾何？」、「不備姪娣何？」、「士一妻一妾何？」

「人君嫡死媵攝」章：

　　「聘嫡未往而死，媵當往否乎？」

「變禮」章：

　　「〈曾子問〉曰：『昏禮，既納幣，有吉日，女之父母死，何如？
　　……」

「婦人有師傅」章：

　　「婦人所以有師何？」、「女必有傅姆何？」

「王后夫人」章：

　　「天子之妃謂之后何？」、「國君之妻，稱之曰夫人何？」

「妻妾」章：

　　「妻妾者，何謂也？」

「論嫁娶男女夫婦婚姻名義」章：

　　「嫁娶者，何謂也？」、「男女者，何謂也？」、「夫婦者，何謂也？」、
　　「妃匹者何謂？」、「婚姻者，何謂也？」、「所以昏時行禮何？」

「閉房開房之義」章：

　　「男子六十閉房何？」

〈紼冕〉

「紼」章：

　　「紼者，何謂也？」

「總論冠禮」章：

　　「所以有冠者何？」、「禮所以十九見正而冠者何？」、「何以知不謂
　　正月也？」

「皮弁」章：

　　「皮弁者，何謂也？」

「冕制」章：

　　「麻冕者何？」、「即不忘本，不用皮何？」、「冕所以前後邃延者
　　何？」

「委貌母追章甫」章：

　　「委貌者，何謂也？」、「所以謂之委貌何？」

「爵弁」章：

「爵弁者，何謂也？」、「爵何以知指謂其色？」、「又乍言爵弁，乍但言弁，周之冠色所以爵何？」、「所以不純赤，但如爵頭何？」、「何以知殷加白也？」、「夏殷士冠不異何？」

卷十一：〈喪服〉

「諸侯為天子」章：

「諸侯為天子斬衰三年何？」、「天子諸侯絕期者何？」

「庶人為君」章：

「王者崩，京師之民喪三月何？」、「禮不下庶人，何以為民制服何？」

「臣下服有先後」章：

「王者崩，臣下服之有先後何？」

「論三年喪義」章：

「三年之喪何二十五月？」、「三年之喪不以閏月數何？」

「衰」章：

「喪禮必制衰麻何？」、「腰絰者，以代紳帶也，所以結之何？」、「必再結云何？」

「杖」章：

「所以杖竹、桐何？」、「父以竹，母以桐何？」、「竹何以為陽？」

「倚廬」章：

「孝子必居倚廬何？」、「不在門外何？」

「喪禮不言」章：

「喪禮不言者何？」

「變禮」章：

「喪有病，得飲酒食肉何？」「〈曾子問〉曰：『小功可以與祭乎？』」、「子夏問：『三年之喪，既卒哭，金革之事無避者，禮與？』」

「三不弔」章：

「有不弔三何？」

「私喪公事重輕」章：

「〈曾子問〉曰：『君薨既殯，而臣有父母之喪，則如之何？』」、「曰：『君既啓，而臣有父母之喪，則如之何？』」、「曰：『君未殯，而臣有父母之喪，則如之何？』」、「諸侯有親喪，聞天子崩，奔喪者何？」、「諸侯朝，而有私喪得還何？」

「奔喪」章：

「聞喪，哭而後行何？」、「既除喪，乃歸哭於墓何？」

「論周公以王禮葬」章：

「養從生，葬從死。周公以王禮葬何？」

〈崩薨〉

「崩薨異稱」章：

「天子稱崩何？」、「崩薨紀於國何？」

「天子至庶人皆言喪」章：

「喪者，何謂也？」、「人死謂之喪何？」、「不直言死，稱喪者何？」、「天子下至庶人，俱言喪何？」

「天子赴告諸侯」章：

「天子崩，赴告諸侯者何？」

「諸侯奔大喪」章：

「王者崩，諸侯悉奔喪何？」、「童子諸侯不朝而奔來喪者何？」

「臣赴於君」章：

「臣死，亦赴告於君何？」

「諸侯赴鄰國」章：

「諸侯薨，赴告鄰國何？」

「諸侯歸瑞圭」章：

「諸侯薨，使臣歸瑞珪於天子者何？」

「天子弔諸侯」章：

「天子聞諸侯薨，哭之何？」

「君弔臣」章：

「臣子死，君往弔之何？」

「含歛」章：

「崩薨三日乃小歛何？」、「人死必沐浴於中霤何？」、「所以有飯唅何？」、「用珠寶物何也？」

「贈襚賵賻」章：

「贈襚者，何謂也？」、「賵賻者，何謂也？」

「殯日」章：

「天子七日而殯，諸侯五日而殯何？」

「三代殯禮」章：

「夏后氏殯於阼階，殷人殯於兩楹之間，周人殯於西階之上何？」

「天子舟車殯」章：

「《禮稽命徵》曰：『天子舟車殯何？……』」

「祖載」章：

「祖於庭何？」

「棺槨厚薄之制」章：

「所以有棺槨何？」、「有虞氏瓦棺，今以木何？」

「尸柩」章：

「尸柩者，何謂也？」

「葬」章：

「崩薨別號，至墓同，何也？」、「所以入地何？」、「天子七月而葬，諸侯五月而葬何？」

「合葬」章：

「合葬者何？」

「葬北首」章：

「葬於城郭外何？」、「所以於北方者何？」

附錄二：
《白虎通》闕文所引之「問題」

〈郊祀〉

「王者所以祭天何？」、「祭天必以祖配何？」、「五帝三王祭天，一用夏正何？」、「祭天必在郊何？」、「祭日用丁與辛何？」、「祭天歲一何？」、「祭天作樂者何？」

〈宗廟〉

「王者所以立宗廟何？」、「宗者尊也，廟者貌也，象先祖之尊貌也。所以有室何？」、「祭宗廟所以禘祫何？」、「謂之禘祫何？」、「禘祫及遷廟何？」、「宗廟所以歲四祭何？」、「諸侯以月旦告朔于廟何？」、「祭所以有主者何？」、「所以用木爲之者何？」、「所以虞而立主何？」、「祭所以有尸者何？」

〈朝聘〉

「所以制朝聘之禮何？」、「謂之朝何？」、「朝用何月？」、「朝禮奈何？」、「諸侯來朝，天子親與之合瑞信者何？」、「諸侯相朝聘何？」、「至正月朔日，乃執而朝賀其君，朝賀以正月何？」、「朝禮奈何？」（重複）、「所以不拜何？」

〈貢士〉

「有貢者復有聘者何？」

〈車旗〉

「路者，何謂也？」、「車所以立乘者何？」、「車中不內顧何？」、「所

以有和鸞者何？」

〈田獵〉

「王者諸侯所以田獵者何？」、「春謂之田何？」、「夏謂之苗何？」、「秋謂之蒐何？」、「冬謂之狩何？」、「四時之田，總名爲田何？」、「王者祭宗廟，親自取禽者何？」、「禽者何？」、「苑囿所以在東方何？」、「鳥所以飛何？」

〈雜錄〉

「門四出何？」、「所以必有塾何？」、「闕者何？」、「所以設屏何？」

徵引與參考資料

一、古籍文獻資料（依四庫分類爲序）

（一）經部

1. 《周易正義》，〔魏〕王弼、韓康伯注・〔唐〕孔穎達等正義，臺北：藝文書印館《十三經注疏本》。

2. 《尚書正義》，〔漢〕孔安國傳・〔唐〕孔穎達等正義，臺北：藝文印書館《十三經注疏本》。

3. 《毛詩正義》，〔漢〕毛公傳・鄭元箋・〔唐〕孔穎達等正義，臺北：藝文印書館《十三經注疏本》。

4. 《周禮注疏》，〔漢〕鄭玄注・〔唐〕賈公彥疏，臺北：藝文印書館《十三經注疏本》。

5. 《儀禮注疏》，〔漢〕鄭玄注・〔唐〕賈公彥疏，臺北：藝文印書館《十三經注疏本》。

6. 《禮記正義》，〔漢〕鄭玄注・〔唐〕孔穎達等正義，臺北：藝文印書館《十三經注疏本》。

7. 《春秋左傳正義》，〔晉〕杜預注・〔唐〕孔穎達等正義，臺北：藝文印書館《十三經注疏本》。

8. 《春秋公羊傳注疏》，〔漢〕何休注・〔唐〕徐彥疏，臺北：藝文印書館《十三經注疏本》。

9. 《春秋穀梁傳注疏》，〔晉〕范甯注・〔唐〕楊士勛疏，臺北：藝文印書館《十三經注疏本》。

10. 《春秋公羊傳何氏解詁》，〔漢〕何休解詁，《四部備要》，中華書局據永懷堂本校刊。

11. 《石渠禮論》，〔漢〕戴聖撰・洪頤煊撰集，臺北：藝文印書館《百部叢

書集成》，經典集林卷三。

12. 《白虎通》，〔漢〕班固等撰，臺北：藝文印書館，1969 年《百部叢書集成》據《抱經堂叢書》本影印。

13. 《白虎通疏證》，〔清〕陳立疏證，臺北：廣文書局據光緒元年春淮南書局刊影印，1987 年 5 月。

14. 《白虎通疏證》，〔清〕陳立撰・吳則虞點校，北京：中華書局，1994 年 8 月。

15. 《白虎通引得》，燕京大學圖書館引得編纂處編，北平：燕京大學圖書館引得編纂處，1931 年。

16. 《說文解字注》，〔漢〕許慎著・〔清〕段玉裁注，臺北：黎明文化事業，1989 年 9 月。

17. 《緯書集成》，上海古籍出版社編，上海：上海古籍出版社，1994 年 6 月版。

18. 《六藝論》，〔漢〕鄭玄，臺北：藝文印書館，1969 年《百部叢書集成》影印《經典集林》本。

19. 《四部正譌》，〔明〕胡應麟，臺北：臺灣開明書局，1969 年 4 月。

20. 《五禮通考》，〔清〕秦蕙田，臺北：新興書局，1970 年 7 月原刻本。

21. 《禮記集解》，〔清〕孫希旦，北京：中華書局，1998 年 12 月第 3 次印刷。

（二）史部

1. 《史記》，〔漢〕司馬遷，北京：北京中華書局，1982 年 11 月版。

2. 《漢書》，〔漢〕班固，北京：北京中華書局，1982 年 11 月版。

3. 《後漢書》，〔劉宋〕范曄，北京：北京中華書局，1993 年 3 月第六次印刷。

4. 《東觀漢記》，〔漢〕劉珍等撰，大西洋圖書公司印行，中華古籍叢刊（九）。

5. 《三輔黃圖》，撰人不詳，臺北：藝文印書館《百部叢書集成》據《平津館叢書》本影印。

6. 《晉書》，〔唐〕房玄齡等著，臺北：藝文印書館，據清乾隆武英殿刊本景印。

7. 《南齊書》，〔齊〕蕭子顯，北京：中華書局，1972 年。

8. 《隋書》，〔唐〕魏徵等著，臺北：鼎文書局，1990 年 7 月六版。

9. 《通典》，〔唐〕杜佑撰・王文錦等點校，北京：中華書局，1992 年 6 月。

10. 《文獻通考》，〔元〕馬端臨，洪浩培影印，臺北：新興書局發行，1963 年 10 月新一版。

11. 《漢官舊儀補遺》，〔漢〕衛宏著，臺北：藝文印書館，1983 年《百部叢書集成》據《平津叢書》本影印。

12. 《漢官解詁》，〔漢〕王隆著，臺北：藝文印書館，1983 年《百部叢書集成》據《平津叢書》本影印。

13. 《漢官儀》，〔漢〕應劭著，臺北：藝文印書館，1983 年《百部叢書集成》據《平津叢書》本影印。

14. 《歷代職官表》，〔清〕永瑢等奉敕修纂，臺北：臺灣商務印書館，1966 年出版。

15. 《歷代職官表》，〔清〕黃本驥編著，臺北：宏業書局，1994 年 11 月。

16. 《漢官六種》，〔清〕孫星衍等輯，北京：中華書局，1990 年 9 月。

（三）子部

1. 《荀子》，〔漢〕荀況著‧王先謙集解，臺北：世界書局，1987 年版。

2. 《淮南子》，〔漢〕劉安，臺北：中華書局據武進莊氏本校刊。

3. 《春秋繁露註》，〔清〕凌曙註，臺北：世界書局據《皇清經解續編》影印。

4. 《新譯論衡讀本》，〔漢〕王充著‧蔡鎮楚注譯‧周鳳五校閱，臺北：三民書局，1997 年 10 月。

5. 《申鑒》，〔漢〕荀悅，臺北：藝文印書館據四庫善本叢書子部影印。

6. 《少室山房筆叢》，〔明〕胡應麟，臺北：世界書局，讀書箚記叢刊，1963 年 4 月初版。

7. 《原抄本日知錄》，〔清〕顧炎武著‧黃侃、張繼校勘，臺中：臺中市河北同鄉會印行，1958 年 4 月出版。

（四）集部

1. 《蔡中郎文集》，〔漢〕蔡邕，臺北：藝文印書館，1969 年《百部叢書集成》影印《十萬卷樓叢書》本。

2. 《蔡中郎集》，〔漢〕蔡邕，臺北：中華書局，《四部備要‧集部》據《海原閣校刊本》校刊。

3. 《文選》，〔梁〕蕭統編‧〔唐〕李善注，臺北：華正書局，1987 年 9 月初版。

二、近、現代研究論著

（一）論著書籍（依作者姓名筆劃為序）

1. 《兩漢哲學新探》，于首奎，四川：四川人民出版社，1988 年 4 月。

2. 《秦漢法制史研究》，〔日〕大庭脩著‧林劍鳴譯，上海：上海人民出版社，1991 年 3 月。

3. 《中國語言學史》，王力，臺北：駱駝出版社，1987 年 7 月。

4. 《中國政治思想史綱要》，王引淑、朗佩娟、陳紅太、楊陽編著，北京：中國政法大學出版社，1993 年 6 月。

5. 《緯學探原》，王令樾，臺北：幼獅文化事業，1984 年 4 月。

6. 《釋名疏證補》，王先謙，臺北：臺灣商務印書館，1986 年。

7. 《宇宙全息統一論》，王存臻、嚴春友，北京：山東人民出版社，1992 年 3 月第三次印刷。

8. 《中國哲學論集》，王邦雄，臺北：臺灣學生書局，1983 年 8 月初版。

9. 《中國學術思想演進史》，王伯祥、周振甫，上海：上海書店《民國叢書》第二編，1990 年版。

10. 《中國學術體系》，王治心，上海：上海書店《民國叢書》第二編，1990 年。

11. 《神秘文化》，王步貴，北京：中國社會科學出版社，1993 年 1 月版。

12. 《漢魏博士考》，王國維，臺北：臺灣商務印書館，1991 年。

13. 《漢魏博士題名考》，王國維，臺北：臺灣商務印書館，1976 年。

14. 《西漢經學源流》，王葆玹，臺北：三民書局，1994 年。

15. 《今古文經學新論》，王葆玹，北京：中國社會科學出版社，1997 年 11 月。

16. 《鄒衍遺說考》，王夢鷗，臺北：臺灣商務印書館，1966 年 1 月臺初版。

17. 《青巖叢錄》，王禕，《百部叢書集成》，臺北：藝文印書館印行。

18. 《十七史商榷》，〔清〕王鳴盛，臺北：藝文印書館《百部叢書集成》據廣雅書局《史學叢書》本影印。

19. 《蛾術編》，〔清〕王鳴盛，臺北：信誼書局印行，1976 年 7 月初版。

20. 《中國思想與制度論集》，中國思想研究委員會編輯，臺北：聯經出版社，1976 年 9 月初版。

21. 《中國經學史》，（日）本田成之，臺北：廣文書局，1990 年 7 月再版。

22. 《呂氏春秋探微》，田鳳台，臺北：臺灣學生書局，1986 年 3 月初版。

23. 《經學通論》，〔清〕皮錫瑞，臺北：河洛圖書出版社，1974 年 12 月。

24. 《經學歷史》，〔清〕皮錫瑞，臺北：藝文印書館，1987 年 10 月二版。

25. 《黃老學說與漢初政治平議》，司修武，臺北：臺灣學生書局，1992 年 6 版。

26. 《經學史》，（日）安井小太郎等講述‧林慶彰、連清吉譯，臺北：萬卷

樓圖書公司，1996 年 10 月初版。

27. 《讖緯思想之綜合的研究》，（日）安居香山編，東京：國書刊行會。

28. 《緯書之基礎研究》，（日）安居香山·（日）中村璋八，東京：漢魏文化研究社。

29. 《中國古代政治思想史》，朱日耀主編，吉林：吉林大學出版社，1988年 4 月第 1 版。

30. 《先秦學術風貌與秦漢政治》，朱寶昌，湖北：武漢大學出版社，1989年 1 月第 1 版。

31. 《中國哲學發展史·秦漢》，任繼愈主編，北京：北京人民出版社，1985年 2 月。

32. 《中國哲學的特質》，牟宗三，臺北：臺灣學生書局，1963 年六 6 月初版。

33. 《政道與治道》，牟宗三，臺北：臺灣學生書局，1991 年 4 月增訂新版四刷。

34. 《三禮研究論集》，李曰剛等著，臺北：黎明文化事業，1981 年 1 月。

35. 《中國古代哲學與自然科學》，李申，北京：中國社會科學出版社，1993年 3 月第一版。

36. 《中國儒教史》，李申，上海：上海人民出版社，1999 年 12 月。

37. 《中國之科學與文明》，李約瑟，臺北：臺灣商務印書館，1973 年初版。

38. 《中國經學發展史論》，李威熊，臺北：文史哲出版社，1988 年 2 月初版。

39. 《先秦兩漢之陰陽五行學說》，李漢三，臺北：維新書局，1981 年 4 月再版。

40. 《中國青銅器的奧秘》，李學勤，臺北：臺灣商務印書館，1987 年 6 月香港第一版，1988 年 9 月臺灣初版。

41. 《先秦學術概論》，呂思勉，上海：上海書店《民國叢書》第四編，1992年。

42. 《中國政治思想史》，呂振羽，上海：上海書店《民國叢書》第四編，1992年。

43. 《中國甲骨學史》，吳浩坤·潘悠，臺北：貫雅文化，1990 年 9 月初版。

44. 《記號學導論》，何秀煌，臺北：水牛出版社，1993 年 7 月四版三刷。

45. 《古代祭禮中之政教觀》，林素英，臺北：文津出版社，1997 年 9 月初版。

46. 《喪服制度的文化意義——以《儀禮·喪服》爲討論中心》，林素英，臺北：文津出版社，2000 年 10 月初版。

47. 《中國學術思想史》，林啓彥，臺北：書林出版公司，1994 年 1 月一版。

48. 《秦漢史》，林劍鳴，臺北：五南圖書公司，1992 年版。

49. 《中國經學史論文選集》，林慶彰，臺北：文史哲出版，1992 年 10 月初版。

50. 《禮學概論》，周何，臺北：三民書局，1998 年 1 月。

51. 《經學史論著選集》，周予同，上海：上海人民出版，1983 年 11 月。

52. 《經今古文學》，周予同，上海：上海書店《民國叢書》第二編，1990 年。

53. 《群經概論》，周予同，上海：上海書店《民國叢書》第二編，1990 年。

54. 《漢代哲學》，周紹賢，臺北：臺灣中華書局，1983 年 2 月初版。

55. 《秦漢政治制度研究》，周道濟，臺北：台灣商務印書館，1968 年 3 月增訂版。

56. 《周官之成書及其反映的文化與時代新考》，金春峰，臺北：東大圖書公司，1993 年 11 月。

57. 《漢代思想史》，金春峰，北京：中國社會科學出版社，1997 年 12 月。

58. 《中國古宇宙論》，金祖孟，北京：華東師範大學出版社，1991 年 9 月第 1 版。

59. 《古籍叢考》，金德建，臺北：臺灣中華書局，1967 年 4 月。

60. 《中國哲學史大綱》，胡適之，上海：上海書店《民國叢書》第一編，1989 年版。

61. 《群經概論》，范文瀾，北平：樸社 1933 年。

62. 《中國文化史》，柳詒徵，北京：中國大百科全書出版社，1988 年。

63. 《儒家天人合一思想之研究》，施湘興，臺北：正中書局，1981 年版。

64. 《中國人性論史》，姜國柱、朱葵菊，河南：河南人民出版社，1997 年 2 月。

65. 《兩漢思想史》，祝瑞開，上海：上海古籍出版社，1989 年 4 月第 1 版。

66. 《中國思想通史》，侯外廬、趙紀彬、杜國庠、邱漢生，北京：北京人民出版社，1992 年 10 月。

67. 《周禮研究》，侯家駒，臺北：聯經出版事業，1987 年 6 月。

68. 《中國思想史》，韋政通，臺北：大林出版社，1979 年。

69. 《古今偽書考》，姚際恆，北京：中華書局，1985 年。

70. 《癸巳類稿》，俞正燮，臺北：世界書局，1960 年 11 月初版。

71. 《禮學新探》，高明，臺北：學生書局，1981 年 9 月。

72. 《唐君毅全集》，唐君毅，臺北：臺灣學生書局，1986 年 9 月全集校訂版。

73. 《中國哲學原論·原道篇》，唐君毅，臺北：臺灣學生書局，1986 年 10 月全集校訂版。

74. 《籀膏述林》，孫詒讓，臺北：廣文書局，1971 年 4 月初版。

75. 《清末的公羊思想》，孫春在，臺北：臺灣商務印書館，1985 年 10 月初版。

76. 《先秦兩漢陰陽五行說的政治思想》，孫廣德，臺北：臺灣商務印書館，1993 年 6 月初版。

77. 《中國政治思想專題研究集》，孫廣德，臺北：桂冠圖書公司，1999 年 6 月初版。

78. 《中國經學史》，馬宗霍，臺北：臺灣商務印書館，1968 年臺二版。

79. 《白虎通義攷》，莊述祖，《四部精要》上海：上海古籍出版社，1993 年 3 月第一版。

80. 《荀子與兩漢儒學》，徐平章，臺北：文津出版社，1988 年 2 月出版。

81. 《《周官》成立之時代及其思想性格》，徐復觀，臺北：臺灣學生書局，1980 年 5 月。

82. 《中國經學史的基礎》，徐復觀，臺北：臺灣學生書局，1982 年 5 月。

83. 《兩漢思想史》，徐復觀，臺北：臺灣學生書局，1993 年 9 月初版。

84. 《學術與政治之間》，徐復觀，臺北：臺灣學生書局，1985 年 4 月臺再版。

85. 《緯候不起于哀平辨》，徐養原，《詁經精舍文集》商務印書館叢書集成簡編。

86. 《中國歷代藝文總志·經部》，國立中央圖書館特藏組主編，國立中央圖書館特藏組編印 1984 年。

87. 《新學偽經考》，康有為，收錄在蔣貴麟主編：《康南海先生遺著彙刊》（一）臺北：宏業書局，1976 年 9 月。

88. 《殷周廟制論稿》，章景明，臺北：學海出版社，1979 年 4 月初版。

89. 《文史通義校注》，章學誠著·葉瑛校注，臺北：里仁書局，1984 年 9 月。

90. 《兩漢經學史》，章權才，臺北：萬卷樓圖書公司，1995 年 5 月初版。

91. 《十批判書》，郭沫若，《民國叢書》第四編據群益出版社 1947 年版影印。

92. 《中國歷史研究法》，梁啟超，臺北：臺灣中華書局，1985 年 4 月。

93. 《陰陽五行說之來歷》，梁啟超，《民國叢書》第四編據樸社 1935 年版影印。

94. 《先秦政治思想史》，梁啟超，《民國叢書》第四編據中華書局 1936 年版

影印。

95. 《僞書通考》，張心澂，臺北：明倫出版社，1971 年 2 月。

96. 《政治學概論》，張金鑑，臺北：三民書局，1976 年 9 月初版。

97. 《中國政治制度史》，張金鑑，臺北：三民書局，1998 年 2 月。

98. 《中國秦漢思想史》，張國華，北京：人民出版社，1994 年 1 月版。

99. 《儒家倫理與秩序情結：中國思想的社會學詮譯》，張德勝，臺北：巨流
圖書公司，1989 年九 9 月版。

100. 《漢文化論綱》，陳玉龍等著，北京：北京大學出版社，1993 年 6 月版。

101. 《先秦禮制研究》，陳戍國，湖南：湖南教育出版社，1991 年 12 月。

102. 《秦漢禮制研究》，陳戍國，湖南：湖南教育出版社，1993 年 12 月。

103. 《公羊家哲學》，陳柱，臺北：臺灣力行書局，1970 年。

104. 《殷虛卜辭綜述》，陳夢家，臺北：大通書局，1971 年。

105. 《淮南子的哲學》，陳德和，嘉義：南華管理學院，1999 年。

106. 《中國法制史概要》，陳顧遠，臺北：三民書局，1977 年 4 月初版。

107. 《秦漢政治制度》，陶希聖・沈巨塵著，上海：上海商務印書館，1936
年 12 月初版。

108. 《董仲舒與新儒學》，黃朴民，臺北：文津出版社，1992 年 7 月初版。

109. 《東漢讖緯學新探》，黃復山，臺北：臺灣學生書局，2000 年 2 月。

110. 《經今古文學問題新論》，黃彰健，臺北：中央研究院歷史語言研究所，
1992 年 9 月。

111. 《呂氏春秋與諸子之關係》，傅武光，臺北：東吳大學中國學術著作獎助
委員會出版，1993 年 2 月初版。

112. 《春秋三傳比義》，傅隸樸，臺北：臺灣商務印書館，1983 年 5 月初版。

113. 《漢代社會性質研究》，楊生民，北京：北京師範學院出版社，1993 年 6
月。

114. 《中國學術史講話》，楊東蓴，上海：上海書店《民國叢書》第二編，1990
年。

115. 《先秦禮樂文化》，楊華，湖北：湖北教育出版社，1997 年 3 月。

116. 《中古史學觀念史》，雷家驥，臺北：臺灣學生書局，1990 年 10 月初
版。

117. 《緯學源流興廢考》，蔣清翊，日本研文出版據蔣氏雙唐碑館刊本景印。

118. 《經學概述》，裴普賢，臺北：開明書局，1969 年 3 月初版。

119. 《中國政治思想史》，蕭公權，臺北：中國文化大學出版部，1985 年 7
月版。

120. 《先秦兩漢冥界及神仙思想探原》，蕭登福，臺北：文津出版社，1990年8月出版。

121. 《古籍辨偽學》，鄭良樹，臺北：臺灣學生書局，1986年8月。

122. 《漢晉學術編年》，劉汝霖，上海：上海書店，1991年版，《民國叢書》選印，據商務印書館1935年版影印。

123. 《中國選士制度史》，劉虹，湖南：湖南教育出版社，1992年9月第一版。

124. 《劉申叔遺書》，劉師培，〈白虎通義源流考〉。

125. 《泰山宗教研究》，劉慧，北京：北京文物出版社發行，1994年4月第一版。

126. 《中國古代政治思想史》，劉澤華・葛荃副主編，天津：南開大學出版社，1992年6月第1版。

127. 《董仲舒政治思想之研究》，賴慶鴻，臺北：文史哲出版社，1981年4月版。

128. 《二十二史考異》，〔清〕錢大昕，臺北：樂天出版社，1971年10月。

129. 《潛研堂文集》，〔清〕錢大昕，上海：上海古籍出版社，1989年11月。

130. 《兩漢經學今古文平議》，錢穆，臺北：聯經出版事業公司《錢賓四先生全集》第八冊，1998年5月。

131. 《國學概論》，錢穆，臺北：臺灣商務印書館，1931年5月初版。

132. 《中國社會政治史》，薩孟武，臺北：三民書局，1985年9月。

133. 《儀禮鄭註句讀校記》，韓碧琴，臺北：國立編譯館，1996年2月初版。

134. 《秦漢文化史》，韓養民，臺北：里仁書局，1986年10月版。

135. 《天人象：陰陽五行學說史導論》，謝松齡，山東：山東文藝出版社，1991年6月版。

136. 《儀禮聘禮儀節研究》，謝德瑩，臺北：文史哲出版社，1983年7月初版。

137. 《讖緯論略》，鍾肇鵬，臺北：洪葉文化，1994年9月初版。

138. 《陰陽五行及其體系》，鄺芷人，臺北：文津出版社，1992年12月初版。

139. 《漢代風俗制度史》，瞿兌之，上海：上海文藝出版社，1991年3月影印本。

140. 《禮儀與中國文化》，顧希佳，北京：人民出版社，2001年8月。

141. 《古史辨》，顧頡剛，臺北：藍燈文化事業，1993年8月。

142. 《漢代學術史略》，顧頡剛，上海：上海書店《民國叢書》第二編，1990年。

143. 《秦漢的方士與儒生》，顧頡剛，臺北：里仁書局，1985年出版。

144. 《文化符號學》，龔鵬程，臺北：臺灣學生書局，1992 年 8 月初版。

（二）博、碩士學位論文（依論文時間為序）

1. 《三禮鄭氏學發凡》，李雲光，師範大學國文研究所博士論文，1964 年。

2. 《鄭玄之讖緯學》，呂凱，政治大學中文研究所博士論文，1974 年，臺北：臺灣商務印書館，1982 年 5 月初版。

3. 《兩漢儒學研究》，夏長樸，臺灣大學中文研究所碩士論文，1974 年，臺灣大學文史叢刊之四十八，1978 年 2 月初版。

4. 《白虎通義引禮考述》，陳玉台，師範大學國文研究所碩士論文，1974 年。

5. 《白虎通義研究》，王新華，政治大學中文研究所碩士論文，1975 年。

6. 《東漢讖緯與政治》，陳郁芬，臺灣大學中文研究所碩士論文，1977 年。

7. 《漢代天文學與陰陽五行說之關係》，王璧寰，政治大學中文研究所碩士論文，1980 年。

8. 《東漢儒學與東漢風俗》，劉瀚平，政治大學中文研究所碩士論文，1983 年。

9. 《先秦齊學考》，林麗娥，政治大學中文研究所博士論文，1988 年。

10. 《何休春秋公羊解詁研究》，張廣慶，師範大學國文研究所碩士論文，1990 年。

11. 《漢儒革命思想研究》，胡正之，淡江大學中文研究所碩士論文，1991 年。

12. 《讖緯中的宇宙秩序》，殷善培，淡江大學中文研究所碩士論文，1991 年。

13. 《戰國至漢初關於「大一統」的思考》，顧邦猷，淡江大學中文研究所碩士論文，1993 年。

14. 《《白虎通》禮制思想研究》，唐兆君，輔仁大學中文研究所碩士論文，1994 年。

15. 《漢代學官制度與儒家典籍的發展》，邱秀春，淡江大學中文研究所碩士論文，1995 年。

16. 《禮儀、讖緯與經義——鄭玄經學思想及其解經方法》，車行健，輔仁大學中文研究所博士論文，1996 年。

17. 《讖緯思想研究》，殷善培，政治大學中文研究所博士論文，1996 年。

18. 《漢代《尚書》讖緯學述》，黃復山，輔仁大學中文研究所博士論文，1996 年。

19. 《《白虎通》讖緯思想之歷史研究》，周德良，淡江大學中國文學系碩士論文，1997 年。

（三）期刊、會議論文（依出版時間爲序）

1. 〈白虎通義考〉，孫詒讓，《國粹學報》第五年第二冊第五十五期（1909年）臺北：文海出版社，1970 年 2 月。

2. 〈讖緯釋名〉，陳槃，《史語所集刊》第十一本，1971 年 1 月再版。

3. 〈讖緯溯源上〉，陳槃，《史語所集刊》第十一本。

4. 〈戰國秦漢間方士考論〉，陳槃，《史語所集刊》第十七本。

5. 〈王充思想述評〉，葉祖灝，《東方雜誌》復刊第二卷第三期，1968 年 9月。

6. 〈古籍神秘性編撰型式補證〉，楊希枚，《國立編譯館館刊》第一卷第三期，1972 年 6 月。

7. 〈董仲舒的治道和政策〉，賀凌虛，《思與言》第十卷第四期，1972 年 11月。

8. 〈讖緯思想下的東漢政治和經學〉，金發根，《沈剛伯先生八秩榮慶論文集》，臺北：聯經出版社，1976 年 12 月。

9. 〈白虎通與讖緯〉，林麗雪，《孔孟月刊》第二十二卷第三期，1983 年 11月。

10. 〈白虎通「三綱」說儒法之辨〉，林麗雪，《書目季刊》第十七卷第三期，1983 年 12 月。

11. 〈漢碑裡的緯書說〉，中村璋八撰‧陳鴻森譯，《孔孟月刊》第二十三卷第六期，1985 年 2 月。

12. 〈有關白虎通的著錄及校勘諸問題〉，林麗雪，《孔孟月刊》第二十五卷第四期，1986 年 12 月。

13. 〈讖對秦漢政治的影響〉，賀凌虛，《社會科學論叢》第三十七輯，1989年 3 月。

14. 〈讖緯思想與訓詁符號──以白虎通爲例〉，羅肇錦，《臺北師院學報》第三期，1990 年 6 月。

15. 〈漢代宇宙論之興起與發展及其在哲學上的意義〉，鄔昆如，《漢代文學與思想學術研討會論文集》，臺北：文史哲出版社，1991 年 10 月初版。

16. 〈《白虎通德論》之思想體系及其倫理價值觀〉，張永儁，《漢代文學與思想學術研討會論文集》。

17. 〈論兩漢經學的流變〉，章權才，《中國經學史論文選集》，林慶彰編，臺北：文史哲出版社，1992 年 10 月初版。

18. 〈兩漢章句之學重探〉，林慶彰，《中國經學史論文選集》，林慶彰編，臺北：文史哲出版社，1992 年 10 月初版。

19. 〈論漢代讖緯神學〉，黃開國，《中國經學史論文選集》，林慶彰編，臺北：

文史哲出版社，1992 年 10 月初版。

20. 〈《白虎通義》的思想體系〉，楊向奎，《中國經學史論文選集》，林慶彰編，臺北：文史哲出版社，1992 年 10 月初版。

21. 〈《白虎通》與《伊川易傳》天人觀的比較〉，鍾彩鈞，《中國文哲研究集刊》第三期，1993 年 3 月。

22. 〈淺論漢初公羊學災異說〉，王初慶，《兩漢文學學術研討會論文集》，1995 年 5 月。

23. 〈「讖」「緯」異名同實考辨〉，黃復山，《兩漢文學學術研討會論文集》〈帝國意識形態的重建──扮演「國憲」基礎的《白虎通》思想〉，林聰舜，國科會八十五年度哲學學門專題計劃研究成果發表會，1996 年 11 月。

24. 〈論漢代學術會議與漢代學術發展的關係──以石渠閣會議的召開為例〉夏長樸，臺北：政治大學中文系《第三屆漢代文學與思想學術研討會論文集》2000 年 12 月。

25. 〈是“經學”、“法典”還是“禮典”？──關于《白虎通義》性質的辨析〉，王四達，《孔子研究》第六期 2001 年。